DIE MÄRCHEN DER WELTLITERATUR

Begründet von Friedrich von der Leyen
Herausgegeben von
Kurt Schier und Felix Karlinger

Persische Märchen

Übertragen und mit einem Nachwort
von Arthur Christensen

EUGEN DIEDERICHS VERLAG

22.–25. Tausend

Einbandgestaltung: Hans Hermann Hagedorn
Gesamtherstellung: Passavia Passau
ISBN 3-424-00305-0 Hln
ISBN 3-424-00306-9 Leder

VOLKSMÄRCHEN

Grünkappe

I Es war einmal ein Fischer, der hatte sieben Töchter. Eines Tages war er, wie es so seine Gewohnheit war, an das Ufer des Meeres gegangen, um Fische zu fangen, die er dann verkaufte, um auf diese Weise für sich und seine Familie den Lebensunterhalt zu verdienen. Er warf sein Netz aus und wollte es nach einiger Zeit wieder einziehen. Als er merkte, daß es schwerer als sonst war, glaubte er, daß ein besonders großer Fisch ins Netz gegangen wäre. Er zog aus Leibeskräften, und da zeigte sich ihm ein höchst seltsamer Anblick. Statt eines Fisches befand sich in dem Netz ein wunderschönes und prächtiges Füllen. Um es vor seinen Töchtern zu verbergen, schloß er es in einer Kammer seines Hauses ein, und anstatt mit Stroh und Gerste, was man doch sonst einem Füllen zu fressen gibt, fütterte er es jeden Tag mit Konfekt und Kandis. Was das Füllen übrigließ, nahm er und verteilte es an seine Töchter.

Nun geschah es eines Tages, als er die Kammer, in der sich das Füllen befand, verließ und die Reste von Konfekt und Kandis mitnahm, daß ihn die Älteste seiner Töchter herauskommen sah. Sie tat, als ob sie nichts gemerkt hätte, aber als der Vater ausgegangen war, sagte sie zu ihren Schwestern: »Jeden Tag, wenn der Vater aus einem bestimmten Zimmer herauskommt, bringt er etwas von dem Zuckerzeug mit. Sicher hat er einen großen Kasten mit Zuckerwerk da drinnen versteckt. Kommt, wir wollen uns etwas davon holen.« Die anderen Mädchen waren damit einverstanden, und sie gingen alle miteinander in das erwähnte Zimmer hinein. Als sie eintraten, stand in der äußersten Ecke der Kammer ein Füllen, dem Konfekt und Kandis statt Stroh und Gerste hingestreut war. Nun fingen die Schwestern an, sich zu zanken, indem jede von ihnen sagte: »Der Vater hat das Füllen für mich gekauft.« Als sie schließlich wieder aus dem Zimmer herausgehen wollten, hielt das Füllen mit seinen Zähnen die Jüngste, die die Schönste und Beste von ihnen war, am Kleide fest. Die anderen Mädchen gaben sich die größte Mühe, das Kleid ihrer Schwester wieder aus den Zähnen des Füllens herauszuziehen und sie zu befreien, aber alles umsonst, und als sie fortgingen, mußten sie ihre Schwester ganz allein bei dem Füllen zurücklassen. Das arme Kind weinte so lange, bis es einschlief.

Als der Fischer am Nachmittag wie gewöhnlich den Raum betrat, in dem das Füllen war, erstaunte er sehr, seine jüngste Tochter da drinnen zu finden. Als das Mädchen seinen Vater erblickte, fing es von neuem an zu weinen. »Ach, Vater«, sagte es, »ich bin nicht schuld daran. Unsere älteste Schwester hat uns hier hereingeführt, und nun will das Füllen nicht mehr mein Kleid mit seinen Zähnen loslassen.« Nun strengte sich auch der Fischer vergebens an, das Kleid seiner Tochter aus den Zähnen des Füllens zu befreien. Aber da fing das Füllen in menschlicher Sprache zu reden an und sagte zu dem Fischer: »Ich bitte dich, gib mir dieses Mädchen zur Frau.« Der Fischer erstaunte nur noch mehr und sagte: »Du bist doch nicht aus menschlichem Geschlecht, wie kann ich dir da meine Tochter zur Frau geben? Und wie könnte ich mich auch obendrein noch den Vorwürfen der Leute aussetzen? Sie werden sagen: Gibt es nicht Menschen genug in der Welt, und du verheiratest deine Tochter an ein Füllen?« Das Füllen antwortete: »Ich bin von der Rasse der Pärî. Aus einem bestimmten Grund habe ich mich mit den Pärî überworfen, aber als ich deine Tochter sah, verliebte ich mich in sie.« Der alte Mann zweifelte keinen Augenblick daran, daß dieses Tier kein richtiges Pferd war, denn man hatte doch nie gehört, daß ein Pferd die Sprache der Menschen sprechen konnte. Als er nun merkte, daß er es wirklich mit einem Wesen aus dem Geschlecht der Pärî zu tun hatte, fürchtete er, irgendein Unglück könnte ihm widerfahren, wenn er ihm eine abschlägige Antwort gäbe, er meinte darum, es wäre das beste, dem Füllen zu gewähren, was es verlangte. Also gab er dem Füllen seine Tochter zur Frau und überließ sie seiner Obhut.

Als die Hochzeitsnacht herankam, verspotteten die anderen Mädchen ihre Schwester und sagten: »Sieh nur einer an, dein Mann ist ja ein Füllen!« Kurz gesagt, sie geleiteten ihre klagende Schwester in die Wohnung des Füllens und kehrten dann nach Hause zurück. Die junge Frau aber setzte sich in einen Winkel und weinte. Da wandte sich das Füllen an sie und sagte: »Liebes Kind, weine nicht, wenn ich auch das Aussehen eines Pferdes habe, so bin ich doch in Wirklichkeit ein schöner junger Mann aus dem Geschlecht der Pärî. Ich hatte einen Streit mit meiner Mutter, die aus dem Geschlecht der Dîwe ist, und darum verwandelte ich mich und nahm die Gestalt an, in der du mich hier siehst. Aber wenn du einen Pakt mit mir schließen und mir schwören willst, daß du keinem anderen als deinem Vater das Geheimnis verraten wirst, dann will ich jede Nacht meine Tierhaut abwerfen und die Nacht in meiner wahren Gestalt mit dir verbringen.« Darauf ging die junge Frau ein und legte einen bindenden Eid ab, daß sie niemals ihr Geheimnis mit einem einzigen Wort verraten würde. Darauf sprach das Füllen eine Zauberformel aus, blies sich selber an, warf die Haut ab und verwandelte sich in einen wunderschönen jungen Mann; so schön war er, daß die junge Frau ganz davon geblendet wurde, und sie wurde über alles Ermessen glücklich und dankte Gott, der ihr einen solchen Ehegatten geschenkt hatte.

Geraume Zeit lebte die junge Frau mit ihrem Mann in vollkommener Liebe. Ab und zu erinnerte ihr Mann, dessen Name Grünkappe war, sie an ihr Versprechen und sagte: »Hüte dich, deinen Eid zu brechen, und paß auf, daß du dein Geheimnis nicht verrätst; aber auch meine Pferdehaut darfst du nicht vernichten, sonst würdest du mich nie wiedersehen.« Die junge Frau aber, die Herzverloren hieß, beruhigte ihn: »Niemals könnte mir so etwas einfallen.«

Eines Tages kamen ihre Schwestern, um sie zu besuchen. Sie

taten, als wären sie sehr betrübt über ihre Lage. »Wie konnte doch unser Vater so grausam sein und dich an ein Füllen verheiraten!« Aber Herzverloren machte sich nichts aus ihren bemitleidenden Worten, sondern sagte: »Ich habe mich nicht über mein Schicksal zu beklagen, ich danke Gott für einen solchen Ehegatten.«

Herzverlorens Worte aber weckten das Mißtrauen in den Herzen der Schwestern. Sie sagten zueinander: »Da steckt etwas dahinter. Wir müssen die Sache genauer untersuchen.« Und sie versuchten alles mögliche, um das Geheimnis dieser Ehe zu entdecken. Sie fingen darum an, sich bei ihr einzuschmeicheln und lockten sie mit trügerischen Worten: »Hör einmal, könnte es vielleicht möglich sein, daß dein Mann überhaupt kein Pferd wäre, sondern nur aus besonderen Gründen diese Gestalt angenommen hätte? Wir wären ja so froh, wenn wir wüßten, daß der Mann unserer Schwester ein Mensch ist, denn die Leute rümpfen die Nase über uns und sagen: Ihr habt ja eure Schwester an ein Pferd vergeben.«

Da vergaß Herzverloren in ihrer großen Torheit und Selbstgefälligkeit ganz und gar die Versprechen, die sie ihrem Gatten gegeben hatte, ließ sich von den lockenden Worten ihrer Schwestern verleiten und sagte: »Die Wahrheit ist die, daß mein Gatte ein Pärî ist und ein bezaubernd schöner Mann. Weil seine Mutter, die aus der Rasse der Dîwe ist, ihn mit ihrer Schwestertochter verheiraten wollte und er dieses Mädchen nicht haben wollte, geriet er in Streit mit ihnen und nahm diese Gestalt an. Aber jede Nacht wirft er seine Pferdehaut ab, und so leben wir glücklich miteinander.«

Als die Schwestern diese Worte hörten, entflammte das Feuer der Eifersucht auf der Esse ihrer Herzen. Sie verließen Herzverloren und überlegten einträchtig, was zu tun sei. »Warum soll unsere Schwester glücklicher sein als wir? Wir müssen unbedingt einen Plan aushecken, der sie so weit bringen kann, daß sie von ihrem Mann getrennt wird, sonst vergehen wir vor Ärger.«

Und nachdem sie ihre bösen Anschläge zurechtgelegt hatten, waren sie sich darüber einig, daß sie ihre Schwester dazu verführen wollten, die Pferdehaut ihres Gatten zu verbrennen.

Einige Tage darauf gingen sie wieder hin und besuchten ihre Schwester, und indem sie mit allerlei Schmeicheleien um die unglückliche Herzverloren herumgirrten, sagten sie: »Liebe Schwester, wolle Gott, daß wir einen Ausweg fänden, wie wir deinen Mann dazu zwingen könnten, sich von dieser Pferdehaut zu trennen!« Herzverloren antwortete: »Das läßt sich nicht machen. Es ist nicht nur einfach ganz unmöglich, ihn dazu zu kriegen, sich von seiner Pferdehaut zu trennen, sondern er bewahrt sie auch so sorgfältig, daß keiner an sie herankommen kann.« – »Aber«, sagten die Schwestern, »in der Nacht, wenn er aus der Haut herauskriecht, wo legt er sie dann hin?« Sie antwortete: »Er legt sie in einen eisernen Schrein, den er verschließt, und den Schlüssel steckt er in seine Tasche.« – »Aber dann ist die Sache ja ganz einfach«, sagten sie, »das wird ja ein leichtes sein, die Haut in die Hände zu bekommen; aber wenn du sie in Händen hast, mußt du sie gleich verbrennen, denn wenn du sie nur versteckst, ohne sie zu vernichten, wird er sie dir vielleicht mit Gewalt wieder abnehmen.« Da sagte Herzverloren: »Er hat bisweilen gesagt, daß Feuer seiner Haut nichts anhaben kann.« – »Ja, dann mußt du ihn eben erst fragen, auf welche Art man sie verbrennen oder vernichten kann.« – »Ja, das ist wahr«, sagte Herzverloren, und dann nahmen die Schwestern Abschied von ihr und gingen fort.

Als die Nacht kam, fingen Grünkappe und Herzverloren wie gewöhnlich von diesem und jenem zu reden an. Schließlich brachte Herzverloren das Gespräch auf den Gegenstand, der ihr am meisten am Herzen lag, und fragte mit dem unschuldigsten Gesicht der Welt, damit ihr Mann keinen Verdacht schöpfen sollte: »Wenn das Feuer deiner Pferdehaut keinen Schaden tun kann, wie kann sie dann eigentlich zerstört werden?« Bei dieser Frage wurde Grünkappe unruhig und sagte: »Deine Worte lassen mich unsere bevorstehende Trennung ahnen. Was meintest du doch mit dieser Frage?« Herzverloren fiel nun auf einmal ihr Eid ein, und sie sagte: »Ich hatte überhaupt keine Absicht damit, ich fragte nur so, ohne mir eigentlich etwas dabei zu denken.« Da bat Grünkappe sie noch einmal inständig, doch ihr Gelöbnis zu halten, und dann sagte er zu ihr: »Man kann die Haut verbrennen, wenn man das Feuer mit Pistazienschalen und Zwiebelschalen angezündet hat.« Als Herzverloren diese Worte hörte, freute sie sich in der Stille ihres Herzens, indem sie bei sich selber dachte: »Solange du dieses Aussehen behältst und solange ich in aller Leute Munde bin, werde ich mich niemals frei von Trauer und Bekümmernis fühlen können.«

Um kurz zu sein. Als Grünkappe in der folgenden Nacht in Schlaf gefallen war, nahm sie ihm ganz vorsichtig den Schlüssel aus der Tasche, öffnete den Schrein und nahm die Haut heraus. Dann zündete sie ein Feuer von Zwiebelschalen und Pistazienschalen an, warf die Haut hinein und verbrannte sie. Aber als Grünkappe den Geruch der verbrannten Haut merkte, erwachte er ganz entsetzt und wie vom Schlag getroffen und sah die Haut mitten in den Flammen liegen. Er versuchte sie aus dem Feuer herauszuziehen, aber da war nichts mehr zu machen. Da wandte er sich an seine Frau und sagte: »O du eidbrüchiges Menschenkind. Du hast dein Wort nicht gehalten. Von dieser Stunde an ist die Trennung von dir und mir unumgänglich.« Herzverloren, die nun die Folgen ihrer schlimmen Tat erkennen mußte, stand in einer Ecke und war ganz überwältigt von dem, was sie getan hatte. Sie warf sich ihrem Gatten zu Füßen, gestand ihre Schuld und flehte ihn an, sie doch nicht zu verlassen. Aber Grünkappe verblieb bei seinem Vorsatz und sagte: »Wenn du mich wiedersehen willst, dann mußt du sieben Paar Eisenschuhe aufschleißen, um das Land der Pärî und Dîwe zu erreichen, wo ich wohne.« Dann gab er ihr zur Erinnerung einen Ring. »Mach die Augen zu!« sagte er. Und als sie die Augen wieder öffnete, war ihr Gatte verschwunden. Da fing sie an zu jammern und zu weinen und machte sich die bittersten Vorwürfe. »Ach, warum habe ich mich auch so von meinen Schwestern betrügen lassen! Nun habe ich meinen Mann durch meine eigene Schuld verloren.«

Da trat ihr Vater zu ihr herein. Vergebens sprach er zärtliche Worte zu ihr; sie war untröstlich und sagte zu ihrem Vater: »Lieber Vater, um deiner väterlichen Liebe willen bitte ich dich nur um eines, daß du mir sieben Paar Eisenschuhe kaufen und geben und mich von dannen ziehen lassen willst, bis ich meinen Mann wiedergefunden habe.« Der Vater gab nach; er konnte nicht anders. Er verschaffte ihr sieben Paar Eisenschuhe, und dann küßte sie ihrem Vater die Hand, sagte ihm Lebewohl und zog fort, immer weiter wandernd durch Wüsten und über Berge.

So ging sie Tag und Nacht, ohne zu wissen, in welcher Richtung sie gehen sollte, bis sie sich nach langer Zeit an einem Orte befand, wo sie einen Kameltreiber eine große Herde Kamele auf die Weide treiben sah. »Du Kameltreiber«, sagte sie, »wem gehören die Kamele, die du hier vor dir hertreibst?« Er antwortete: »Ich bin Grünkappes Kameltreiber.« – »Und ich«, sagte sie, »bin Herzverloren, und Grünkappe ist es eben, den ich suche.«

Sie setzte ihren Weg fort und kam an eine Quelle, die mit reinem klarem Wasser dahinfloß. Müde und ganz ermattet setzte sie sich ans Ufer der Quelle. Ihre Eisenschuhe waren ganz durchgeschlissen, und immer noch hatte sie keine Spur von Grünkappe gefunden. Da fing sie an, über ihren unglücklichen Zustand zu weinen. Da bemerkte sie eine schwarze Sklavin, die mit einem Krug in der Hand daherkam, um Wasser aus der Quelle zu schöpfen. Herzverloren fragte sie: »Wessen Sklavin bist du?« Sie antwortete: »Ich bin Grünkappes Sklavin.« »Willst du mich aus deinem Krug Wasser trinken lassen?« fragte die junge Frau. Die Sklavin antwortete: »Ja«, und Herzverloren trank und benutzte den Augenblick, um behende den Ring, den ihr Grünkappe in der Stunde des Abschieds geschenkt hatte, in den Krug fallen zu lassen. Dann gab sie der Sklavin den Krug zurück, und die Sklavin brachte Grünkappe das Wasser. Als dieser seine Hände waschen wollte, fiel ihm der Ring in die Finger. Er sah ihn sich näher an, und da war es sein eigener Ring, den er seiner Gattin geschenkt hatte, als er von ihr Abschied nahm. Voller Verwunderung fragte er die Sklavin: »Begegnete dir jemand an der Quelle?« – »Ja«, antwortete sie, »eine schöne junge Frau aus der Rasse der Menschen bat mich um einen Schluck Wasser, und ich reichte ihr den Krug, damit sie nach Herzenslust trinken konnte. Sie fragte mich auch, wessen Sklavin ich sei, und ich antwortete ihr, daß ich Grünkappes Sklavin sei.«

Grünkappe, der seiner Sklavin volles Vertrauen schenkte, sprach zu ihr: »Du mußt wissen, daß diese junge Frau meine Gattin ist und daß sie, um mich zu finden, viele Plagen und Leiden ertragen hat, bis sie hierhergekommen ist. Wenn meine Mutter etwas von der Sache erfährt, wird sie sie auf der Stelle in Stücke reißen, um so mehr, da sie meine Heirat mit ihrer Schwestertochter vorbereitet, die ein weiblicher Dîw ist.«

Damit stand Grünkappe auf und ging zur Quelle. Da fand er Herzverloren in tiefster Trauer dasitzen. Aber sobald sie Grünkappe erblickte, warf sie sich ihm in die Arme und rief: »Endlich habe ich dich wiedergefunden!« Grünkappe sagte mit unendlicher Zärtlichkeit in der Stimme: »Warum bist du doch hierhergekommen? Du läufst ja nur Gefahr, dein Leben unter den Klauen der Dîwe zu verlieren. Wie werde ich dich doch nur beschützen können, da ja alle meine Verwandten Dîwe sind?« Da saß nun die arme Herzverloren ganz verloren da und wußte nicht, was sie sagen sollte. Grünkappe dachte ein wenig nach. Dann blies er sie an und sprach ein Zauberwort über sie aus, und sofort war sie in eine Nähnadel verwandelt, die er sich an seinen Kragen steckte.

Als er zurückkam und ins Haus trat, fing seine Mutter gleich an zu brüllen: »Ich rieche was, ich rieche Menschenfleisch! Hier kommen nur die Dschinnen und Kinder der Pärî her, alle kriechenden und fliegenden Wesen müssen umkommen!« Sie wandte sich an ihren Sohn und fragte ihn: »Warum hast du diese Nadel da an deinen Kragen gesteckt?« Grünkappe antwortete: »Mein Anzug war an der einen Seite zerrissen, darum nahm ich eine Nadel und nähte ihn wieder zusammen.« – »Gib sie her, damit ich sie mir einmal genauer ansehen kann«, sagte die Mutter. Der Sohn antwortete: »Nein, ich habe sie selber nötig.« Die Mutter sprach lange auf ihn ein, aber er entschuldigte sich und beruhigte sie für eine Weile. Dann ging er an einen einsam gelegenen Ort und blies die Nadel an, während er gleichzeitig eine Zauberformel aussprach, und verwandelte die Nadel in einen Besen, den er in eine Ecke warf. Aber da kam auch die Mutter schon wieder und fing an zu rufen: »Ich rieche Menschenfleisch!«

Kurz, keine Verwandlung konnte die junge Frau vor den Augen der Mutter verbergen, und als Grünkappe endlich einsah, daß kein Kraut gegen sie gewachsen war, demütigte er sich vor seiner Mutter und flehte sie tausendmal an, indem er sagte: »Zuerst mußt du mir bei den Psalmen und bei Salomon – der gepriesen sei – schwören, daß du dieser jungen Frau, die soviel tausend Anstrengungen ertragen hat, um zu unserer Wohnung zu kommen, nichts Böses antun willst, dann will ich sie dir in ihrer wahren Gestalt zeigen, und dann kannst du sie als deine Sklavin in dein Haus nehmen.« Die Mutter liebte ihren Sohn, und mit oder gegen ihren Willen schwor sie, daß sie der jungen Frau nichts Böses antun wolle. Dann sagte Grünkappe ein Zaubersprüchlein her, und die junge Frau nahm ihre natürliche Gestalt an.

Seit diesem Tage war Herzverloren bei den Dîwen im Dienste, und ihre Schwiegermutter, die sie haßte, fand jeden Tag einen neuen Vorwand, um sie so recht mit Arbeit zu überhäufen. So gab sie ihr ein Stück schwarzen Stoff und befahl ihr, ihn so lange zu waschen, bis er weiß sei wie Schnee. Herzverloren wusch den Stoff von Morgen bis Abend, ohne daß sie ihn weiß bekommen konnte; da setzte sie sich hin und weinte. Aber da kam Grünkappe herzu, blies den Stoff an und sprach Zauberworte darüber, da wurde der Stoff weiß wie Schnee, und er gab ihn ihr zurück. Ein anderes Mal gab ihr die Schwiegermutter ein Stück weißen Stoff und sagte, daß sie ihn schwarz machen solle. Auch diesmal war es Grünkappe, der ihr dabei half, indem er durch seine Zaubermacht den weißen Stoff in schwarzen verwandelte. Kurz gesagt, die Schwiegermutter erfand tausend Dinge, womit sie ihre Schwiegertochter plagen konnte, so daß Grünkappe vor lauter Ärger manchmal nahe daran war, aus der Haut zu fahren. Andererseits merkte Grünkappes Mutter, daß sie nichts erreichen konnte, weil ihr Grünkappe immer entgegenarbeitete. Da ging sie zu ihrer Schwester und sagte zu ihr: »Liebe Schwester, solange dieses junge Weibsbild aus dem Menschengeschlecht am Leben bleibt, will Grünkappe sie nicht verlassen, und dann kann aus der Ehe zwischen ihm und deiner Tochter nichts werden. Ich habe schwören müssen, daß ich ihr selbst nichts Böses zufügen will, aber ich will sie unter dem Vorwand, daß sie eine Schere holen soll, zu dir schicken. Dann mußt du die Gelegenheit wahrnehmen und sie auffressen.« Darauf ging die Schwester ein.

Na, Grünkappes Mutter wandte sich also an Herzverloren und sprach zu ihr: »Geh in das Haus, wo die Tante deines Mannes wohnt, und hole mir von dort eine Schere, damit ich dir ein Kleid nähen kann.« Herzverloren freute sich und eilte zu dem Hause, in dem die Tante ihres Mannes wohnte. Unterwegs begegnete ihr Grünkappe. »Wo sollst du hin?« fragte er. Sie antwortete: »Deine Mutter hat mir befohlen, zu deiner Tante zu gehen und eine Schere zu holen.« Grünkappe verstand sofort, was für ein Wind hier wehte, und sprach zu Herzverloren: »Sei vorsichtig und vergiß nicht, was ich dir jetzt sage, sonst wirst du von den Dîwen aufgefressen. Zuerst kommst du an einen Ort, wo sich ein ausgetrockneter Bach und ein Bach voller Wasser befindet. Hier mußt du das Wasser von diesem in jenen hinüberleiten. Dann wirst du eine geschlossene und eine offene Tür finden. Die geschlossene Tür sollst du öffnen und die geöffnete sollst du schließen. Dann kommst du zu einem Hund und zu einem Esel; da ist dem Hund Heu und dem Esel sind Knochen vorgelegt. Nimm das Heu und wirf es dem Esel vor, und gib gleichzeitig dem Hunde die Knochen. Weiterhin wirst du an ein Becken kommen, das voller Mist ist; zu diesem sollst du sagen: ›Herrlich, herrlich, ist das aber ein leckerer Honig und eine feine Butter!‹ Endlich ist da noch ein ägyptischer Dornbusch; zu diesem sollst du sagen: ›Was hast du doch für feine Nadeln!‹ Nach alldem gehst du in das Haus meiner Tante, und dann wird sich ja zeigen, was dort geschieht.«

Herzverloren folgte genau den Anweisungen, die Grünkappe ihr gegeben hatte, und gelangte so in das Haus der Tante. »Was willst du denn hier?« fragte die Tante. »Ich möchte gerne eine Schere haben«, antwortete sie. »Wart ein Weilchen, ich werde sie dir holen«, sagte die Tante, und dann ging sie hinauf in die Rumpelkammer, um ihre Zähne mit einer Feile zu schleifen. Dieses Dîw-Weibchen hatte ein Kind, das in der Wiege lag, und dieses Kind sagte zu Herzverloren: »Meine Mutter ist fortgegangen, um ihre Zähne mit einer Feile zu schleifen, denn sie will dich fressen. Nimm die Schere, die da oben hinter meinem Kopfende liegt, und lauf, was du kannst.« Als Herzverloren diese Worte hörte, streckte sie eiligst ihre Hand aus, nahm die Schere und entfloh.

Das Dîw-Weibchen aber entdeckte ihre Flucht und rief: »Mistpfuhl, greif sie!« Das Bassin antwortete: »Sie hat mich Honig und Butter genannt, warum doch sollte ich sie greifen?« Das Dîw-Weibchen rief aber schon wieder: »Dornbusch, greif sie!« Aber der Dornbusch antwortete: »Sie hat meine Dornen feine Nadeln genannt, ich greife sie nicht!« Aufs neue rief die Dîw-Frau: »Hund, greif sie!« – »Nein«, antwortete der Hund, »sie hat mir Knochen gegeben, ich greife sie nicht!« – »Esel, greif sie!« – »Nein, sie hat mir Heu gegeben, ich greife sie nicht!« In derselben Weise wandte sich das Dîw-Weibchen an die offene und die geschlossene Tür und an die beiden Bäche, aber weder die Türen noch die Bäche gehorchten ihr, und Herzverloren kam in vollem Lauf nach Hause und überreichte ihrer Herrin die Schere.

Die Schwiegermutter verstand ja sofort, daß es Grünkappe war, der sie gerettet hatte, und kochte innerlich vor Wut. Nachdem sie ein wenig über die Sache nachgedacht hatte, sagte sie zu Grünkappe: »In zwei Tagen halten wir deine Hochzeit mit der Tochter deiner Tante. In der Hochzeitsnacht werden wir etwas tun, das Glück bringen soll; wir wollen zwischen Herzverlorens zehn Finger brennende Kerzen anbringen und sie in der Brautkammer Platz nehmen lassen, und dort soll sie bleiben, bis die Lichter niedergebrannt sind.« Grünkappe willigte darin ein.

Kurz und gut, die Hochzeit fand statt. In der Hochzeitsnacht setzte man, wie gesagt, brennende Kerzen zwischen Herzverlorens zehn Finger und ließ sie im Brautgemach Platz nehmen. Die Lichter schmolzen, und das Wachs verbrannte Herzverlorens Hände. Sie rief ein ums andere Mal: »Grünkappe, meine Hände brennen!« Und jedesmal antwortete Grünkappe wie im Schlaf: »Herzverloren, mein Herz brennt!« Das währte bis genau um die Mitternacht; aber da, in dem Augenblick, als alle Dîwe schliefen, stand Grünkappe auf, schnitt seiner Braut den Kopf ab, gerade von dem einen Ohr bis zum anderen, und ließ die Leiche im Bette liegen. Dann blies er Herzverloren an, sprach ein Zauberwort aus und verwandelte sie in ein feuriges Roß. Die Sklavin machte er zu einem Zaum, und dann nahm er den Zaum in die Hand, bestieg das Roß und entfloh.

Beim Morgengrauen standen die Dîwe auf und gingen in das Brautgemach. Da lag die Braut mit abgeschnittenem Kopf, und Grünkappe, die junge Frau und die schwarze Sklavin waren verschwunden. Da kochte bei den Dîwen der Topf des Zornes über, und sie fingen vor Raserei zu brüllen an. Dann blies sich Grünkappes Mutter auf, erhob sich in die Luft und flog davon, um ihren Sohn zu verfolgen.

Inzwischen jagte Grünkappe im Galopp dahin. Plötzlich erblickte er in der Ferne eine Wolke. Er dachte bei sich: »Das ist meine Mutter, die da kommt.« Gleich blies er sein Pferd an und verwandelte es in einen Ochsen. Die Sklavin verwandelte er durch seine Zauberkunst in einen Pflug. Er selbst nahm die Gestalt eines Bauern an und fing an zu pflügen. Das Dîw-Weibchen kam dahergestoben und fragte den Bauern, der niemand anders als Grünkappe selbst war: »Hast du nicht drei Reiter vorbeikommen sehen?« Der Bauer antwortete: »Ich bin beim Pflügen und Säen.« – »Dummkopf!« rief sie. »Ich frage dich um das eine, und du antwortest mir irgend etwas anderes in den Wind hinein.« Der Bauer antwortete: »Wenn der Wind weht, ist gut säen.« Da dachte das Dîw-Weibchen bei sich: »Der Bauer da ist taub und obendrein so dumm wie ein Esel. Und übrigens ist hier nicht die Spur von Grünkappe zu sehen. Es ist besser, ich kehre um.« Und sie machte kehrt, indem sie sagte: »Ich habe sie nicht erreichen können.«

Aber die Tante, der der Tod der Tochter am Herzen nagte, erhob sich und sprach: »Ich habe keine Ruhe, bis ich das Blut meiner Tochter gerächt habe.« Und damit blies sie sich auf und erhob sich in die Lüfte. Grünkappe, der schon erwartete, seine Tante daherkommen zu sehen, bemerkte, wie sich eiligst von der westlichen Weltecke her eine schwarze Wolke näherte. Er wußte gleich, daß das die Tante war und daß er ihr nicht so leicht entwischen könnte, und darum sprach er eine Zauberformel aus. Sofort erschien eine ganze Heerschar von Dschinnen und Pärî. Er befahl ihnen, ein großes Zelt aufzuschlagen und einen Thron darin anzubringen. Dann setzte er sich selbst auf den Thron, verwandelte Herzverloren in eine perlengeschmückte Krone, die er auf seinem Haupte trug. Alle Pärî und Dschinnen stellten sich in Reih und Glied vor dem Throne auf. Nun trat die Tante, die die Gestalt eines Derwischs angenommen hatte, vor den Sultan und bat ihn um einen Beweis seiner Gunst. Der Sultan gab den Befehl, daß man alle Wünsche des Derwischs erfüllen sollte. »Ich wünsche mir nichts anderes«, sagte der Derwisch, »als die Krone des Sultans.« – »Wie sollte ich doch dazu kommen, dir meine Krone zu geben?« sagte der Sultan. – »Du bist König. Setz eine andere Krone auf dein Haupt und gib mir armem Bettler diese da.« – »Das läßt sich nicht machen«, sagte der Sultan, »verlange etwas anderes.« Der Derwisch wiederholte seine Bitte. Zuletzt wurde der Sultan zornig, nahm die Krone von seinem Kopf und warf sie zu Boden, indem er sagte: »Dann nimm sie doch und scher dich davon!« Im selben Augenblick, wie die Krone am Boden zerschellte, wurde sie in einen Granatapfel verwandelt, und die Kerne sprangen nach allen Seiten. Gleich verwandelte sich der Derwisch in ein Huhn und fing an, die Granatapfelkerne, einen nach dem andern, aufzupicken. Aber die Sklavin warf sich in Gestalt eines Fuchses über das Huhn, biß ihm den Kopf ab und warf es zu Boden. Kaum war dies geschehen, so erhob sich eine Staubwolke, ein Donnerschlag ertönte und die Erde bebte. Als alles wieder ruhig geworden war, sah man die Leiche des Dîw-Weibchens auf der Erde liegen. Da dankten alle Gott und setzten ihre Reise fort.

Nach vielen Tagen und Nächten kamen sie in Herzverlorens Stadt an. Nun teilte Grünkappe an die Pärî und Dschinnen seine Befehle aus, und sofort bauten sie für ihn und Herzverloren ein Schloß und einen Garten, und dort lebten sie in aller Pracht und Freude.

Der Vogel Blumentriller

2 Es war einmal ein König, der hatte drei Söhne; der eine hieß Mälik Muhammäd, der andere Mälik Dschämschîd, der dritte Mälik Ibrâhîm. Mälik Ibrâhîm, den Jüngsten, liebte der König am meisten, und wegen der Liebe des Vaters entstand Feindschaft zwischen den beiden anderen Brüdern. Nun geschah es, daß der König erkrankte, und die Ärzte im ganzen Reiche wußten kein Heilmittel gegen diese Krankheit. End-

lich sagte einer der Ärzte: »Wir kennen nur ein einziges Mittel, wenn es nur zu finden wäre.« »Und was ist das?« fragten die Leute. Der Arzt erwiderte: »Es lebt im Meer ein grüner Fisch, der einen goldenen Ring am Schwänzchen trägt. Wenn dieser Fisch gefangen wird und wenn man ihm den Bauch zerschneidet und die Stücke auf das Herz des Sultans legt, dann wird er sicher genesen.«

Die Königssöhne boten den Tauchern viel Gold an und gingen an das Ufer des Meeres. Nachdem sie einige Tage am Meere entlang hin und her gelaufen waren, gelang es den Tauchern, den Fisch zu fangen. Sie brachten ihn zu Mälik Ibrâhîm. Der Königssohn nahm den Fisch und wunderte sich über seine Schönheit. Auf einmal sah er, daß etwas auf seiner Stirne geschrieben stand, und als er näher zusah, las er die Worte: »Es gibt keinen Gott außer Allah, Muhammäd ist der Prophet Gottes, und Alî ist sein Statthalter[1].« Beim Anblick dieser Schrift wurde Mälik Ibrâhîm tief ergriffen und sagte: »Wenngleich mein Vater durch diesen Fisch seine Gesundheit wiedererlangen würde, könnte ich ihn nicht töten.« Und er warf den Fisch zurück ins Meer. Als die Brüder und die Veziere, welche alle erwarteten, den Fisch in ihre Hände zu bekommen, diese Handlung des Mälik Ibrâhîm erblickten, bissen sie sich die Finger vor Erstaunen und wußten zuerst nicht, was sie dem König darüber vorbringen sollten. Da aber eilten Mälik Muhammäd und Mälik Dschämschîed, die nur auf eine solche Gelegenheit gewartet hatten, sofort zu ihrem Vater und erzählten ihm, was sich zugetragen hatte. Der König erzürnte und sagte: »Wenn Mälik Ibrâhîm auf meinen Tod lauert, um zur Herrschaft zu gelangen, will ich ihn von dieser Stunde an nicht mehr als Sohn und Erben anerkennen.«

Die Krankheit des Königs nahm aber dermaßen zu, daß er keinen Augenblick Ruhe hatte. Man bat nochmals denselben Arzt um Hilfe. Er sagte: »Es ist nur noch ein einziges Mittel übrig. Es gibt nämlich einen Vogel, der Blumentriller heißt.

[1] siehe Seite 294

Jedesmal, wenn er singt, läßt er aus seinem Schnabel eine Blume fallen. Ist einer dann so glücklich, diesen Vogel in die Hände zu bekommen, und legt man eine der Blumen, die aus seinem Schnabel herabfallen, auf das Herz des Königs, dann wird die Krankheit aufhören.« Der König küßte beide Söhne auf die Stirn und sagte: »Das Auge meiner Hoffnung ist auf euch gerichtet. Macht euch sofort auf und geht hin, den Vogel Blumentriller zu finden.«

Die Königssöhne machten sich in derselben Stunde für die Reise bereit und zogen von dannen, um den Vogel Blumentriller überall in der Welt zu suchen. Als Mälik Ibrâhîm erfuhr, daß sich seine zwei Brüder auf den Weg begeben hatten, um den Vogel Blumentriller zu finden, nahm er einige Goldstücke mit und ritt ebenfalls zur Stadt hinaus. Unterwegs traf er mit seinen beiden Brüdern zusammen. »Wo geht die Reise hin?« fragten sie. »Ich suche denselben Vogel wie ihr.« – »Gut«, sagten sie, »dann wollen wir zusammen reiten.«

Um kurz zu sein, die Königssöhne ritten viele Tage und Nächte hindurch, bis sie an einen Ort kamen, an dem der Weg in zwei Richtungen auseinanderging. Da war ein Baum und war eine Quelle. Alle drei stiegen von ihren Pferden ab und machten für eine Weile halt, um zu rasten. Als die beiden anderen eingeschlafen waren, erhob sich Mälik Ibrâhîm, um in der Nähe einen Spaziergang zu machen. Plötzlich fiel sein Blick auf eine steinerne Tafel, auf der geschrieben stand: »Diejenigen, die an diesem Kreuzweg vorüberkommen, sollen wissen, daß der Weg nach rechts ohne Gefahr und bequem ist, der Weg nach links aber ist so gefahrvoll, daß den Reisenden keine Hoffnung auf Rückkehr bleibt. Sollte aber dennoch jemand wünschen, auf der linken Straße zu wandern, dann muß er diese Tafel mitnehmen.« Mälik Ibrâhîm merkte sich den Inhalt der Tafel. Er ging zu seinen Brüdern zurück und sah, daß sie noch im Schlafe lagen. Er rief sie wach und sagte: »Leset diese Tafel und wählet einen der zwei Wege.« Nachdem die zwei Königssöhne die Inschrift gelesen hatten, sagten sie: »Wir wollen auf der rechten Straße fortwandern, denn unser Vater erwartet mit Ungeduld, daß wir ihm den Vogel Blumentriller bringen.« Mälik Ibrâhîm aber sagte: »Ich fahre nach links.« Vergebens drangen die Brüder auf ihn ein, um ihn dazu zu bewegen, mit ihnen auf dem Wege nach rechts weiterzureiten. Sie nahmen also voneinander Abschied, die zwei Brüder fuhren nach rechts und Mälik Ibrâhîm nach links. Lassen wir jene ihres Weges ziehen, und hören wir, wie es Mälik Ibrâhîm erging.

Nach einigen Tagen und Nächten gelangte er an das Tor eines sehr schönen und herzerquickenden Gartens. Er ging hinein und sah, daß der Garten dicht voller Obstbäume stand und daß Bäche nach allen Richtungen flossen. Der Königssohn band sein Pferd an einen Baum, streckte seine Hand aus, pflückte einige Äpfel und aß ein paar davon, und die übrigen steckte er in seinen über dem Kreuz des Pferdes festgebundenen Quersack, da er vorsorglich daran dachte, daß er vielleicht an Orte kommen könnte, wo es keine Nahrung für ihn gäbe. Dann fing er an, ein wenig im Garten herumzuwandeln. Er kam zu einem hohen Gebäude, aber wie sehr er auch umherblickte, so konnte er doch keinen Menschen entdecken. Verwundert stand er da und dachte bei sich: »Wer mag wohl der Besitzer eines solchen mitten in der Wüste gelegenen Gartens sein?« Plötzlich traf das Geplätscher von Wasser sein Ohr. Er blickte sich um und sah ein Mädchen, strahlend wie die Sonne, das am Rande eines Wasserbeckens saß und mit dem Wasser spielte.

Beim Anblick dieses mondgesichtigen Mädchens verlor Mälik Ibrâhîm sein Herz. Im selben Augenblick fiel das Auge des Mädchens auf Mälik Ibrâhîm. Sie erhob sich, ging ihm entgegen und sagte mit freundlicher und weicher Stimme: »O Mälik Ibrâhîm, o meine süße Seele, wie bist du denn hierhergekommen? Jahrelang habe ich deine Ankunft mit Sehnsucht erwartet.« Über die Erwähnung seines Namens mit hundertfacher Verwunderung erfüllt, fragte Mälik Ibrâhîm: »Was ist doch das? Woher kennt dieses Mädchen meinen Namen? Das ist wahrlich ein Rätsel.« Er war aber dermaßen in das Mädchen verliebt, daß er an nichts anderes mehr dachte. Kurzum, sie nahmen sich bei den Händen und gingen in das Schloß hinein, und das Mädchen bemühte sich in jeder Weise, das Herz des Königssohnes zu bestricken.

Unterdessen fiel dem Königssohn ein Gedanke ein. Er erhob sich, um hinauszugehen. Das Mädchen wollte ihn zurückhalten, er aber beschwichtigte sie mit beredter Zunge und ging aus dem Schlosse hinaus. In einer Ecke des Gartens nahm er die Tafel hervor und las die Worte, die daselbst geschrieben standen: »O du, der du den Weg nach links gewählt hast, du wirst in einem schönen Garten ein verführerisches Mädchen antreffen. Sei klug und laß dich vom holden Gesicht des Mädchens nicht betören, denn sie ist in Wirklichkeit eine listige, alte Zauberin, die dich töten will. Du mußt dich zuerst liebenswürdig gegen sie erweisen, und wenn sie dir den Vorschlag macht, mit ihr zu ringen, dann gehe darauf ein, aber beim Ringen sollst du ihr das Hemd herabziehen. Sie hat an der linken Seite ihres Körpers ein schwarzes Mal. Gerade an dieser Stelle sollst du deinen Dolch aus allen Kräften in sie hineinstoßen. Nimm dich in acht, daß du den Stoß nicht verfehlst, sonst wirst du für alle Ewigkeit in einen schwarzen Stein verwandelt werden.«

Der Königssohn legte die Tafel wieder an ihren Platz und kehrte in das Schloß zurück, wo das Mädchen ihn mit großer Ungeduld erwartete. Als sie ihn sah, fing sie wieder an, ihn zu liebkosen. Nach einigen Liebesworten sagte das Mädchen: »Komm, wir wollen miteinander ringen, um zu sehen, wer von uns die größte Kraft besitzt.« Er ging darauf ein, und sie fingen an zu ringen. Der Königssohn merkte, wie sie sich daran machte, einen Zauber auszuüben, und daß sie ihn verwandeln wollte. Er rief Gott an und zog das Hemd des Mädchens herunter. Sie versuchte seinen Angriff abzuwehren, er aber stieß seinen Dolch bis zum Griff in das schwarze Mal hinein. Sofort brach ein Wirbelsturm los mit Donner und Blitz, und Mälik Ibrâhîm wurde vor lauter Furcht ohnmächtig. Als er wieder zum Bewußtsein kam, sah er den Leichnam eines alten, abgelebten Weibes daliegen. Vom Garten und vom Schlosse war keine Spur mehr zu sehen, nur die dürre, wasserlose Wüste ringsumher. Er dankte Gott, bestieg sein Pferd und setzte seine Reise fort.

Nach einigen Tagen und Nächten kam er an einen Garten, der dem vorigen glich. Er ritt hinein und sah mitten im Garten einen großen See liegen. Draußen auf dem See bewegte sich ein kleines Fahrzeug. Der Königssohn band sein Pferd an einen Baum, löste den Quersack und nahm ihn mit an das Ufer des Sees. Dann schwamm er zu dem Fahrzeug hinüber und schwang sich an Bord. Dort lagen zehn Männer bunt durcheinander, alle mausetot, mit Ausnahme eines einzigen, bei dem noch ein kleines Lebensfünkchen glimmte. Mälik Ibrâhîm wollte ihn ausfragen, aber der Mann vermochte nicht zu sprechen.

Da nahm er einige Äpfel aus seinem Quersack hervor und gab sie ihm in kleinen Stückchen zu essen. Der alte Mann, der dem Hungertode nahe war, fühlte alsbald seine Kräfte wachsen und richtete sich auf. Nun fing der Königssohn an zu fragen: »Woher kommst du, und wer sind diese toten Leute?« Er erwiderte: »Wir sind Leute aus Gulâbetûn [1]. Wir hatten gehört, daß dem Gebirge Qâf [2] gegenüber eine Stadt liege, daß die Berge daselbst aus reinem Golde seien und daß am Fuße dieser Berge ein Fluß aus Rohsilber fließe. Ich und einige andere vornehme Kaufleute machten uns nun für die Reise bereit, um diese Stadt, von deren Lage wir keine Ahnung hatten, ausfindig zu machen. Fast zehn Jahre sind wir von Stadt zu Stadt, von Land zu Land herumgezogen, ohne jemals jener Stadt auf die Spur zu kommen. Zufällig kamen wir vor zehn Tagen an der Pforte dieses Gartens an. Wir gingen hindurch und gewahrten dieses Fahrzeug, und um uns zu belustigen,

[1] Fabelhaftes Land [2] Gebirge am Ende der Welt

gingen wir an Bord des Schiffes, das damals am Ufer des Sees lag. Das Schiff setzte sich sofort in Bewegung und brachte uns in die Mitte des Sees. Während dieser zehn Tage ist das Schiff im Kreise herumgefahren, ohne vorwärts oder zurück zu kommen. Es war, als ob es in einen Strudel hineingeraten wäre. Jeden Tag zur Mittagszeit kommt eine Hand aus dem Wasser hervor und zieht einen von uns in die Tiefe hinab, ohne Rücksicht darauf, ob er tot oder lebend ist. Wir waren anfangs zwanzig; die zehn von uns sind schon von der Hand ergriffen worden, und die anderen sind Hungers gestorben. Nun fehlt nur noch eine Stunde, bis die Hand sich wieder zeigt.«

Mälik Ibrâhîm zog seine Tafel hervor und las: »Wenn du die erste Hexe getötet hast und in den anderen Garten mit dem See und dem Fahrzeug gekommen bist, nimm dich in acht, daß du dich nicht von den süßen und einschmeichelnden Worten, die die Besitzerin der Hand zu dir sagen wird, verlocken läßt, denn sie ist die Schwester der ersten Hexe. Du mußt die Hand mit allen deinen Kräften pressen, damit der Zauber gebrochen werden kann. Solltest du im Kampfe überwunden werden, würdest du für immer deine Freiheit verlieren.« Der Königssohn legte die Tafel auf ihren Platz zurück und wartete. Plötzlich sah er eine Hand aus dem Wasser kommen, die war so schön und fein wie keine andere, und gleichzeitig hörte er, wie eine Stimme sagte: »Sei mir willkommen, Mälik Ibrâhîm, der du so viel Mühe gehabt hast, um hierherzukommen. Komm nun und laß uns in aller Freundschaft die Hände drücken.« – »Mit dem größten Vergnügen«, erwiderte der Königssohn. Und damit griffen seine Hand und die fremde Hand fest umeinander, und jede zog nach ihrer Seite. Der Königssohn merkte, daß seine Gegnerin ihn immer mehr zu den Wellen hinabzog, und er war nahezu besiegt; da befahl er sich in die Hut Gottes und preßte die Finger der Gegnerin so gewaltig, daß die Hand zerquetscht wurde. Genau wie voriges Mal brach ein gewaltiges Sturmwetter los mit Donner und Blitz, und kurze Zeit darauf sahen sie die Leiche einer alten Hexe mitten in einer unermeßlichen Wüste liegen, in der sie sich nun befanden. Mälik Ibrâhîm fragte den alten Mann, wohin er zu ziehen gedenke, und jener erwiderte: »Wohin du auch ziehen magst, so will ich dir als dein Diener folgen.« Aber Mälik Ibrâhîm entgegnete: »Dort, wo ich hinziehe, hast du nicht Kraft genug, mir zu folgen. Reise darum, wohin dich gelüstet, und der Friede des Herrn sei mit dir.« Und damit nahmen sie Abschied voneinander.

Mälik Ibrâhîm legte nun wieder ein Stück Weges zurück, bis er an einen Ort kam, an dem sich ein sehr hoher Baum und eine Quelle befanden. Eine große Schar Affen hatte sich unter dem Baum versammelt, und einer von den Affen trug auf seinem Rücken ein Tuch aus Kaschmirwolle, was wohl bedeuten sollte, daß er vornehmer war als die anderen. Hinter dem Baum befand sich ein Brunnen. Der Königssohn zog sogleich seine Tafel aus den Brustfalten seines Gewandes hervor und las, was dort geschrieben stand: »O du, der du auch die zweite Hexe getötet hast, du wirst an einen Baum und einen Brunnen kommen, in dem sich die dritte aufhält. Du wirst in den Brunnen hinabsteigen und durch einen engen Gang hindurch auf eine weite Ebene gelangen, wo ein hohes Gebäude errichtet ist. Geh in das Gebäude hinein; dort triffst du ein Mädchen, das die erwähnte Hexe ist. Sie wird dich mit List und Tücke verlocken, aber du wirfst ihr diese Tafel an die Stirn und zerspaltest ihr den Kopf, wodurch der Zauber gebrochen sein wird.«

Als Mälik Ibrâhîm diese Worte auf der Tafel gelesen hatte, stieg er in den Brunnen hinab, und indem er den Worten der Tafel folgte, schlug er auch die dritte Hexe tot.

Sobald er wieder aus dem Brunnen herausgestiegen war, sah er, daß alle Affen menschliche Gestalt erhalten hatten und zu lauter Mädchen geworden waren, von denen jede einzelne für sich so schön wie die Mondesscheibe war; aber eine war unter ihnen, deren Antlitz Sonne und Mond zugleich beschämte. Sie trug ein Tuch aus Kaschmirwolle. Der Prinz näherte sich ihr und fragte sie, aus welchem Lande sie und die anderen Mädchen stammten und auf welche Weise sie der Hexe in die Hände gefallen wären. Das Mädchen antwortete: »Ich bin die Tochter des Königs der Pärî, und mein Name ist Maimûne Khâtûn. Eines Tages ging ich mit meinen Sklavinnen vor der Stadt spazieren. Da erblickte ich eine Gazelle mit einem hübsch gefleckten Fell. Ich eilte ihr nach, von meinen Sklavinnen gefolgt, und so jagten wir die Gazelle viele Meilen weit und kamen zuletzt an einen Wald. Auf einmal sahen wir, wie sich die Gazelle im Kreise herumdrehte und zu einem alten häßlichen Weibe wurde, und im Nu hatte sie uns in die Gestalt verwandelt, in der du uns gesehen hast. Als mein Vater erfuhr, was geschehen war, sandte er viele Male seine Heere aus, um die alte Hexe zu bekämpfen, aber sie schlug sie alle mit ihrer Zaubermacht. Gott sei gepriesen, daß du uns nun endlich erlöst hast! Bis an den Jüngsten Tag werden wir uns dir zu Dank verpflichtet fühlen, und du kannst mir glauben, daß mein Vater dir danken wird, wenn er von unserer Befreiung erfährt.« – »Maimûne Khâtûn«, sprach Mälik Ibrâhîm, »wenn es Gott gefällt, werde ich dich wohlbehalten zu deinem Vater zurückbringen.«

Nun zogen sie alle weiter und kamen in die Stadt der Pärî. Maimûne ging zu ihrem Vater, und als dieser sein Kind, das er wie seine eigene Seele liebte, erblickte, drückte er sie an seine Brust und fragte sie, wie sie der Gewalt der Hexe entkommen sei. Maimûne Khâtûn erzählte ihrem Vater, wie sich alles zugetragen hatte. Da ließ der König der Pärî Mälik Ibrâhîm zu sich rufen, küßte ihn auf die Wangen und sprach: »Mein liebes Kind, ich habe das Versprechen abgelegt, daß der, der Maimûne befreie, mein Königreich und meine Tochter bekommen solle, da sie mein einziges Kind ist. Zwar hatte ich einen Sohn, aber als Maimûne in die Klauen der Hexe gefallen war, verließ er plötzlich diese vergängliche Welt, aber das Schlimmste an diesem Unglück ist, daß der Leichnam meines Sohnes jeden Morgen, eingehüllt in zerrissene Leichentücher, aus seinem

Grabe herausgeworfen ist. Jeden Tag wird er aufs neue begraben, und am nächsten Tag fängt das gleiche Spiel von vorne wieder an. Ich habe Wächter an das Grab gesetzt, aber bisher hat noch keiner entdecken können, wie die Sache vor sich geht.«

Mälik Ibrâhîm dachte bei sich: »Hier sind bestimmt dieselben Zauberkünste im Spiel.« Dann wandte er sich an den König der Pärî und sagte: »Das beste ist, wir bringen erst die Sache mit dem Pärî-Prinzen ins reine, ehe wir unsere Hochzeit feiern. Wie alles auch zusammenhängen mag, so stecken jedenfalls Hexenkünste dahinter, aber ich werde nicht ruhen, bis ich dieses Rätsel gelöst habe.«

Da gab der Pärî-König Befehl, daß man Mälik Ibrâhîm an das Grab des Pärî-Prinzen führe. Dort angekommen, schickte er die Diener fort; die konnte er hier nicht gebrauchen. Dann verbarg er sich ganz allein hinter einem großen Stein und sah auf seiner Tafel nach. Da stand geschrieben: »O du, der du auch diese dritte Hexe getötet hast, du wirst in die Stadt der Pärî kommen, wo der Sohn des Pärî-Königs von zwei Zauberweibern verhext worden ist. Um den Pärî-Prinzen zu befreien, mußt du ihnen mit einem Schlag beide Köpfe auf einmal abschlagen.« Der Königssohn verbarg die Tafel an seiner Brust, setzte sich hin und wartete. Als die erste Hälfte dei Nacht vergangen war, erblickte er zwei verhutzelte alte Weibsbilder, die Zauberworte vor sich hinmurmelten. Das eine hielt in seiner Hand einen Stab, das andere hatte einen dünnen Zweig unterm Arm. Sie gingen auf das Grab zu und fingen mit ihren Hexenkünsten an, indem sie mit dem Munde bliesen und in zwei vierzehnjährige Mädchen verwandelt wurden. Dann streckte die eine ihren Stab über das Grab des Pärî-Prinzen aus, und sogleich fiel der Tote aus seinem Grabe heraus. Wieder murmelte sie Zauberworte vor sich hin und blies ihn an, worauf er sich in eine sitzende Stellung erhob. »Sei uns zu Willen«, sagten sie, »oder wir schlagen diese Stöcke auf deinem Leib in Stücke.« Der Pärî-Prinz wandte sich fort und weigerte sich, ihren Wünschen gefügig zu sein. Da erhoben die scheußlichen Weiber ihre Stöcke, um sie auf den Leib des Pärî-Prinzen herabsausen zu lassen, aber im selben Augenblick schlug ihnen Mälik Ibrâhîm beide Köpfe mit einem Schlage auf einmal ab. Nun brach ein Unwetter los, der Wind heulte, und schreckliche Stimmen erschollen; aber dann wurde die Luft wieder ruhig, und der Pärî-Prinz warf sich Mälik Ibrâhîm zu Füßen und rief: »O du, der du mich befreit hast, solange ich lebe, will ich dein gehorsamer Sklave sein.« Dann begaben sich beide Hand in Hand auf das Königsschloß.

Als die Botschaft, daß Mälik Ibrâhîm mit dem Pärî-Prinzen auf dem Wege sei, den König erreichte, eilte er barhäuptig und auf bloßen Füßen hinaus, um sie zu empfangen. Zuerst warf er sich vor Mälik Ibrâhîm in den Staub und sprach: »Wir alle sind deine gehorsamen Diener, und das Königreich soll dein sein!« Dann schloß er seinen Sohn in die Arme, und endlich wandte er sich an den Vezier und sprach zu ihm: »Mache alles für Maimûnes und Mälik Ibrâhîms Hochzeit bereit und erteile Befehle, daß sich die ganze Stadt zum Feste schmücken soll.« Der Vezier legte als Zeichen seines Gehorsams den Finger aufs Auge.

Kurz und gut, zehn Tage und Nächte schwelgte die Stadt in Fest und Freude. Aber als die Hochzeit gefeiert war, begab sich Mälik Ibrâhîm zum König der Pärî und bat ihn um Urlaub, daß er weiterziehen könne. »Willst du uns schon so schnell verlassen?« fragte ihn der König. Er erwiderte: »Ich muß reisen, denn mein Vater wartet voller Ungeduld auf den Vogel Blumentriller, und wo er auch immer zu finden sein mag, so will ich ihn holen und zu meinem Vater bringen.« Als der König der Pärî das Wort Vogel Blumentriller hörte, dachte er ein wenig nach. Dann befahl er, daß man alle Pärî im Schlosse zusammenrufen solle, und als sie alle versammelt waren, fragte er: »Ist einer unter euch, der weiß, wo sich der Vogel Blumentriller befindet?« Da trat einer aus der Schar hervor und sprach: »Ich weiß, wo er zu Hause ist. Aber aus Furcht vor den Dîwen wagt es keiner, sein Gebiet zu betreten; denn dieser Vogel gehört einer Tochter des Königs der Pärî auf dem Berge Qâf, und Tausende von gewaltigen Dîwen halten Wacht um ihn. Das einzige, was ich tun kann, ist, daß ich Mälik Ibrâhîm an den Ort bringe, wo die Dîwe Wache halten.« Der König der Pärî wandte sich an Mälik Ibrâhîm und fragte ihn: »Was kann ich hier tun?« Der Königssohn entgegnete: »Gib du nur Befehl, daß man mich an jenen Ort bringe, und dann laß das übrige meine Sache sein.«

Na, der König gab also Befehl, daß man Mälik Ibrâhîm in das Land der Dîwe bringen sollte. Ein Pärî verwandelte sich in die Gestalt eines Vogels, nahm Mälik Ibrâhîm auf seinen Rücken und schwang sich mit ihm in die Lüfte. Nach einem Flug von einigen Stunden setzte er ihn wieder auf die Erde und sagte zu ihm: »Nun wage ich es nicht, weiter vorzudringen, aber ich will hier drei Tage auf dich warten, um dich wieder zu Maimûne Khâtûn zurückzubringen; aber wenn du in dieser Zeit nicht wieder hier bist, muß ich annehmen, daß du von den Dîwen verzehrt worden bist.«

Mälik Ibrâhîm befahl sich in den Schutz Gottes und ging weiter, ganz heran bis an den Platz der Dîwe. Als die Dîwe den Geruch eines Menschen in der Luft verspürten, sahen sie sich nach allen Seiten um und erblickten schließlich Mälik Ibrâhîm, und dann stürzten sie alle auf einmal auf ihn los. Aber Mälik Ibrâhîm dachte nicht im geringsten daran, sich auf einen Kampf mit ihnen einzulassen, denn er wußte nur zu gut, daß das dasselbe wäre, wie zwischen Hammer und Amboß zu geraten. Nein, er brachte viele Entschuldigungen vor und sagte: »Ein ganz dringender Grund nur hat mich zu euch geführt.« Die Dîwe, als sie sahen, daß er ein ganz netter junger Mann war, der seine Worte richtig zu setzen verstand, hatten Mitleid mit ihm und fragten ihn, was für ein dringender Grund das denn sei. Er erwiderte darauf: »Ein ganzes Jahr bin ich nun durch Wüsten und über Berge gewandert und habe fünf Hexen getötet; ich bin in das Land der Pärî gekommen und habe Verbindungen mit ihnen geschlossen, aber das Ding, das ich ausgezogen bin zu suchen, ist mir noch nicht in die Hände gekommen, und man hat mich an diesen Ort verwiesen, auf daß ich es fände.« – »Was ist es denn, was du suchst?« fragten die Dîwe. »Es ist der Vogel Blumentriller«, erwiderte er. Die Dîwe sahen sich an und sagten: »Ja, es ist schon richtig, daß sich der Vogel Blumentriller in der Burg befindet, die da drüben rechts liegt und Tarfe Bânû gehört, der Tochter des Pärî-Königs auf dem Berge Qâf. Wir alle sind hier zu seiner Bewachung aufgestellt, wie sollten wir ihn da für dich stehlen können? Außerdem dürfen wir die Burg überhaupt nicht betreten. Aber wenn du dir selbst irgendwie den Vogel beschaffen kannst, wollen wir dich gerne von hier aus an jeden beliebigen Ort bringen, den du dir nur wünschst.« Der Königssohn sagte: »Das ist vollauf genug, mehr wünsche ich nicht.«

Da führte ihn einer der Dîwe an die Pforte zu Tarfe Bânûs Garten. Es war hellichter Tag, und alle Leute in der Burg lagen und schliefen. Mälik Ibrâhîm schlich sich sachte, sachte hinein, und indem er der zwitschernden Stimme des Vogels Blumentriller nachging, fand er sich hin zu dem Saal, in dem sich Tarfe Bânû befand. Hier sah er ein Mädchen, dessen Schönheit keine Zunge zu beschreiben vermag, auf einem Lager schlafend daliegen, das mit Edelsteinen geschmückt war, die in allen Farben schimmerten. In einem goldenen Käfig, der ihr zu Häupten aufgehängt war, saß der Vogel Blumentriller, und jedesmal, wenn er seine Triller schlug, fielen süßduftende und schönfarbige Blumen aus seinem Schnabel. Da streckte Mälik Ibrâhîm ruhig seine Hand aus, nahm das Bauer und kehrte auf demselben Wege, auf dem er gekommen war, zu den Dîwen zurück. Sie fragten ihn: »Wohin sollen wir dich bringen?«, und er antwortete: »Bringt mich in die Nähe meines eigenen Reiches.« Da nahm ihn einer von den Dîwen auf die Schulter, blies wie ein rauchender Schornstein aus seinen Nasenlöchern und fuhr mit ihm in die Höhe. Als sie an den Kreuzweg kamen, an dem Mälik Ibrâhîm die Tafel gefunden hatte, befahl er dem Dîw, sich zu senken. Der Dîw setzte ihn auf die Erde und gab ihm ein paar von seinen Haaren, damit er sie im Notfalle verbrennen und ihn damit herbeirufen könne, und darauf kehrte der Dîw in seine Heimat zurück[1].

Mälik Ibrâhîm hängte das Bauer mit dem Vogel an einen Baum, setzte sich ein wenig zur Ruhe und fiel darüber in Schlaf. Nun geschah es nicht anders, als daß seine Brüder, die mit leeren Händen von ihrer Suche auf dem Wege zur Rechten zurückkehrten, gerade zu dieser Zeit daherkamen. Als sie den schlafenden Mälik Ibrâhîm und den Vogel im Bauer erblickten, sprachen sie zueinander: »Wenn Mälik Ibrâhîm den Vogel nach Hause bringt, wird unser Vater ihn zweifellos zu seinem Thronerben machen. Besser ist, wir nehmen den Vogel mit und überreichen ihn in unserm eigenen Namen.« Und ohne jegliches Bedenken nahmen sie das Bauer und zogen damit weiter. Als sie dann zu ihrem Vater zurückkehrten, setzten sie das Bauer auf den Boden und gaben ein paar Lügengeschichten zum besten, die sie sich zusammengebraut hatten, und erzählten von all den Schwierigkeiten und Gefahren, denen sie ausgesetzt gewesen waren, um in den Besitz des Vogels zu gelangen. Da wurde der Sultan froh, küßte seine Söhne auf die Wangen und ließ sie an seiner Seite Platz nehmen. Aber der Vogel öffnete überhaupt nicht seinen Schnabel. Alle, die zugegen waren, wunderten sich darüber, daß er nicht zwitschern wollte, und dann gingen sie zu dem Arzte hin, der geraten hatte, den Vogel herbeizuschaffen, und sagten, nun hätten sie den Vogel, aber er wollte nicht singen. Der Arzt sagte: »Ja, dann ist es klar, daß es nicht diese beiden Prinzen waren, die ihre Mühe gehabt haben, ihn zu finden.« Die Worte des Arztes wurden dem Sultan mitgeteilt, und er fragte seinen Vezier, was er über die Sache dächte. »Ja«, sagte der Vezier, »ich bin derselben Meinung wie der Arzt; es kann nur Mälik Ibrâhîms Werk sein.«

[1] Dieser Zug ist im Gesamtrahmen der Erzählung überflüssig; die Haare finden keine Verwendung. Wahrscheinlich ist eine Episode, in der sie gebraucht werden, ausgefallen.

Inzwischen war Mälik Ibrâhîm erwacht, und als er sah, daß das Bauer verschwunden war, wußte er ja gleich, wer hier die Hand im Spiele hatte. Er ritt darum in die Stadt und begab sich in seine eigene Wohnung. Kurz darauf trat der Vezier zu ihm herein und sprach: »Dein Vater läßt dich bitten, zu kommen.« Da begab sich Mälik Ibrâhîm in Begleitung des Veziers zum König, seinem Vater, küßte ehrerbietig den Boden vor seinen Füßen und erhob sich. Aber kaum war der Vogel Blumentriller Mälik Ibrâhîm gewahr geworden, als er auch schon seine Triller schlug und die Blumen ihm aus dem Schnabel fielen. – Und auf diese Weise wurde es allen offenbar, daß es Mälik Ibrâhîm und weder Mälik Muhammäd noch Mälik Dschämschîd war, der den Vogel Blumentriller herbeigeschafft hatte. Der Sultan küßte Mälik Ibrâhîm auf die Wangen, nahm seine Krone ab und setzte sie ihm aufs Haupt.

Einen Monat nach dieser Begebenheit kamen die Kundschafter und überbrachten die Meldung, daß ein Lager mit fürstlichen Zelten einige Meilen vor der Stadt aufgeschlagen sei, und daß niemand wisse, was das für ein Lager sei. Der Sultan gab seinem Vezier Befehl, hinauszureiten und die Sache zu untersuchen. Der Vezier machte sich auf und kam am nächsten Tage mit folgendem Bescheid zurück: »Es ist Tarfe Bânû, die Tochter des Pärî-Königs auf dem Berge Qâf, die gekommen ist, um ihren Vogel Blumentriller zu holen. Sie sagt, daß sie mit niemand anders als mit dem reden will, der ihr den Vogel geraubt hat.« Bei diesen Worten erbleichten alle Anwesenden, selbst der Sultan. Was würde sie wohl mit dem Königssohn anstellen? Aber Mälik Ibrâhîm war guten Mutes. »Ich will selbst hinausgehen«, sagte er, »und sehen, was sie im Schilde führt.« Er schmückte sich und ritt hinaus an den Ort, wo Tarfe Bânû ihre Zelte aufgeschlagen hatte.

Als die Botschaft, daß der Königssohn komme, Tarfe Bânû erreichte, sprach sie: »Bringet ihn in mein Zelt!« Er trat ein, und Tarfe Bânû erhob sich, nahm ihn bei der Hand und ließ ihn an ihrer Seite Platz nehmen. »Junger Held«, sagte sie, »ich habe mir geschworen, daß ich dich heiraten will; nur ein tapferer und mutiger Mann wie du, der sich den Nachstrebungen aller dieser Hexen und Pärî und Dîwe entzogen und sich zum Herrn über den Vogel gemacht hat, ist würdig, mein Gatte zu sein.« Froh über das unerwartete Glück, das ihm in den Schoß gefallen war, eilte der Königssohn heim zu seinem Vater und sagte: »Macht alles zur Hochzeit bereit!« Der Sultan gab dem Vezier Befehl, alle Vorbereitungen für die Hochzeit zu treffen, und da wurde gefeiert in der Stadt, einen ganzen Monat lang.

Einige Zeit darauf schickte man auch Boten nach Maimûne Khâtûn, und so lebten sie denn alle in Herrlichkeit und Freude, bis der vom Schicksal bestimmte Tod auch sie ereilte.

Muhammäd, der Hirt, und die Päri-Prinzessinnen

3 Es war einmal ein Hirte mit Namen Muhammäd. Eines Nachts träumte ihm, daß auf seinen Knien zwei Sterne und auf seiner Brust ein Mond erschiene. Als er erwachte, dachte er bei sich: »Das beste ist, ich gebe das Hirtenleben auf und ziehe in die weite Welt hinaus, um zu erfahren, was es mit meinem Traum auf sich hat«, und damit stand er auf und verließ die Stadt.

Viele Tage und Nächte wanderte er, bis er zu einer Karawanserei kam. Er ging hinein und legte sich in einen Winkel, um zu schlafen. Als der Morgen graute, hörte er, wie ihn jemand beim Namen rief. Er schlug die Augen auf und sah ein Mädchen von unermeßlicher Schönheit. »Steh auf«, sagte das Mädchen, »und sattle das Pferd, damit wir weiterkommen können.« Sprachlos vor Staunen stand Muhammäd auf und sattelte das Pferd, und dann setzte sich das Mädchen aufs Pferd, und alsbald jagten sie beide davon.

Als die Sonne aufgegangen war, warf das Mädchen einen Blick auf Muhammäd und sah, daß er gar nicht ihr Diener war. Ganz erstaunt fragte sie ihn, wer er sei. Er antwortete:

»Ich bin ein Hirte, der sich auf die Reise begeben hat, um die Deutung eines Traumes zu finden, den er geträumt hat. Als ihr mich riefet, stand ich auf und zog mit euch.« – »Was hat dir denn geträumt?« fragte sie ihn. Muhammäd erzählte ihr seinen Traum. Da sagte das Mädchen: »Du mußt wissen, daß ich die Tochter eines Pärî-Königs bin und daß mich die Lust anwandelte, eine Reise zu unternehmen. Mein Diener hieß zufällig Muhammäd. Gestern abend kehrten wir in jener Karawanserei ein, und heute morgen glaubte ich, du wärst mein Diener, als ich dich rief. Aber es ging ja anders, als ich glaubte, und wenn du ein flinker Bursch bist, will ich dich gerne an meines Dieners Statt annehmen.« Muhammäd entgegnete darauf: »Ich will alles tun, was du befiehlst.«

Genug, sie reisten weiter, bis sie an eine Quelle kamen. Dort stieg das Mädchen vom Pferd und hielt eine Mahlzeit. Muhammäd fielen indessen einige hübsche, leuchtende Steine auf, die auf dem Grunde der Quelle lagen. Ohne zu wissen, was für eine Art Steine es waren, las er einige davon auf und steckte sie in die Tasche. Dann zogen sie weiter. Als sie zehn Tage und Nächte geritten waren, kamen sie in eine Stadt. Das Mädchen kehrte in einer Herberge ein und ließ sich dort nieder. Dann eines Tages fragte sie Muhammäd: »Hast du noch die Edelsteine, die du aus der Quelle nahmst?« Er antwortete: »Was für Edelsteine? Ich weiß nur, daß ich ein paar hübsche Steinchen vom Grunde auflas und in die Tasche steckte.« – »Na eben«, sagte sie, »zeige mir die Steinchen.« Muhammäd zog sie hervor; es waren vier. Das Mädchen nahm einen davon und sagte: »Nimm diesen Edelstein, gehe damit zum Sultan und überreiche ihn ihm als ein Geschenk und komm dann wieder zu mir zurück.« – »Dein gehorsamer Diener«, erwiderte Muhammäd; dann zog er ein geziemendes Gewand an, ging hin und überbrachte dem Sultan den Edelstein und kehrte dann zurück.

Der Sultan verwunderte sich aufs höchste über die Reinheit und schöne Farbe des Edelsteines. Obgleich er der Herrscher über ein großes Reich war, hatte er doch niemals einen so herrlichen Edelstein gesehen. Er sprach zu seinem Vezier: »Wie kann doch dieser Bauernbursche an einen so kostbaren Stein geraten?« Der Vezier antwortete: »Nach dem, was ich erfahren habe, hat er auch ein wunderschönes junges Mädchen bei sich, dessengleichen es in dieser bewohnten Erde nicht wieder gibt. Ein so wundervolles Mädchen paßt sich für einen Sultan und nicht für einen Bauern.« – »Vezier«, sagte der Sultan, »gib mir einen guten Rat, wie ich den jungen Burschen aus dem Wege schaffen und das Mädchen in meine Gewalt bekommen kann.« Der Vezier antwortete: »Sende einen Boten nach ihm, und wenn er kommt, sollen eure Majestät zu ihm sagen: Ich habe vierzig Frauen; eine von ihnen hat den Edelstein bekommen, und nun lassen die anderen ihr keine Ruhe. Du mußt mir da, wo du den ersten Stein geholt hast, noch neununddreißig andere schaffen, damit der Streit ein Ende nehmen kann.«

Der Sultan schickte sogleich einen Diener aus, der Muhammäd holen sollte. Als das junge Mädchen hörte, daß der Sultan nach Muhammäd geschickt hatte, verstand sie sofort, daß hier wichtige Dinge im Anzug waren. Darum sagte sie: »Wenn der Sultan etwas von dir verlangt, sollst du darauf eingehen und nur eine Frist von vierzig Tagen fordern.«

Muhammäd begab sich also zum Sultan, der nun mit seiner Geschichte von den vierzig Frauen und dem einen Edelstein fabelte und verlangte, daß er noch neununddreißig andere Edelsteine schaffen sollte. Muhammäd bat um eine Frist von vierzig Tagen und murmelte, als er fortging, vor sich hin: »Warum hab ich auch den Stein aus der Quelle genommen! Ich habe nicht die blasseste Ahnung mehr, wo die Quelle eigentlich war.« Als er dann wieder in die Herberge zurückkam und erzählte, wie der König verlangt habe, daß er diese Edelsteine herbeischaffen solle, sagte das Mädchen zu ihm: »Das ist ja gar nicht der Rede wert. Mache dich nur gleich auf den Weg. Du wanderst über sieben Berge, und wenn du an den Fuß des achten gekommen bist, wirst du dort die rechte Quelle finden, und dann nimmst du die neununddreißig Edelsteine, die du für schimmernde Kiesel hieltest, und kommst mit ihnen zurück.«

Da stand Muhammäd auf und ging. Er kam über die sieben Berge und an den Fuß des achten, und da sah er auch ganz richtig die Quelle. Er setzte sich neben die Quelle und dachte bei sich: »Wie sonderbar, daß die Steinchen am Grunde dieser Quelle so schön und strahlend sind und daß der König so eifrig hinter ihnen her ist!« Und während er so dasaß und grübelte, sah er, wie oben von einem Baume ein Blutstropfen in die Quelle hinabfiel und zu einem Edelstein wurde. Muhammäd sah auf, und schau an, da oben im Baume hing ein junges Mädchen, schön wie die Sonne. Ihr Kopf war abgeschnitten, und aus der Wunde fielen die Blutstropfen herab und wurden zu Edelsteinen, die wie Lampen in der Nacht leuchteten.

Ganz verdutzt stand er da und betrachtete diese seltsame Erscheinung. Aber da gewahrte er auf einmal einen Dîw, der dahergefahren kam, so daß seine Nasenlöcher wie Schornsteine rauchten. Voller Schreck verkroch sich Muhammäd in einen Winkel, und hier wurde er Zeuge seltsamer Dinge. – Der Dîw näherte sich dem Baume, kletterte an ihm hinauf, holte sich dort ein Buch und las etwas daraus vor. Da mußte das Mädchen niesen, erhob sich, lebendig wie ein Fisch im Wasser, stieg herab und setzte sich. Der Dîw redete mit Bitten und demütigen Worten auf sie ein: »Ach, wie lange noch soll ich elend und armselig ohne dich weiterleben!« Das Mädchen entgegnete darauf: »Ja, warum hast du mich auch von meinem Vater und meiner Mutter und meinen Schwestern fortgerissen und mich hierhergebracht? Zwischen dir und mir kann von Liebe nicht die Rede sein.« Alle seine eindringlichen Bitten waren vergebens. Zuletzt las dann der Dîw wieder einige Worte aus dem Buche vor, und das Mädchen kehrte in seinen vorigen Zustand zurück, worauf er sich rauchend wie ein Schornstein, schnaubend in die Luft schwang und verschwand.

Sobald sich Muhammäd vergewissert hatte, daß der Dîw auf und davon war, kroch er wieder aus seinem Versteck heraus, kletterte in den Baum hinauf und holte das Buch herab. Dann las er daraus vor, wie er den Dîw hatte tun sehen, und im selben Augenblick kehrte das Mädchen zum Bewußtsein zurück und kam vom Baum herab. Als sie Muhammäd erblickte, sprach sie: »Junger Mann, bist du des Lebens müde, daß du dich hierher wagst? Wisse, ich bin die Tochter des Königs der Pärî. Dieser Dîw war in Liebe zu mir entbrannt und hat mich hierhin entführt. Nun ist es schon sieben Jahre her, daß er mich an diesen Ort gebracht und immer wieder verlangt hat, daß ich mich mit ihm verheiraten soll. Aber ich will nichts mit ihm zu schaffen haben. Einmal die Woche kommt er hierher, aber so sehr er auch bitten und flehen mag, kann es ihm nichts nutzen; und dann versetzt er mich in den Zustand, in dem du mich gesehen hast, und verschwindet wieder, um nach einer Woche wiederzukommen.« »Mit Gottes Hilfe«, sagte Muhammäd, »sollst du durch meine Hand befreit werden. Nächstes Mal, wenn der Dîw kommt, mußt du ihm ein freundliches Gesicht zeigen und ihn recht schön bitten, daß er dich nicht wieder in den Zustand von Leblosigkeit versetzen soll.« Das Mädchen versprach ihm, seinem Rat zu folgen.

Am festgesetzten Tage kam der Dîw wieder und fing wie gewöhnlich an, von seiner Liebe zu ihr zu reden. Das Mädchen erwiderte darauf: »Das ist doch eine seltsame Art und Weise, wie du mir deine Liebe erweist. Sieben Jahre lang bin ich wie eine Tote gewesen. Höre auf damit, mir mein Bewußtsein zu rauben, dann kann die Liebe vielleicht nach und nach ihren Weg zu meinem Herzen finden.« – »Ich will dir in allem und jedem zu Diensten sein«, sagte der Dîw erfreut. Am nächsten Tage verließ er das Mädchen, ohne aus seinem Buche vorzulesen, und flog fort. Kaum war er verschwunden, als auch Muhammäd hervortrat und zu ihr hinging. »Nächste Woche«, sagte er, »wenn der Dîw wieder um dich freit, sollst du ihm versprechen, daß du ihn in vierzig Tagen heiraten willst, und dann sollst du zu ihm sagen: Ich langweile mich so in meiner Einsamkeit. Gib mir die Flasche, in der du deine Seele verwahrst, damit sie mir ein wenig zur Gesellschaft und Abwechslung dienen kann.« Darauf ging das Mädchen ein.

Na, die Woche verging, und der Dîw erschien wieder am festgesetzten Tage. Das Mädchen war zärtlich zu ihm und sprach: »Gestern war ich so sehr von froher Erwartung erfüllt, daß ich nicht wußte, auf welchem Fuß ich stehen sollte.« – »Meine Geliebte«, sagte der Dîw, »willst du mir nun versprechen, dich mit mir zu verheiraten, denn ich sterbe fast vor Ungeduld.« – »In vierzig Tagen soll die Hochzeit sein«, antwortete das Mädchen. Der Dîw war ganz außer sich vor Freude und konnte sich nicht genug tun, um ihr zu Gefallen zu sein. Als das Mädchen sah, daß er vom Wein der Liebe berauscht war, benutzte sie den Augenblick, um ihm zu sagen: »In all den Tagen, die ich hier sein muß, fühle ich mich so entsetzlich allein. Gib mir die Flasche, in die du deine Seele eingeschlossen hast, damit sie mich in meiner Einsamkeit zerstreuen kann.« Kaum hatte der Dîw diese Worte gehört, als er auch schon auffuhr und dem Mädchen eine schallende Ohrfeige versetzte, so daß sie bewußtlos umfiel. Aber dann wurde auch sein Herz gleich wieder gerührt, und er brachte sie wieder ins Bewußtsein zurück. »Siehst du«, sagte er mit liebevoller Stimme, »dort unter der Steinplatte, die da liegt, befindet sich ein Brunnen, und in diesem Brunnen ist die Flasche mit meiner Seele an einem Haar aufgehängt. Es ist mir einfach nicht möglich, sie von dort zu entfernen und sie dir zu geben.« – »Nun denn«, sagte das Mädchen, »dann soll die Steinplatte mir Gesellschaft leisten.«

Kurzum, der Dîw flog fort, und Muhammäd und das Mädchen begaben sich zu der Steinplatte. Wie es nun zuging, weiß ich nicht mehr, aber zu guter Letzt gelang es ihnen, die Platte zur Seite zu schieben. Muhammäd stieg in den Brunnen hinab und hielt seinen Mantel auf, während er gleichzeitig die Flasche festhielt, und rief dann zu dem Mädchen herauf, daß sie nun das Haar durchschneiden könne. Das Mädchen schnitt es durch, und die Flasche fiel in Muhammäds aufgehaltenen Mantel. Er nahm sie auf und stieg aus dem Brunnen heraus.

Als wieder sieben Tage vergangen waren, kam der Dîw zurück. Aber diesmal verkroch sich Muhammäd nicht in sein Versteck. Kaum hatte ihn der Dîw erblickt, als er ein Gebrüll erhob und rief: »Wie kannst du elendes Menschenkind es wagen, dich hier blicken zu lassen! Nun soll aber auch deine Mutter dazu kommen, Totenklage über dich zu halten!« Und damit ergriff er einen Baum, riß ihn mit der Wurzel aus und ging damit auf Muhammäd los. Aber als er ganz nahe herangekommen war und sah, daß Muhammäd die Flasche mit seiner Seele in der Hand hatte, fing er an zu zittern, warf den Baum weg und jammerte flehentlich: »Ach, gib mir doch die Flasche mit meiner Seele wieder! Ich will dir auch bis in den Tod als Sklave dienen und alles tun, was du befiehlst.« Da sprach Muhammäd: »Nimm dieses junge Mädchen und mich und bringe uns in die Stadt. Dann kannst du deine Flasche nehmen und laufen, wohin du willst.« Der Dîw entgegnete: »Ich will dir in allen Stücken zu Diensten sein.« Da nahm Muhammäd alle Edelsteine, die sich im Brunnen befanden, und setzte sich zusammen mit dem Mädchen auf den Rücken des Dîws; dieser schwang sich hoch in die Luft empor, und fort flogen sie. Als sie in die erwähnte Stadt kamen, flog der Dîw herab und bat um seine Flasche, aber Muhammäd zersplitterte die Flasche an der Erde, und da wurde der Dîw zu Rauch und verschwand.

Sie gingen in die Stadt hinein und nahmen ihren Aufenthalt in der Herberge. Als sich die beiden Schwestern erblickten, umarmten sie sich und dankten Muhammäd von Herzen, daß er die Ursache zu ihrer Wiedervereinigung geworden war.

Am folgenden Morgen brachte Muhammäd die Edelsteine zum Sultan. Dieser hatte nun gar nicht erwartet, ihn wiederzusehen. Höchst erstaunt nahm er die Edelsteine und ließ Muhammäd gehen. Dann sagte er zu seinem Vezier: »Sieh nun zu, daß du irgend etwas ausfindig machen kannst, wodurch wir diesen beschwerlichen Knecht loswerden können, denn ich vergehe fast vor Liebe zu diesem Mädchen.« – »Weißt du was«, antwortete der Vezier, »meine Kundschafter haben mir erzählt, daß Muhammäd von dieser Reise ein anderes Mädchen mitgebracht hat, das noch schöner ist als das erste.« – »Das ist mir gleichgültig«, sagte der König, »du mußt ihn an einen Ort senden, von wo er nicht wieder zurückkommen kann.« Der Vezier dachte ein wenig nach und sagte alsbald: »Er soll uns die roten Rosen holen. Der Baum mit den roten Rosen wächst im Lande der menschenfressenden Dîwe, und es ist ganz ausgeschlossen, daß er von dieser Reise zurückkehren kann.« Sie schickten also einen Boten zu Muhammäd, und der Sultan sprach zu ihm: »Ich muß ein paar rote Rosen haben. Geh und hol sie mir. Von Ausflüchten und Entschuldigungen will ich nichts wissen.« Muhammäd bat sich wiederum eine Frist von vierzig Tagen aus und ging zur Herberge zurück. Hier erzählte er, wie es ihm ergangen war. »Daraus brauchst du dir gar nichts zu machen«, sagten die beiden Mädchen, »die roten Rosen kannst du leicht herbeischaffen.« Das zuletzt befreite Mädchen fuhr fort: »Gehe zurück zu derselben Quelle. Von hier aus zähle vier Berge rechter Hand, und wenn du an den fünften kommst, wird dir ein alter Mann begegnen, grüße ihn und erzähle ihm, daß du ausgezogen bist, die roten Rosen zu finden, und dann brauchst du dich nur nach den Anweisungen des Alten zu richten.«

Mit diesem Bescheid begab sich Muhammäd wiederum auf die Reise. Er kam an die Quelle, zählte vier Berge zur Rechten, und am fünften Berge traf er einen alten Mann von leuchtender Gestalt, der eben sein Gebet verrichtete. Er begrüßte ihn und teilte ihm mit, daß er gekommen sei, die roten Rosen zu finden. Der alte Mann sprach: »Gehe hin und schlachte ein fettes Schaf und zerlege es in zwei Teile.« Muhammäd tat, wie ihm befohlen war. Dann sagte der Alte: »Nimm das Fleisch mit und begib dich an den Fuß jenes Berges dort. Zur Linken wirst du einen Garten sehen, wo Tausende von menschenfressenden Dîwen wohnen. Schleiche dich ganz vorsichtig in den Garten hinein. Alle Dîwe liegen und schlafen. Sie erwachen nur einmal die Woche, und heute ist es glücklicherweise der erste Tag, an dem sie wieder eingeschlafen sind. Gehe hinein, mitten durch sie hindurch, bis du an ein Gebäude kommst, vor dessen Pforte zwei gewaltige Hunde angekettet sind. Wirf jedem Hund ein halbes Schaf zu, eile rasch in das Haus hinein, nimm ein weißes Bündel, das da liegt, und mache dich schleunigst wieder davon. Aber nimm dich ja in acht, daß du beim Laufen nicht auf einen dieser Dîwe trittst, denn wenn sie erwachen, fressen sie dich in einem Happen auf.«

Muhammäd tat in allem so, wie ihn der Alte gelehrt hatte, nahm das weiße Bündel und brachte es dem Greise. »In diesem Bündel«, sagte der Alte, »ist ein junges Mädchen, die Schwester der beiden, die dich zu mir geschickt haben. Bringe sie zu ihren Schwestern. Wenn sie zum Bewußtsein erwacht, sollst du sie an der rechten Hand zur Ader lassen, und jeder Blutstropfen, der von ihrer Hand herabfällt, wird zu einer roten Rose werden.«

Froh und munter machte sich Muhammäd mit seinem Bündel auf. Nach einigen Tagesreisen kam er zur Herberge zurück und überreichte den Schwestern das Bündel. Sie öffneten es, brachten die Schwester zum Bewußtsein zurück und umarmten sie herzlich. Dann ließen sie die befreite Schwester zur Ader und sammelten das Blut in einer Schale. Und jeder Tropfen Blut wurde zu einer roten Rose. Sie legten alle Rosen in eine Schüssel und ließen sie dem König überbringen.

Als der Sultan Muhammäd und die Schüssel mit den Rosen sah, wandte er sich an den Vezier und sagte: »Das ist ja entsetzlich! Wenn wir den Mann auch geradewegs in die Hölle schicken, kommt er doch wieder heil zurück.« – »Ihre Majestät möge sich beruhigen«, erwiderte der Vezier, »diesmal werde ich ihn an einen anderen Ort schicken, und wenn er auch tausend Leben hätte, so wird er auch nicht ein einziges von ihnen retten können.« – »Wohin soll die Reise denn diesmal gehen?«

fragte der Sultan. Der Vezier antwortete: »Ich will ihn nach der Stute mit den vierzig Füllen schicken. Diese Aufgabe hat bisher noch niemand lösen können.« Des war der Sultan zufrieden, und dann sagte er zu Muhammäd: »Ich bin wirklich hocherfreut, daß du mir die roten Rosen gebracht hast, aber ich habe noch einen Wunsch, und zwar den, daß du ausziehen und mir die Stute mit den vierzig Füllen holen sollst.« Muhammäd machte keine Einwendungen, sondern bat nur wie sonst um eine Frist von vierzig Tagen, und dann ging er in die Herberge und sagte zu den Schwestern: »Jetzt verlangt der Sultan von mir die Stute mit den vierzig Füllen, und ich habe vierzig Tage Zeit bekommen, um sie herbeizuschaffen. Was soll ich tun?«

Da sagte die dritte Schwester: »Diesen Knoten will ich für dich lösen. Nimm zehn Traglasten Zucker, einen großen Spiegel, einen Sattel und einen juwelengeschmückten Zügel mit vierzig Apfelsinen, und ausgerüstet mit all dem begib dich in den Wald, in dem die Stute mit den vierzig Füllen lebt. Zuerst schüttest du die zehn Ladungen Zucker in eine Quelle mit bitterem Wasser, die dort fließt. Den Spiegel stellst du an einem Baume auf, der gerade der Quelle gegenübersteht. Den Sattel und den juwelengeschmückten Zügel lege neben den Spiegel. Dann kletterst du in den Baum hinauf. Wenn die Stute mit den vierzig Füllen an die Quelle kommt und von ihrem Wasser trinkt, wird sie sagen: ›Ei, wie schmeckt das Wasser süß!‹ Dann wird sie sich im Spiegel begucken und sagen: ›Nein, wie bin ich doch alt geworden! Wie herrlich, wenn einer käme und mich striegelte!‹ Du antwortest: ›Das will ich gerne tun‹, steigst vom Baume herab und striegelst sie. Wenn ihr Blick dann auf den Sattel und den Zügel fällt, wird sie sagen: ›Wie würde ich mich freuen, wenn mir einer den Sattel da auf den Rücken legen wollte.‹ ›Das will ich gerne tun‹, antwortest du. Wenn du ihr dann Sattel und Zügel angelegt hast, wird sie wieder in den Spiegel gucken und sagen: ›Sieh nur einer, wie jung ich geworden bin! Das wäre wohl ein Fest für mich, wenn sich jetzt einer auf mich schwingen und herumgaloppieren wollte!‹ Gleich schwingst du dich in den Sattel. Wenn sie dich dann nach dem Ritt auffordert abzusteigen, mußt du dir nichts daraus machen. Dann wird sie anfangen zu wiehern, um ihre Füllen herbeizurufen, damit sie kommen und dich zerreißen sollen, aber du wirfst einfach jedem eine Apfelsine ins Maul, und dann werden ihre Zähne stumpf, so daß sie dir nichts mehr anhaben können. Du aber reitest im Galopp davon und bringst die Stute mit ihren vierzig Füllen spornstreichs in des Sultans Stall.«

Na, Muhammäd richtete sich nach den guten Anweisungen und führte die Stute und die vierzig Füllen in den Stall des Sultans. Darüber konnten sich der Sultan und der Vezier allerdings nicht beklagen, aber nun wußten sie überhaupt nicht mehr aus noch ein. Als jedoch der Vezier wieder ein wenig nachgedacht hatte, sprach er: »Wo in dieser Welt wir auch den Mann hinschicken, kommt er doch immer wieder lebendig zurück. Darum gibt es hier nur einen Ausweg: wir müssen ihn in die andere Welt schicken.« – »Wie können wir es aber zuwege bringen, ihn in die andere Welt zu befördern?« fragte der König. »Doch«, sagte der Vezier, »eure Majestät schreiben einen Brief an ihren verstorbenen Vater und verlangen von Muhammäd, daß er ihn zu ihm hinbringen und mit der Antwort zurückkehren soll.« Der König ließ also Muhammäd rufen, gab ihm einen Brief, den er geschrieben hatte, und sprach: »Seit dem Verscheiden des Sultans, meines Vaters, habe ich keine Nachricht von ihm bekommen. Ich bin davon überzeugt, daß du die Angelegenheit ordnen kannst. Aber das ist auch der letzte Wunsch, den ich von dir erfüllt haben möchte.«

Der unglückliche Muhammäd mußte wohl oder übel auch diese Aufgabe übernehmen. Er ging also zu den drei Mädchen zurück und zeigte ihnen den Brief des Sultans. »Mache dir nichts daraus«, sagten sie, »sondern gehe gleich zum Sultan und sage zu ihm: »Morgen sollst du Befehl erteilen, daß man zehn Eselslasten Holz vor die Stadt bringe und dort aufstaple;

dann soll man mich mitten auf diesen Holzstoß setzen und ihn in Brand stecken, auf daß ich mich in die andere Welt begeben und Antwort beim Sultan holen kann.« Muhammäd ging mit diesem Bescheid zum Sultan. Der Sultan und der Vezier freuten sich, und der Vezier erteilte den Befehl, daß man zehn Eselslasten Holz hinausschaffen und an einer Stelle draußen vor der Stadt aufstapeln solle, und dann solle man an alle Bewohner der Stadt ausrufen lassen, daß sie sich zum Anblick dieses Schauspiels versammeln sollten.

Am folgenden Morgen begab sich Muhammäd mit dem vom Sultan versiegelten Brief an den verabredeten Ort. Alle Leute der Stadt hatten sich versammelt, um dieses seltene Schauspiel zu genießen. Muhammäd setzte sich auf den Holzstoß mitten obendrauf. Dann steckte man das Holz in Brand. Als sich das Feuer entfachte und das Holz rings um Muhammäd herum ansteckte, verwandelten sich die drei Mädchen in drei Adler, ergriffen Muhammäd und entführten ihn ungesehen aus dem Feuer. Als es abgebrannt war, kehrten der König und der Vezier hochzufrieden zum Schlosse zurück.

So vergingen vierzig Tage. Da sagte der Sultan zu seinem Vezier: »Heute ist die festgesetzte Frist abgelaufen; diesmal kehrt Muhammäd nicht wieder zurück, das ist sicher und bestimmt. Und morgen sende ich meine Leute hin und lasse mir die Mädchen in meinen Harem holen.« Aber der Sultan hatte seine Rede noch nicht beendet, als Muhammäd, dessen Kopf und Gesicht mit Asche beschmutzt waren, in den Saal trat und einen versiegelten Brief zu den Füßen des Königs niederlegte. Beim Anblick Muhammäds wurde es dem König schwarz vor den Augen. Eine ganze Weile stand er sprachlos da und konnte kein Wort sagen. Als seine Wut sich ein wenig gelegt hatte, nahm er den Brief und betrachtete ihn. Ja, ganz richtig, hier waren Hand und Siegel seines verstorbenen Vaters. Schließlich öffnete er den Brief und las: »Dein Schreiben ist mir von Muhammäd überbracht worden und hat mich sehr gefreut. Ich gebe gerade in diesen Tagen ein Gastmahl, und ohne deine und deines Veziers Anwesenheit wird unsere Freude nicht vollkommen sein. Ihr könnt auf dieselbe Weise wie Muhammäd zu uns herüberkommen und später wieder zurückkehren.« Der König untersuchte den Brief bis ins kleinste. Die Schrift war die seines Vaters. Dann fragte er Muhammäd: »Wie war dir mitten im Feuer zumute?« – »Ich habe gar nichts gemerkt«, antwortete er. »Ich verlor nur das Bewußtsein, und als ich wieder zu mir kam und die Augen öffnete, befand ich mich in der anderen Welt. Und in welcher Welt! Wer sie nicht mit eigenen Augen gesehen hat, kann sich diese Herrlichkeit überhaupt nicht vorstellen. Seine Majestät, der verstorbene Sultan, saß auf der höchsten Burg des Paradieses, und der verstorbene Großvezier war auch da.«

Kurz, er beschrieb alles so lebendig, daß der Sultan auch Lust bekam, sich einmal die andere Welt anzusehen. Und so reisten denn der Sultan und sein Vezier in die andere Welt auf demselben Wege, auf dem sie Muhammäd hingeschickt hatten. Aber sie kamen nicht wieder. Nun hatte aber der Sultan seinen Hofleuten gesagt, daß er zurückkehren werde, ehe vierzig Tage vergingen. Die vierzig Tage vergingen, aber vom Sultan und vom Vezier keine Spur! Zwei, drei Monate vergingen, das Reich war ohne einen Herrscher, und alles fing an, in Verwirrung zu geraten. Zuletzt gab das Volk alle Hoffnung auf, daß der König jemals wiederkehren werde, und erwählte mit großer Mehrheit Muhammäd zum König. Und als Muhammäd auf diese Weise zur Macht gekommen war, nahm er die drei Mädchen zur Ehe und setzte die eine auf sein rechtes Knie, die andere auf sein linkes, und die dritte erhielt ihren Platz mitten dazwischen.

Goldapfelsins Tochter

4 Es war einmal ein König, der hatte einen Sohn. Eines Tages wurde dieser Prinz krank. Da tat der König das Gelübde, daß er, wenn sein Sohn genese, ein ganzes Wasserbassin mit Butter und Honig für die Armen füllen lassen werde. Nach einigen Tagen wurde der Prinz auch wirklich wieder gesund, und der König erteilte den Befehl, daß man das Bassin mit Butter und Honig zum Besten der Armen füllen solle. Nun war da ein armes altes Mütterchen, das sagen hörte, daß man Butter und Honig an die Armen verschenke. Da nahm sie eine Eierschale und ging hin, um sich darin Butter und Honig zu holen und nach Hause zu bringen. Der Königssohn stand gerade oben im Schloß und sah, wie die alte Frau mit ihrer Eierschale kam, um sie mit Butter und Honig zu füllen. Da mußte er lachen, und um die Sache noch lustiger zu machen, legte er einen Pfeil in seinen Bogen, schoß ihn ab und traf die Eierschale.

Als sich die Alte umsah und den Königssohn da oben erblickte, sagte sie: »Hör, Bürschchen, du solltest ausziehen und Goldapfelsins Tochter gewinnen.« Sobald der Königssohn hörte, daß von Goldapfelsins Tochter die Rede war, ging er zu der Alten hinunter und fing an, sie auszuforschen. »Sag, was meinst du mit Goldapfelsins Tochter? Erzähle.« Die Alte wollte zuerst nicht recht mit der Sprache herausrücken, aber als ihr der Königssohn ein Geldstück in die Hand gedrückt hatte, um ihr den Mund ein wenig zu schmieren, erzählte sie: »Im Lande der Dîwe und Pärî gibt es einen Apfelsinenbaum. Und in jeder Apfelsine steckt da ein junges Mädchen drin. Aber Tausende von Dîwen sind als Wache aufgestellt, und sie liegen rundherum um den Baum und schlafen. Wenn einer versucht, eine Apfelsine zu pflücken, ertönt aus dem Baum eine Stimme: ›Er pflückt!‹ Und wenn die Dîwe auch noch so tief schlafen, wachen sie alle sofort auf und reißen den Apfelsinenräuber in Stücke.« Als der Königssohn diese Geschichte hörte, bekam er ja gleich die größte Lust auf Goldapfelsins Tochter. Er gab der Alten noch ein Geldstück, worauf sie ganz vergnügt fortfuhr: »Wenn du Lust hast, dieses Abenteuer zu wagen, mußt du aufpassen, daß du die Apfelsinen nicht mit der Hand pflückst, sondern mit einem Stock oder einem Stein oder irgendeinem Gegenstand aus Eisen. Aber für den Fall, daß die Dîwe erwachen und dich verfolgen sollten, mußt du dir eine Portion Salz und ein Bund Nadeln mitnehmen. Wenn sie dann hinter dir herlaufen, wirfst du zuerst die Nadeln hinter dich; mit Gottes Hilfe werden sie dann zu einem ganzen Meer von Nadeln. Sollten die Dîwe dennoch durch dieses Nadelmeer hindurchkommen, schüttest du das Salz hinter dich, das dann zu einem Meer von Salz wird, und da können die Dîwe nicht hindurchkommen.«

Der Königssohn dankte dem alten Mütterchen und ging in sein Schloß zurück. Am nächsten Morgen, ehe die Sonne aufgegangen war, schlich er sich heimlich vom Schlosse, bestieg sein Pferd und machte sich davon. Als er einige Tage weit gereist war, kam er in das Land der Dîwe. Er verbarg sein Pferd und schlich sich in den Garten hinein, in dem der Baum mit den Goldapfelsinen stand. Zu allen Seiten lagen die Dîwe herum und schliefen. Ganz fein sachte schlich er sich an den Baum heran. Zuerst pflückte er eine Apfelsine mit einer Eisenschere. Da erscholl aus dem Baume eine Stimme: »Er pflückt! Er pflückt!« Da fragte einer von den Dîwen, ohne die Augen zu öffnen: »Wer pflückt?« – »Eisen«, sagte die Stimme. – »Unsinn«, erwiderte der Dîw, »Eisen kann nicht pflücken. Laß mich weiterschlafen.« Der Königssohn pflückte noch eine Apfelsine, diesmal mit einem Stock. Wieder erklang die Stimme: »Er pflückt! Er pflückt!« – »Wer pflückt?« fragte der Dîw. – »Holz«, antwortete die Stimme. »Ach, schweig doch, Holz kann nicht pflücken.« Kurz und gut, er pflückte sechs Apfelsinen, jede mit einem anderen Gerät, aber die siebente pflückte er mit der Hand. Die Stimme aus dem Baum schrie: »Er pflückt!« – »Wer pflückt?« fragte der Dîw wieder. »Die Hand.« Da sprangen alle Dîwe auf und liefen hinter dem Königssohn her, um ihn anzugreifen. Aber er schwang sich auf sein Roß und sprengte davon.

Als der Königssohn einsah, daß er ihnen nicht entweichen konnte, warf er sein Bund Nadeln hinter sich, und das wurde zu einem ganzen Meer von Nadeln. Aber das focht die Dîwe nicht an, sie liefen einfach durch das Nadelmeer hindurch. Da warf der Königssohn das Salz hinter sich, und da wurde es zu einem ganzen Meer von Salz. Die Glieder der Dîwe waren von den Nadeln zerfetzt, und als sie sich nun in das Salzmeer warfen, konnten sie nicht hindurchkommen, sondern kamen alle ums Leben.

Heiter und frohen Mutes setzte der Königssohn nun seine Reise fort, bis er nur noch zwei Meilen von seiner Stadt entfernt war. Hier war ein Bach und ein Park mit Bäumen. Der Königssohn stieg vom Pferde und setzte sich an das Ufer des Baches, nahm die Apfelsinen hervor und schnitt eine davon auf. Da sprang ein junges Mädchen aus der Frucht heraus und rief: »Wasser und Brot!«, und dann war sie tot. Der Prinz schnitt die nächste Frucht auf. Wieder sprang ein Mädchen heraus und rief: »Wasser und Brot!« und starb. Auf diese Weise ging es mit den sechs Früchten, die er, eine nach der anderen, aufschnitt. Aber ehe er sich an die siebente machte, holte er Wasser und Brot. Dann schnitt er auch diese Apfelsine auf, und als das Mädchen, das heraussprang, »Wasser und Brot«, rief, gab er ihr gleich etwas zu essen und zu trinken. So blieb dieses eine junge Mädchen am Leben. Dem Königssohn fiel es auf, daß sie schwarz angezogen war. »Warum hast du schwarze Kleider an?« fragte er sie. Sie erwiderte: »Meine sechs Schwestern sind getötet worden; wie sollte ich da nicht Trauer tragen?«

Nun sprach der Königssohn zu dem jungen Mädchen: »Dort oben in jenem Baum will ich einen Thronsitz für dich bereiten. Dort sollst du hinaufgehen und bleiben, indes ich zu meinem Vater nach Hause reite und ihm erzähle, was geschehen ist; dann werde ich alles, was zu einem feierlichen Empfang für eine vornehme Prinzessin nötig ist, vorbereiten und wieder hierherkommen und dich holen. Und das wird nicht länger als drei Tage dauern.« Und das fand das Mädchen denn auch ganz in der Ordnung. Der Prinz bereitete ihr oben im Baum einen Thronsitz, hinterließ so viel Speise, wie für drei Tage nötig ist, half dem Mädchen in den Baum hinauf und ritt in die Stadt.

Nicht weit von jenem Orte lag ein Dorf. Der Schulze dieses Dorfes hatte eine schwarze Sklavin, die jeden Tag an den Bach kam, um dort Wasser zu holen. Auch an diesem Tage begab sie sich wie gewöhnlich mit ihrem Krug dorthin, um Wasser zu holen. Im Bache konnte man das Spiegelbild des Mädchens sehen, das oben im Baume saß. Wie nun die Negersklavin so ihren Krug mit Wasser füllte, sah sie auf einmal im Wasser ein Mädchengesicht, das so schön war wie der Mond. Sie bildete sich ein, es wäre ihr eigenes Spiegelbild, und da warf sie ihren Krug zu Boden, daß er in Stücke zersprang, und sagte laut vor sich hin: »Wenn mich sein so niedlich, was soll mich hier rennen und Wasser holen?« Und damit ging sie wieder nach Hause zurück. Die Hausfrau fragte sie, wo sie mit dem Krug geblieben wäre. Sie antwortete: »Wenn mich sein so niedlich, was soll mich da holen Wasser für dir?« Da fuhr die Hausfrau auf: »Ach, so ein Vieh, du hast mir den Krug zerschlagen. Komm her und nimm das Kind, und dann scher dich und wasch es im Bach.« Die Sklavin nahm das Kind und ging damit zum Bache. Aber als sie Wasser schöpfen wollte, um das Kind zu waschen, erblickte sie schon wieder das Mädchengesicht da unten im Wasser. Verbittert knallte sie das Kind an die Erde, so daß es ein Loch in den Kopf bekam, und sagte: »Wenn mich sein so niedlich, soll mich da putzen Kindchen sein Popo!« Dann nahm sie das Kind, brachte es ungewaschen und mit einem Loch im Kopfe zurück.

Als die Hausfrau ihr mißhandeltes Kind sah und das Gewäsch der Sklavin hörte, verlor sie die Geduld, nahm einen Stock und gab der Sklavin eine ordentliche Tracht Prügel und sagte: »Betrachte nun deine eigene Herrlichkeit im Spiegel und sieh dir gründlich deine häßliche Fratze an!« Die Sklavin besah sich im Spiegel und war recht beschämt. Aber dann ging sie wieder an den Bach hinab und starrte in das Wasser. Und wirklich, da war wieder das schöne Gesicht. »Mich kannix verstehn«, sagte sie, »denn hier sein mich niedlich und daheim sein mich scheußlich. Da mußte Goldapfelsins Tochter über die wunderlichen Worte und Handlungen der Sklavin lachen. Als die Sklavin dieses Lachen hörte, guckte sie in den Baum hinauf und gewahrte nun endlich das Mädchen, und da ging ihr erst auf, welches Gesicht sie gesehen, das ihr die törichten Gedanken in den Kopf gesetzt hatte. »Gott sein Gnad' mit mir«, sagte sie, »laß mich zu dir hinauf.« Das Mädchen ließ eine ihrer Flechten hinabfallen. Die Sklavin ergriff sie und heißte sich an ihr in den Baum hinauf. »Gott sein Gnad' mit ermir, was sitzt du hier so mutterseelallein?« Das Mädchen erzählte ihr ihre ganze Geschichte. Da sagte die Sklavin: »Komm her, ich will dich lausen.« Das Mädchen legte seinen Kopf in den Schoß der Sklavin und schlief ein. Aber die Sklavin nahm die Gelegenheit wahr, nahm aus ihrer Tasche ein Messer und schnitt dem Mädchen den Kopf ab. Die Leiche warf sie ins Wasser. Doch aus dem Blute des Mädchens, das am Fuße des Baumes herabtropfte, wuchs da ein wunderschöner Strauch empor. Die Sklavin aber setzte sich im Baume an die Stelle des ermordeten Mädchens.

Um kurz zu sein, als die drei Tage vergangen waren, kam der Königssohn im Gefolge aller großen und vornehmen Männer des Landes, um Goldapfesins Tochter im feierlichen Aufzuge abzuholen. Gott sei uns gnädig! Als der Prinz in den Baum hinaufstieg, sah er eine grobe und schmierige schwarze Sklavin auf dem Thronsitze thronen. »Was ist denn das?« dachte er bei sich. »Wie kann sie doch in drei Tagen ihr Aussehen so verändert haben?« Die Sklavin bemerkte seine zweifelnde Miene und sagte: »Ach, kennst du mich nit? Ich sein ja Goldapfelsins Tochter, für mich bist du ja gegangen, um Wagen zu holen.« Der Königssohn fragte: »Warum bist du so schwarz im Gesicht?« – »Weil die Sonne mich gebrannt hat.« »Warum hast du so eine rauhe Stimme?« – »Mich verdrehte den Kopf so nach oben, um zu Gott für dir zu beten, und da kam eine Krähe und hackte mich in die Zunge. – »Warum sind deine Flechten verschwunden?« – »Weil mich gar niemands nicht gekämmt hat.« Der Königssohn wußte nicht aus noch ein. Sollte er ihren Worten nicht glauben, wo war dann Goldapfelsins Tochter hingekommen? Und sollte er ihr glauben, so schien es ihm einfach unmöglich, daß sie sich in drei Tagen so verändert haben konnte. Aber da war nichts zu machen, er mußte sie herunterholen, obgleich er sich dessen schämte, und sie in den Wagen setzen. Als sie in das Schloß kamen, führte er sie in Gemächer, die einer Prinzessin würdig waren.

Nun gab es in der Stadt eine Wäscherin, die einmal die Woche die Wäsche der Haremsfrauen des Sultans an das Ufer des Baches brachte, an dem alle diese Begebenheiten stattgefunden hatten, um sie dort zu waschen. Eines Tages, als sie sich wieder mit ihrer Wäsche dorthin begeben hatte, fiel ihr ein gar wunderschöner kleiner Strauch ins Auge. Sie schnitt ihn ab und nahm ihn mit nach Hause und setzte ihn dort in eine Ecke. Wenn sie nun tagsüber ausging und wieder zurückkam, sah sie, daß das Essen gekocht und das Haus gefegt war. Sie verwunderte sich darüber, wie dies alles in ihrer Abwesenheit geschehen könnte; und eines Tages verbarg sie sich in einem Winkel ihres Hauses, damit man glauben könne, sie wäre fortgegangen. Als etwa eine Stunde vergangen war, sah sie, wie sich der Strauch, den sie am Ufer des Baches abgeschnitten hatte, in ein über alle Maßen schönes junges Mädchen verwandelte, das sich nun daran machte, das Haus zu fegen und das Essen zu kochen. Als das junge Mädchen fertig war und gerade wieder in seine vorige Gestalt zurückkehren wollte, trat die Waschfrau hinter ihr hervor, ergriff sie bei der Hand und sagte: »Ich beschwöre dich im Namen Gottes, sage mir, wer du bist!« Das Mädchen antwortete: »Ich bin Goldapfelsins Tochter.« Und dann erzählte sie der Wäscherin alles, was geschehen war, aber legte ihr ans Herz, nicht eher etwas von der Sache zu verraten, bis sie das Ziel ihrer Wünsche erreicht habe. Das gelobte die Wäscherin denn auch hoch und teuer. Das junge Mädchen fuhr fort: »Ich verstehe mich aufs Perlensticken. Von jetzt an will ich jeden Tag Perlenstickereien machen, und du sollst sie auf den Bazar bringen und dort verkaufen.« Die Waschfrau war bereit, sich ihren Wünschen zu fügen.

Im Harem des Sultans standen mittlerweile die Dinge so, daß die schwarze Sklavin in gesegnete Umstände gekommen war und sagte: »Ich muß eine Hängematte aus Perlenstickerei für mein Kind haben. Aber alle die Frauen, die an dieser Perlenstickerei nähen sollen, müssen Jungfrauen sein, und sie sollen alle dieselbe Gestalt haben.« Der Königssohn erließ also den Befehl, daß man in der ganzen Stadt suche und vierzig Jungfrauen herbeischaffe, die sich auf die Perlenstickerei verständen. Unter ihnen war auch Goldapfelsins Tochter, die unter dem Namen Nänä Gâzor[1] ging. Man wies den Mädchen als Aufenthaltsort ein Zimmer im Harem an, und dort saßen sie nun und stickten Perlen. Eines Tages sprach Nänä Gâzor zu den anderen Mädchen: »Hört, ihr Mädchen, ich will euch eine Geschichte erzählen, hört nur gut zu.« Und dann fing sie an, ihre eigene Geschichte zu erzählen. Im selben Augenblick trat die Sklavin, die jetzt die Rolle der Prinzessin spielte, in das Zimmer, um zu sehen, was die Mädchen schafften. Sie hörte die ganze Geschichte mit an, erkannte nun auch Goldapfelsins Tochter wieder und dachte sich gleich, daß ihr selbst nun Scham und Schande bevorstände. Da nahm sie einen Stock und schlug auf das Mädchen los, indem sie die anderen schalt und sagte: »Was meint ihr wohl, seid ihr hier, um zu arbeiten oder um euch gegenseitig Märchen zu erzählen?«

Unterdessen kam der Königssohn, der das laute Geschrei im Zimmer der Perlenstickerinnen gehört hatte, hinzu, um zu

[1] Nänä Gâzor = Walkmädchen

sehen, was denn das für ein Lärm sei. Sobald er sich zeigte, warfen sich ihm die Mädchen zu Füßen und riefen: »Hilf uns! Die Prinzessin meint es schlimm mit uns. Nänä Gâzor hat uns nur eben eine Geschichte erzählen wollen«, sagten sie. Der Königssohn schickte die Prinzessin aus dem Zimmer und bat Nänä Gâzor, mit ihrer Geschichte anzufangen. Da erzählte das Mädchen, was ihr bis zu der Stunde widerfahren war, in der sie unter dem Namen Nänä Gâzor in das Schloß des Sultans eingelassen wurde, um Perlen zu sticken.

Der Königssohn hörte sich die Geschichte an, betrachtete dann das Mädchen näher und erkannte sie wieder, eilte hin und nahm sie in seine Arme. Dann machte er sie unter allen Ehrenbezeigungen zu seiner Gemahlin, und als die Hochzeitsfeierlichkeiten beendet waren, befahl er, daß man die schwarze Sklavin, am Schwanze eines bösartigen Maultieres festgebunden, in die Wüste hinausschleppe.

Seitdem lebten die beiden glücklich zusammen.

Das schwarze Füllen

Ein König hatte einen Sohn, der vierzehn Jahre alt war. Die Mutter des Knaben war seit seinem dritten Lebensjahre tot, und der König hatte sich eine andere Gemahlin genommen. Diese Stiefmutter aber haßte den Knaben so sehr, daß sie ihn nicht vor ihren Augen sehen mochte. Nun hatte der Königssohn ein schwarzes Füllen, das er über die Maßen liebte. Jeden Tag, ehe er in die Schule ging und wenn er aus der Schule wieder nach Hause kam, ging er zuerst zu seinem Füllen, um es zu streicheln und ihm Zuckerguts zu streuen. Die Stiefmutter, die auf die Liebe des Königssohnes zu dem schwarzen Füllen neidisch war, führte nichts als Böses wider das Füllen im Schilde, um dem Jungen damit Herzenskummer zu bereiten. Sie gab einer Sklavin, der sie ihr Vertrauen geschenkt hatte, eine große Summe Geldes und sagte zu ihr:

»Gehe zu allen Ärzten der Stadt, gib ihnen Geld und sage, daß sie, wenn sie in den Harem des Königs berufen werden, um bei der Königin Krankenbesuch abzustatten, ihr alle wie aus einem Munde das Fleisch des schwarzen Füllens als Heilmittel verordnen sollen.« Dann löste sie ein wenig Gelbwurz in Wasser auf und bestrich damit ihren ganzen Körper, nahm ein Stück Tuch, in das sie etwas trockenes Brot gebunden hatte, um den Leib und legte sich zu Bett.

Als der Sultan erfuhr, daß seine Gemahlin krank sei, begab er sich sogleich in den Harem. Da lag sie nun auf ihrem Krankenlager so gelb, als ob sie ein ganzes Jahr die Gelbsucht gehabt hätte, und jedesmal, wenn sie sich bewegte, krachte das trockene Brot, so daß sie laut aufschrie: »Au, meine Rippen! Mir ist, als ob meine Lenden zerbrechen sollten.« Der König gab sofort Befehl, die Ärzte holen zu lassen. Diese kamen und untersuchten die Patientin aufs sorgfältigste, und sie waren sich alle miteinander darüber einig, ihr das Fleisch des schwarzen Füllens zu verschreiben. Der König, der wußte, wie sehr sein Sohn dieses schwarze Füllen liebte, versank ins Meer der Nachdenklichkeit. Er konnte sich nicht entschließen, seinem einzigen Erben Kummer zu bereiten, indem er das schwarze Füllen töten ließe; aber die Ärzte blieben dabei, daß das Füllen geschlachtet werden müsse; es sei das einzigste Mittel, das der Kranken helfen könne. Endlich gab der König nach und sprach: »Gut denn, morgen soll den Lehrern des Prinzen befohlen werden, ihn den ganzen Tag in der Schule zu behalten.« Denn da der Prinz das Füllen gar so sehr lieb hatte, wollte er nicht haben, daß er zugegen sei, wenn sie seinen lieben Spielgefährten schlachteten.

Am Nachmittag, als der Königssohn wie gewöhnlich zu seinem Füllen hinging, sah er, wie es bittere Tränen vergoß und gar nichts essen wollte. Da küßte er das Füllen und streichelte es und fragte es, was denn geschehen sei. Das Füllen antwortete: »Deine Stiefmutter ist wegen deiner Liebe zu mir bösartig geworden, und nun hat sie sich krank gestellt und die

Ärzte bestochen, zu erklären, daß mein Fleisch das einzige Mittel sei, das sie heilen könne. Darum hat man bestimmt, daß ich morgen zur Mittagszeit geschlachtet werde, und deinen Lehrern hat man befohlen, dich den ganzen Tag in der Schule zu behalten. Aber nun soll dies ein Zeichen sein zwischen dir und mir: Wenn ich zum ersten Male wiehere, dann schleppen sie mich hinaus, und wenn ich zum zweiten Male wiehere, binden sie mir die Beine, aber wenn du mich zum dritten Male wiehern hörst, dann komm und rette mich, denn sonst wird man mir den Kopf abschneiden. Wenn es dir aber gelingt, mich rechtzeitig zu erreichen, dann schwinge dich auf meinen Rücken, und dann fliege ich mit dir durch die Luft davon.« Der Königssohn erwiderte: »Sei guten Muts! Was auch immer geschehen mag, ich werde schon kommen.«

Am nächsten Morgen ging der Königssohn in die Schule und tat seine Schuldigkeit. Auf einmal hörte er das Füllen wiehern. Da erhob er sich und sagte: »Herr Lehrer, darf ich gehen?« – »Setz dich hin!« sagte der Lehrer barsch. Kurz darauf hörten sie zum zweitenmal ein Wiehern. Da erhob er sich wiederum und sagte: »Herr Lehrer, darf ich jetzt gehen?« Der Lehrer aber schlug ihn mit dem Stocke und zwang ihn, sich zu setzen. Als der Junge dann das dritte Wiehern hörte und wieder bat, gehen zu dürfen, und der Lehrer mit dem Stock kam und ihn zwingen wollte, sich hinzusetzen, da nahm er das Becken mit glühenden Kohlen, warf es dem Lehrer an den Kopf, zog dann eine Handvoll Geldstücke aus der Tasche und warf sie den andern Jungen hin, und während diese damit beschäftigt waren, das Geld aufzulesen, flitzte der Königssohn durch die Türe und nach Hause. Hier warf er sich weinend über das Füllen, und obgleich ihm sein Vater gute Worte und allerlei Versprechungen gab, mochte es doch alles nichts helfen. Er sagte: »Wäre es nicht billig, daß ich noch ein einziges Mal auf meinem Füllen reiten dürfte? Wenn ich darin einwilligen soll, daß man mir mein Füllen schlachtet, so soll man ihm erst einen Sattel anlegen und ihm einen Quersack mit Edelsteinen und Geld übers Kreuz hängen, und dann will ich dreimal um den Hofplatz reiten. Wenn das geschehen ist, möget ihr das Füllen schlachten.« – »Ja«, sagte der Sultan, »dagegen ist nichts zu sagen«, und damit gab er den Befehl, daß man dem Füllen einen Sack mit Juwelen und Geldstücken und eine edelsteingeschmückte Satteldecke auf den Rücken hängen und den Prinzen in den Sattel heben solle. Zweimal ritt der Prinz um den Hofplatz herum. Aber beim drittenmal schwang sich das Füllen hinauf in den Himmelsraum und verschwand vor aller Augen, und da standen der Sultan und die anderen, die dabei waren, und gafften hinterher und wußten weder aus noch ein.

Inzwischen flog das Füllen so hoch empor, daß der Königssohn von der Erde unter sich auch kein bißchen mehr sehen konnte. Da befahl er dem Füllen, wieder hinabzufliegen. Es setzte ihn ab im Garten eines fremden Landes, gab ihm einige Haare von seinem Körper und sprach zu ihm: »Wenn du in irgendeine Schwierigkeit gerätst, dann wirf nur eins von diesen Haaren ins Feuer, dann werde ich gleich zu dir kommen, denn du mußt wissen, daß ich aus dem Geschlecht der Pärî bin.« Und damit verschwand das Füllen.

Der Königssohn verbarg seinen Mantel und seine Juwelen in einem Winkel, nahm nur ein Geldstück mit und ging in die Bude eines Källepäzî[1]. Dort nahm er die Magenhaut eines Schafes und zog sie sich über den Kopf, so daß er aussah, als ob er kahl wäre. Dann ging er hin zu einem braven alten Gärtner und fragte ihn: »Hör, Väterchen, kannst du nicht einen Lehrling brauchen?« – »Doch«, entgegnete der Gärtner. »Gib mir nur mein täglich Brot«, sagte der Königssohn, »mehr verlange ich nicht.« Darauf ging der Alte ein, und dann erklärte er: »Dieser Garten gehört dem König. Er hat sieben Töchter, die alle hier im Garten wohnen. Nun mußt du dich also fein artig benehmen, damit sie nicht böse auf dich wer-

[1] Källepäzî heißt der, der Köpfe von Lämmern und Schafen als Nahrung kocht

den, was Gott verhüte, denn sonst würde es dir übel ergehen.« – »Ihr könnt ganz ruhig sein«, sagte der Königssohn.

Nun hatte der Gärtner die Gewohnheit, jeden Morgen sieben Blumensträußchen zu binden und sie den Töchtern des Sultans zu bringen. Eines Tages sagte der Königssohn zu ihm: »Laß mich heute mal die Sträuße binden.« Der Alte überließ ihm denn auch diese Arbeit; und da band er sieben gar feine Blumensträuße und übergab sie dem Alten. Als dieser nun damit zu den Prinzessinnen kam, sagten sie: »Hör, Väterchen, diese Sträuße hier hast du nie und nimmer selber gebunden, sag an, wer hat sie geflochten?« Er antwortete: »Ich habe einen jungen Lehrling, der mir nun seit ein paar Tagen zur Hand geht. Er hat diese Sträuße gewunden.« – »Geh hin und hol ihn her«, sagten sie. Der Alte gehorchte und brachte ihnen den Königssohn, und die Prinzessinnen sagten: »Väterchen, von heute ab soll der Jüngling da unsere Sträuße binden!« Aber die jüngste Prinzessin war ein gar kluges Mädchen. Sie sah sich den Königssohn ein wenig genauer an, und es mochte ihr nicht recht in den Sinn, daß er wirklich ein Gärtnerbursche sei. Dann durften die beiden gehen.

Einige Zeit verging. Da geschah es eines Tages zur Mittagszeit, als es furchtbar warm war, daß der Königssohn bei sich dachte: »Nun schlafen gewiß alle Leute des Gartens, ich glaube, ich will mich ein wenig erfrischen.« Gerade hinter dem Schloß der Prinzessinnen floß da ein Bach. Zuerst nahm der Königssohn ein schwarzes Haar des Füllens und verbrannte es. Im Nu war das Füllen auch schon da. Dann nahm er die lederne Blase von seinem Kopfe und badete sich im Bache, ohne zu bemerken, daß die jüngste der Prinzessinnen ihm vom Fenster des Schlosses zusah. Als er sich erfrischt hatte, zog er sein königliches Gewand an, legte den Sattel dem Füllen auf den Rücken, schwang sich hinein und ritt einige Male die äußersten Grenzen des Gartens ab. Die Prinzessin sah das alles mit an und ward von der Schönheit des Prinzen ganz benommen. Unterdessen stieg der Königssohn vom Pferde herab, zog seine alten Kleider wieder an und setzte sich die Hautblase wieder auf den Kopf, worauf das Füllen verschwand.

Einige Tage später saßen die Prinzessinnen beieinander und unterhielten sich. Die älteste von ihnen sagte: »Warum sorgt unser Vater nicht dafür, daß wir verheiratet werden?« Eine von ihnen meinte: »Wir müssen wohl selber einmal die Sache in die Hand nehmen.« – »Wie sollen wir das aber anfangen?« fragten die anderen. Sie entgegnete: »Ich weiß, wie wir es machen wollen.« Dann ließen sie sieben vollreife Melonen holen, in die jede der Prinzessinnen je ein Messer hineinstieß; die sieben Melonen sandten sie dann dem Sultan. Dieser konnte das Rätsel nicht lösen und fragte seinen Vezier, was wohl damit gemeint sein könne. Der Vezier erwiderte: »Das bedeutet einfach: Wir sind vollreif genau wie diese Melonen und warten darauf, einen Ehegatten zu bekommen.« – »Na ja«, sagte der Sultan, »dann laß einen Ausrufer überall in der Stadt verkünden, daß alle Männer, hoch und niedrig, sich an dem und dem Tage da und da einfinden sollen. Außerdem soll man meinen Töchtern sieben Goldapfelsinen geben, und jede von ihnen soll ihre Apfelsine dem Manne zuwerfen, den sie sich erwählen will.«

Der Ausrufer tat wie befohlen, und am festgesetzten Tage stellten sich alle, hoch und niedrig, am vereinbarten Orte ein. Jede Prinzessin warf ihre Apfelsine dem zu, den sie sich als Beute erkoren hatte, eine dem Sohne des Veziers, eine andere dem Sohne des Emirs, und die anderen erkürten sich jede einen der Fürstensöhne, alle mit Ausnahme der jüngsten Prinzessin. Sie sah sich nach allen Seiten nach dem Lehrling des Gärtners um, aber konnte ihn nirgends entdecken und blieb mit ihrer Apfelsine stehen. Der Sultan wurde böse und befahl, daß man rings in der Stadt alle Männer suchen sollte, die es dort noch gäbe. Die Diener suchten die Stadt an allen Ecken und Kanten ab, aber der einzige, den sie fanden, war ein kahlköpfiger Junge, der da ging und die Blumen im Garten der Prinzessinnen begoß. »Komm mit«, sagte der Diener, »auf Befehl des

Sultans.« Der kahlköpfige Bengel kratzte sich im Nacken und fing an zu weinen. »Ich habe doch nichts getan«, sagte er. Aber die Diener hörten überhaupt nicht auf ihn, sondern griffen ihn beim Kragen und schleppten ihn mit. Sobald die Prinzessin ihren Geliebten erblickte, schleuderte sie ihm die Apfelsine gleich entgegen und traf ihn gerade an den Kopf. Er tat, als ob er weinte, und sagte: »Au, mein armer Kopf!« Da drohte ihm das Volk von allen Seiten und rief: »Elender Bengel, du solltest Gott auf deinen Knien danken, daß du die Liebe der Sultanstochter gewonnen hast!« Der Sultan dagegen war äußerst verbittert, daß seine Tochter eine so unpassende Wahl getroffen hatte, und sprach: »Ich will sie nicht mehr als meine Tochter anerkennen. Sie und ihr Ehegespons können meinethalben tun und lassen, was ihnen beliebt.« Und auf sein Geheiß jagte man die Prinzessin von der Königsburg. Sie aber machte sich nichts daraus, denn sie wußte, daß ihr Gatte ein Prinz war, der sich mit Willen so verkleidet hatte. Sie nahmen einander bei der Hand und gingen. Vor der Stadt kauften sie sich ein kleines Haus und lebten glücklich miteinander.

Nun geschah es, daß der Sultan von einer Krankheit befallen wurde. Die Ärzte verschrieben ihm eine Suppe, die aus Gazellenfleisch gekocht war. Da nahmen die Schwiegersöhne des Sultans Jäger mit und begaben sich in ein Jagdrevier, um Gazellen zu schießen. Die Sache kam auch dem Königssohn zu Ohren. Gleich verbrannte er ein Haar des Füllens und sagte zu ihm, das sich augenblicklich einfand: »Ich möchte auf die Jagd gehen. Verschaffe mir alles, was zu einem königlichen Jagdzug vonnöten ist, und sage den Pärî, daß sie alle Gazellen, die sich nur immer in den Berggegenden um die Stadt herum finden, an den Ort, wo mein Zeltlager aufgeschlagen ist, zusammentreiben sollen.« Das schwarze Füllen gehorchte und führte im Handumdrehen den Befehl des Königssohnes aus. Jener aber setzte sich selbst auf das Füllen und zog auf die Jagd, und in aller Ruhe und Gemächlichkeit machte er es sich in seinem Zeltlager bequem.

Die Schwiegersöhne des Königs ritten mit ihren Jägern überall in den Bergen herum, zwei, drei Tage hintereinander, fanden jedoch nicht die geringste Spur von Wild, und verwundert fragten sie sich, wo denn alles Wild geblieben sein konnte. Zuletzt fanden ihre Jagdhunde die Spur des Wildes und führten sie an die Stelle, wo der Königssohn seine Zelte aufgeschlagen hatte. Rundherum um dieses fürstliche Zeltlager sahen sie Tausende von Gazellen wie eine Herde Schafe versammelt. Der Herr des Lagers war offenbar ein überaus großer und vornehmer junger Mann. Höflich und mit Anstand näherten sich ihm die Schwiegersöhne und baten ihn, daß er ihnen einige Gazellen überlasse. »Wir sind die Schwiegersöhne des Sultans«, sagten sie. »Der Sultan ist krank geworden; die Ärzte haben ihm Suppe von Gazellenfleisch verschrieben. Und nun sind wir schon viele Tage in den Bergen und im Gelände herumgeritten, um Gazellen zu finden, aber wir haben auch nicht eine einzige finden können. Wenn ihr uns einige von diesen Gazellen überlassen wolltet, würdet ihr uns damit einen großen Dienst erweisen.« – »Ja«, antwortete der Königssohn, »ich will sie euch geben, aber nur unter einer Bedingung.« – »Und was für eine Bedingung?« Er erwiderte: »Ich will jedem von euch ein Sklavenzeichen in den Rücken einbrennen, und dann will ich jedem von euch eine Gazelle überlassen, mit Ausnahme des Kopfes, den ich selber behalten will.« Zuerst weigerten sie sich, auf seinen Willen einzugehen, aber als sie einsahen, daß er hartnäckig bei seinem Entschluß verblieb, mußten sie sich dareinfinden, ob sie nun wollten oder nicht. Also brandmarkte er jeden einzelnen von ihnen mit dem Zeichen, das er seinen Viehköpfen aufzusetzen pflegte. Dann schnitt er den Gazellen die Köpfe ab, indem er bei sich selber dachte: »Die Gesundheit des Königs beruht ja nur auf den Köpfen.« Jeder empfing seinen Gazellenleib, und damit ließ er sie denn gehen.

Die Schwiegersöhne übergaben nun dem Koch diese Gazellenleiber, der daraus eine Suppe machte, und dann gab man dem Sultan diese Suppe zu essen; sie hatte aber gar keine Wirkung. Der Königssohn schickte inzwischen das schwarze Füllen fort, legte die Gazellenköpfe in einen Korb und spannte diesen auf dem Rücken eines schwarzen Esels fest, und so hielt er seinen Einzug in die Stadt, angetan mit seiner zerlumpten Tracht und mit der häutenen Bläse auf dem Kopfe. Als die Schwiegersöhne den Kahlen und seine Gazellenköpfe erblickten, fingen sie an zu lachen und zu spotten: »Seht nur den da, er will auch Suppe für den König kochen.« Aber der Königssohn machte sich nicht das geringste daraus, er setzte nur ruhig seinen Weg fort, und als er zu seiner Wohnung in der Stadt kam, gab er seiner Frau die Köpfe und sagte: »Geschwinde, nimm die Köpfe und koche eine Suppe davon und laß sie hinaufbringen zu deinem Vater, damit er geheilt werden kann.« Die Prinzessin kochte die Suppe und schickte sie ihrem Vater. Der Sultan aber wurde wütend, als er den Boten seiner Tochter sah, doch seine Gemahlin, die Mutter der Prinzessin, versuchte ihn milder zu stimmen, indem sie sagte: »Im Grunde genommen ist das Mädel doch deine eigene Tochter, und sie kommt in der besten Absicht zu dir. Was tut's, wenn du ein bißchen von der Suppe ißt, nur um ihr Herzchen nicht zu kränken; sie hat sie doch mit ihren eigenen Händen zubereitet. Wer weiß, ob sie dir nicht deine Gesundheit wiedergibt.« Der König beruhigte sich und aß ein paar Löffel Suppe. Sie schmeckte ihm wirklich gut, und seine Schmerzen fingen an zu schwinden. Er wurde froh und beschloß, von nun an sein Benehmen der Tochter gegenüber zu ändern.

Eine Woche verging. Da kamen eines Tages die Späher des Königs und erzählten, daß etwa eine Meile Weges vor der Stadt eine Menge fürstliche Zelte aufgeschlagen seien, aber wem sie gehörten, wüßte niemand. Der König ließ seinen Vezier rufen und sprach zu ihm: »Schaff' uns zu wissen, wem dieses Lager gehört und weshalb dieser Fremde gekommen ist.« Der Vezier ging und kam zurück und sagte: »Es ist ein vornehmer Prinz, der hierhergekommen ist, um sechs fortgelaufene Sklaven zu suchen. Er behauptet, daß sich diese sechs Sklaven am Hofe des Sultans befänden und daß sie alle sechs sein Sklavenzeichen auf dem Rücken eingebrannt trügen.« Der Sultan begab sich, begleitet von seinem ganzen Hofstaat, zu dem Königssohn hinaus. Dieser gab ihm einen prächtigen Empfang, der den Sultan große Augen machen ließ, und sagte: »Keine von diesen Männern sind meine Sklaven.« Der Sultan erwiderte erstaunt: »An meinem Hofe gibt es keine anderen Leute, außer sechs Männern, die meine Schwiegersöhne sind.« Er befahl, daß man auch diese herbeiholen solle. Im selben Augenblick, als sie eintraten, rief der Königssohn: »Da sind ja meine Sklaven, und damit ihr meinen Worten Glauben schenken könnt, braucht ihr nur ihre Rücken zu entblößen.« Man zog ihnen die Hemden herab, und siehe da, da kamen die Brandmarken auf ihren Rücken zum Vorschein. Da standen nun die unglücklichen Schwiegersöhne beschämt und mit niedergeschlagenen Augen und konnten kein Wort mehr sagen.

Aber da trat die Tochter des Sultans hinter einem Vorhang hervor und warf sich ihrem Vater um den Hals und sprach: »Der junge Mann dort ist mein Herr und Gemahl.« Und dann erzählte sie ihrem Vater die ganze Geschichte. Der Sultan küßte die Wangen des jungen Prinzen, und dann nahm er seine Krone ab und setzte sie ihm aufs Haupt.

Die Geschichte von 'Ali Muhammäds Mutter

6 Vor vielen Jahren lebten da einmal in der Stadt Schiraz ein Mann und eine Frau, die hatten fünf oder sechs Kinder. Der älteste Sohn hieß 'Alî Muhammäd, und darum hatten sich der Mann und die Frau daran gewöhnt, sich 'Alî Muhammäds Vater und 'Alî Muhammäds Mutter zu nennen. 'Alî Muhammäds Mutter aber machte ihrem Mann das Leben sauer mit ihrer ewigen Schwatzhaftigkeit, aber aus Rücksicht auf die Kinder mußte er sie wohl oder übel behalten. Zuletzt aber

konnte der Mann das unaufhörliche Geschwätz nicht mehr aushalten, und er wünschte sich nur, daß der Tod sie holen käme, und dachte im stillen: »Ich muß sie doch lieber zur Tschâh Qal'a Bändar [1] mitnehmen und sie dort hinabstürzen, damit ich endlich diese Plage loswerde.«

Darum sagte der Mann eines Tages zu seiner Frau: »Hast du jemals die Tschâh Qal'a Bändär besucht?« – »Nein«, erwiderte sie. »Dann komm mit mir da hin, denn der Ort ist schon wert, daß du ihn einmal siehst.« Sie ließen die Kinder zu Hause und begaben sich hinauf an die Kluft. »Bück dich mal runter«, sagte der Mann, »und guck nur mal, wie tief es dort ist.« Aber im selben Augenblick, als sich die Frau bückte, um hinabzublicken, gab ihr der Mann einen Stoß in den Rükken, daß sie hinabstürzte, und dann ging er nach Hause und glaubte, nun könnte er Ruhe haben.

Als er aber ins Haus trat, scharten sich alle seine Kinder, 'Alî Muhammäd, Hasan, Husein, Säkîne und Gul Bânû [2], um ihn herum und fragten: »Wo ist die Mutter?« Und sie weinten alle miteinander. Der Vater redete ihnen gut zu und gab sich die größte Mühe, sie zu beruhigen, aber das half alles nichts; sie schrien und jammerten. So vergingen drei Tage, und das Klagegeschrei der Kinder wurde von Stunde zu Stunde furchtbarer. 'Alî Muhammäds Vater war es so elend zumute, daß er tausendmal am Tage an 'Alî Muhammäds Mutter denken mußte, und er wünschte sich nur, daß er lieber seinen eigenen Hals gebrochen als diese Dummheit begangen hätte; das wäre den Kindern sicher besser bekommen. Am vierten Tage, als er einsehen mußte, daß es nur immer schlimmer wurde und die Kinder mehr als je heulten und schrien, sagte er zu sich selber: »Ich muß wohl oder übel wieder zu der Kluft hinaufsteigen und ein Seil mitnehmen. Dann sage ich zu ihr, daß ich sie wie-

[1] Im östlichen Teile von Schiraz befindet sich ein Berg, von dessen Gipfel eine tiefe Kluft hinabgeht. Sie heißt Tschâh Qal'a Bändär (Anmerkung von Frau Munschizâdeh). [2] Säkine und Gul Bânû sind Mädchennamen

der heraufziehen will, wenn sie mir verspricht, mit ihrem ewigen Geschwatze und Geschimpfe aufzuhören.«

Er nahm also ein Seil und ging damit zur Tschâh Qal'a Bändär. Als er die Kluft erreicht hatte, beugte er sich hinab und rief: »'Alî Muhammäds Mutter! 'Alî Muhammäds Mutter!« – »Ja!« ertönte eine Stimme aus der Tiefe. Er fuhr fort: »Wenn du mir versprechen willst, künftig nicht mehr drauflos zu schimpfen und zu schelten und zu schwatzen, dann lasse ich das Seil hier zu dir hinunter und ziehe dich wieder herauf.« – »Ja«, ertönte die Stimme, »ich bereue mein Betragen.« Der Mann ließ das Seil in die Höhle hinab und sagte: »Halt dich gut fest, jetzt ziehe ich!« – »Ich halte fest«, ließ sich die Stimme vernehmen. 'Alî Muhammäds Vater zog an dem Seile. Es war entsetzlich schwer; als ob es zwei-, dreimal das Gewicht seiner Frau wäre. »Was soll denn das nun bedeuten?« dachte er. »Man sollte doch glauben, sie wäre aus Mangel an Nahrung leichter geworden, und nun ist sie im Gegenteil dreimal so schwer.« Na, er zog aus Leibeskräften, und als er das Ende des Seils bis an die Öffnung der Kluft heraufgezogen hatte, war er doch begierig, zu sehen, ob seine Frau wirklich so fett geworden wäre, aber da sah er, daß sich eine gewaltige Schlange um das Seil gewunden hatte und damit heraufkam.

Dem Mann wurde so bange, daß er beinahe das Seil wieder losgelassen und die Schlange wieder in die Kluft hinunterfallen gelassen hätte, aber sie bat so flehentlich für sich: »Um Gottes willen! Befreie mich von 'Alî Muhammäds Mutter! In den letzten drei Tagen und Nächten hat sie so geschwatzt und geschimpft und gescholten, daß ich am liebsten aus der Haut gefahren wäre. Wenn du mir nun helfen willst, werde ich dir dafür einen Dienst leisten, für den du mir dankbar sein wirst.« – »Was willst du denn für mich tun?« fragte der Mann. »Ehrlich gestanden, geht es mir mehr um ihre Kinder als um sie selbst.« Die Schlange sprach: »Ich will mich hinschleichen und mich der Tochter des Königs um den Hals ringeln, und durch kein Mittel wird es möglich sein, mich von dort fortzuschaffen, bis du dich zeigst.« – »Gut«, sagte der Mann, und damit befreite er die Schlange, ließ die Frau unten in der Kluft bleiben und ging.

Die Schlange verfügte sich, wie sie versprochen, zu der Tochter des Königs und schlang sich ihr um den Hals. Am nächsten Tag hallte die ganze Stadt wider von Klagegeschrei. Alle Rammâlen[1], Amulettmacher und Wahrsager wurden von den Dienern des Königs auf das Schloß geschleppt, damit sie mit ihren Gebetsformeln und Zauberkünsten die Schlange verscheuchen sollten, aber alles war vergebens. Da gelobte der König, daß derjenige, der die Schlange vom Hals der Prinzessin lösen könne, sie zur Frau haben solle. Daraufhin strömte eine Masse Leute als Rammâlen und Wahrsager verkleidet auf das Schloß, aber keinem war das Glück hold, und die Prinzessin war dem Tode nahe. Endlich setzte sich 'Alî Muhammäds Vater einen Turban[2] auf den Kopf, ging zu einer Straßenecke und setzte sich dort, mit einer Raml vor sich, hin. Ein Diener des Königs, der die Stadt nach Wahrsagern ablief, kam vorbei und fragte ihn: »Verstehst du dich auf die Kunst, eine Schlange von der Tochter des Königs zu verjagen?« – »Ja«, erwiderte er. »Erhebe dich, denn wenn es sich so verhält, ist dein Glück gemacht.« Sie begaben sich zum Sultan. Der unglückliche Herrscher, der, seit das Unglück eingetroffen war, weder Rast noch Ruhe hatte, wandte sich an 'Alî Muhammäds Vater und sprach: »Wenn du die Schlange vertreiben kannst, sollst du mein Schwiegersohn sein und die Königsmacht mit mir teilen.« »Eure Majestät mögen ganz ruhig sein«, erwiderte 'Alî Muhammäds Vater.

Man führte 'Alî Muhammäds Vater in das Gemach der

[1] Die Rammâlen entdecken mit Hilfe ihrer Raml, die in der Regel aus einem Brett und einigen Würfeln oder einer Schüssel mit Sand besteht, in den man astrologische Figuren ritzen kann, verborgene Dinge. [2] Turbane von verschiedener Farbe kennzeichneten früher geistliche Männer, Sejjeden (Nachfolger des Propheten) und wohlhabende Kaufleute. Sonst war der Kulâh, eine Mütze aus Lammfell oder Filz, die gewöhnliche Kopfbedeckung.

Prinzessin. Er sprach: »Laß mich allein, denn mein Zauber bleibt wirkungslos, wenn andere zugegen sind.« Da gingen alle hinaus, und 'Alî Muhammäds Vater ging zu der Schlange hin und flüsterte ihr zu: »Was man versprochen hat, muß man halten.« »Soll geschehen«, erwiderte die Schlange, »aber eins sollst du wissen: wenn ich mich hiernach um den Hals einer anderen schlinge, darfst du dich nicht hineinmischen, denn sonst töte ich dich.« Auf diese Bedingung ging er ein, und die Schlange löste sich und verschwand, um ihrer eigenen Wege zu gehen. Da erscholl überall lautes Freudengeschrei über die Befreiung der Prinzessin. Der Sultan gab Befehl, daß sich die Stadt sieben Tage und Nächte zum Feste schmücke, und feierte die Hochzeit der Prinzessin mit 'Alî Muhammäds Vater, und dann lebten sie in eitel Lust und Freude.

Was nun die Schlange betrifft, so begab sie sich von Schiraz spornstreichs in das chinesische Reich und schlang sich der Tochter des Königs von China um den Hals. Die Leute in China aber bestrebten sich ebenfalls vergebens, das verderbliche Tier fortzujagen. Aber zuletzt war da einer, der teilte dem König mit, daß der Schwiegersohn des Königs von Iran einen Zauber wisse, durch den er die Schlange in die Flucht jagen könne, indem er sie nur anpuste, denn eine Schlange hätte sich auch um den Hals der Tochter des Königs von Iran gewickelt, und die erwähnte Person, die nun der Schwiegersohn dieses Königs sei, habe sie verjagt. Der König von China schickte darum seinen Großvezier mit reichen Gaben in das Land Iran, auf daß er den König von Iran bitte, er möge doch seinen Schwiegersohn nach China reisen lassen, damit er dort durch seine edle Gesinnungsart und seine Menschenliebe die Schlange von der Prinzessin gütigst vertreibe. Der chinesische Großvezier kam also in das Land Iran und brachte dem König seinen Auftrag vor. Dieser zeigte sich willig und befahl seinem Schwiegersohn, sofort nach China zu reisen. Nun saß 'Alî Muhammäds Vater schlimm in der Klemme, denn die Schlange hatte ihm ja mit dem Tode gedroht, aber er konnte sich auch nicht gut der Reise entziehen. Also machte er sich auf nach China. Unterwegs überdachte er die Dinge ein wenig, und da kam ihm eine Idee, wie er die Schlange in die Flucht schlagen könnte.

Kurz und gut, er kam in China an. Der König von China ritt in höchsteigener Person aus seiner Hauptstadt heraus, um ihn mit den Ehrenbezeigungen zu empfangen, die man dem Schwiegersohn eines Königs von Iran schuldig ist, und geleitete ihn hinauf in das königliche Schloß. Nach Verlauf von einigen Tagen bat er, daß man ihm den Zutritt zu den Gemächern der Prinzessin gewähre. Er wurde dorthin geführt, und als er das Zimmer, in dem sich die Prinzessin befand, betrat, sagte er mit lauter und deutlicher Stimme: »Ihr Leute von China, wie könnt ihr doch so ruhig hier sitzen? Wißt ihr denn nicht, daß 'Alî Muhammäds Mutter der Tschâh Qal'a Bändär entschlüpft ist und hierher nach China kommt? Gleich im Augenblick wird sie hier sein und diesen Saal betreten.«

Kaum hatte die Schlange den Namen von 'Alî Muhammäds Mutter gehört, als sie sofort den Hals der Prinzessin losließ und sich an einen Ort flüchtete, den niemand auf der Welt kennt.

Stirnmöndlein

7 Es war einmal vor vielen Jahren ein Mann, der hatte eine Frau und eine Tochter. Der Vater schickte seine Tochter in die Schule. Eines Tages putzte die Lehrerin, die die Kinder aus Ehrfurcht Tante Bîbî nannten, für alle anderen Kinder Puppen; nur sie allein bekam keine. Das Mädchen ging hin zu Tante Bîbî und bat sie, ihr doch auch so eine Puppe zu schenken. Tante Bîbî sagte: »Wenn du deine Mutter tötest, damit ich mich mit deinem Vater verheiraten kann, will ich dir sogar zehn Puppen herausputzen.« – »Wie soll ich es aber anstellen, meine Mutter zu töten?« fragte das Mädchen. »Nimm eine Schale«, erwiderte die Lehrerin, »und gehe damit hin zu

deiner Mutter und sage: Tante Bîbî läßt dich grüßen, du möchtest ihr ein wenig Essig ablassen, damit sie sich ein Gericht Salat anmachen und essen kann. Wenn dann deine Mutter an das große Essigfaß herangeht, um etwas daraus zu schöpfen, kommst du von hinten und faßt sie bei den Beinen, stülpst sie in das Essigfaß und legst den Deckel wieder drauf.« Das Mädchen ging auf diesen Vorschlag ein, nahm eine Schale, ging nach Hause und bat seine Mutter um ein wenig Essig. Als die Mutter sich über das Faß bückte, um den Essig herauszuschöpfen, stürzte das Mädchen sie kopfüber in das Faß, legte den Deckel drauf und ging seiner Wege.

Am Abend, als der Vater nach Hause kam und fragte, wo denn die Mutter sei, sagte sie: »Sie ging heute hin, um Essig zu holen, und dabei ist sie ins Faß gefallen.« Ganz erschrocken ging der Mann an das Essigfaß heran. Als er den Deckel aufhob, sprang eine gelbe Kuh aus dem Fasse heraus. Der unglückliche Mann band die Kuh in einem Winkel des Hofes fest und weinte lange seiner Frau nach, die er verloren hatte.

Einen Monat nach dieser Begebenheit sagte Tante Bîbî zu dem Mädchen: »Streue Salz auf deinen Kopf. Wenn dann dein Vater heute abend nach Hause kommt, hältst du deinen Kopf über das Feuer[1] und sorgst dafür, daß die Salzkörner ins Feuer fallen und knistern. Dann sagst du: Lieber Vater, sieh nur, wie ich voller Läuse bin. Nimm dir doch eine Frau, die mich pflegen kann. Wenn er dann fragt, wen er sich denn zur Frau nehmen soll, sagst du: Tante Bîbî ist eine liebe arme Frau, verheirate dich doch mit ihr. Und wenn ich erst einmal in das Haus deines Vaters gekommen bin, will ich dir zehn oder zwanzig Puppen feinmachen.« Darüber war das Mädchen recht vergnügt. Sie tat, wie die Lehrerin ihr geboten hatte, und so wurde Tante Bîbî die Frau ihres Vaters.

Als aber Tante Bîbî erst das Ziel ihrer Wünsche erreicht hatte, behandelte sie bald das kleine Mädchen schlecht. Jeden Tag gab sie ihm ein Büschel Baumwolle und befahl ihm, die

[1] D. h. über die glühenden Kohlen des Warmbeckens.

Kuh auf die Weide zu führen draußen im freien Feld, und dort sollte es aus der Baumwolle Bindfaden spinnen und am Abend nach Hause bringen. Tante Bîbî hatte aus ihrer ersten Ehe eine Tochter, die genau so alt war wie die Tochter ihres Mannes. Aber während ihre eigene Tochter immer neue und reine Kleider trug, mußte die Tochter ihres Mannes in alten Sachen gehen. Das Mädchen ging nun jeden Tag mit der Baumwolle und der Kuh, die in Wirklichkeit ihre Mutter war, aufs freie Feld hinaus, und dort saß es und weinte über sein Unglück und über die törichte Tat, die es begangen hatte. Die Kuh leckte das Kind mit der Zunge im Gesicht und leckte ihm die Tränen von den Wangen. Dann verschluckte sie die Baumwolle und stieß sie dann wieder als fertiggesponnenen Bindfaden auf. Das war die Hilfe, die die unglückliche Mutter ihrem Kinde leisten konnte.

Aber eines Tages kam ein Wirbelwind und riß die Baumwolle mit sich fort. Das Mädchen lief hinter der Baumwolle her, doch der Wind führte sie immer weiter weg und warf sie in einen Brunnen. Das Mädchen kroch in den Brunnen hinab, um sie zu holen, aber da unten im Brunnen sah sie einen mächtig großen Dîw sitzen. Sie grüßte ihn freundlich. Der Dîw sagte: »Wenn du mich nicht so hübsch gegrüßt hättest, würde ich mit dem ersten Mundvoll deinen Hinterkopf verzehrt haben. Was willst du hier?« Das Mädchen antwortete: »Der Wind hat meine Baumwolle in den Brunnen geworfen, und da bin ich hinter ihr hergelaufen.« – »Gut«, sagte der Dîw, »nimm nun den Besen da und fege die Stuben hier, dann will ich dir deine Baumwolle geben.« Das Mädchen nahm den Besen. Es sah, daß alle Zimmer voll von Edelsteinen in den verschiedensten Farben und voller Goldstücke waren; aber es fegte die Stuben sauber, ohne auch nur etwas anzurühren. Dann ging es zu dem Dîw zurück und sagte: »Gib mir meine Baumwolle und laß mich gehen, sonst kriege ich heute abend von meiner Stiefmutter Schläge.« – »Wart ein wenig«, sagte der Dîw, nahm einen Strick, stellte eine Schüssel zurecht und hielt das Mädchen darüber[1], aber er mochte es schütteln, soviel er wollte, es fiel nichts heraus. Dann stellte er es wieder auf die Erde und sagte: »Komm her und lause mich ein wenig.« Als er seinen Kopf in den Schoß des Mädchens legte, sah es, daß er voller Ungeziefer war, voller Kröten und Skorpionen. »Hör einmal«, sagte der Dîw, »wer hat einen schöneren Kopf, ich oder deine Mutter?« Das Mädchen entgegnete: »Dein Kopf ist hübsch; ja, was soll ich von dem meiner Mutter sagen? Der ist voller Läuse und Nissen.« »Jetzt lege ich mich hin und schlafe«, sagte der Dîw. »Das Wasser im Bache vor dir ist zuerst grün, dann kommt da ein rotes Wasser und dann ein schwarzes, und wenn endlich das weiße Wasser kommt, sollst du dein Gesicht darin waschen, und dann kannst du deine Baumwolle nehmen und gehen.«

Das Mädchen tat, wie ihm der Dîw gesagt hatte, und als sie ihr Gesicht in dem weißen Wasser gewaschen hatte, erschien ein Mond auf ihrer Stirne und ein Stern auf ihrem Kinn. Sie nahm ihre Baumwolle und kletterte hinauf und gab der Kuh die Baumwolle zu essen, worauf die Baumwolle als Bindfaden wieder herauskam, und dann ging sie damit nach Hause. Die Stiefmutter kam ihr mit einem Strom von Schimpfworten entgegen und prügelte sie, weil sie so lange fortgeblieben war. Das Mädchen, das sich aus Furcht Stirne und Kinn mit einem Tuch verbunden hatte, sagte: »Der Wind blies mir die Baumwolle fort, und als ich hinterherlief, fiel ich und schlug mir die Stirn.« »Daß du doch dein Bein gebrochen hättest!« erwiderte die Stiefmutter. »Marsch, und hol mir den Schaumlöffel!« Das Mädchen ging nach dem Schaumlöffel, aber es war so dunkel, daß sie die Hand vor den Augen nicht sehen konnte. Sie schob das Tuch ein wenig zur Seite, und sogleich wurde es in der Rumpelkammer so hell wie am lichten Tage. Die Stiefmutter

[1] Hier sind zwei Wörter von unklarer Bedeutung: Der Dîw schüttelt das Mädchen über einer Schüssel oder ähnlichem, damit die etwa gestohlenen Kostbarkeiten, die es in seinen Kleidern versteckt haben könnte, herausfallen sollen.

glaubte nicht anders, als daß Feuer im Hause ausgebrochen sei, und schrie: »Du Unhold, du hast das Haus in Brand gesteckt!« Damit griff sie wieder zum Stock und schlug das Mädchen, aber bei dieser Prügelei fiel das Tuch, das Stirn und Kinn des Mädchens verdeckte, vollends herab. Da gewahrte die Stiefmutter den Mond und den Stern und wäre beinahe vor lauter Neid in Ohnmacht gefallen, aber trotz allem fing sie gleich an, dem Mädchen zu schmeicheln. »Liebes Kind«, sagte sie, »wie hast du doch den Mond und den Stern in dein Gesicht bekommen? Erzähle und laß auch dein Schwesterchen hören.« Da erzählte das Mädchen die ganze Geschichte von der Baumwolle und dem Brunnen und dem Dîw.

Am nächsten Tage gab die Stiefmutter ihrer eigenen Tochter ein Büschel Baumwolle und ließ sie damit ins freie Feld hinausgehen. Der Wind nahm die Baumwolle und fegte sie in denselben Brunnen. Das Mädchen lief hinter der Baumwolle her und stieg in den Brunnen hinab. Als sie den Dîw gewahr wurde, sagte sie nicht einmal soviel wie guten Tag, sondern rief in barschem Tone: »Komm her mit der Baumwolle!« Der Dîw sagte: »Fege zuerst die Zimmer, dann kannst du deine Baumwolle haben.« Das Mädchen brummte mürrisch: »Meinst du vielleicht, ich wäre deine Dienstmagd!« Aber sie ging dennoch in die Stuben, um sie zu fegen. Da bemerkte sie alle die Edelsteine und Goldstücke und stahl so viel davon, als sie überhaupt konnte. Dann fuhr sie ein bißchen mit dem Besen hin und her und ging dann zu dem Dîw und sagte: »Nun habe ich gefegt.« Aber der Dîw hielt auch sie über die Schüssel, und wie er sie schüttelte, fielen alle Goldstücke und Edelsteine heraus. »Komm nun her und lause mich«, sagte der Dîw und legte seinen Kopf in ihren Schoß, und dann fragte er: »Ist mein Kopf oder der deiner Mutter am schönsten?« Sie entgegnete: »Daß der Leichenwascher deinen Kopf hätte! Er ist ja voller Ungeziefer und Kröten. Da lob ich mir den Kopf meiner Mutter, denn er ist voller Wohlgeruch.« – »Ja, laß man gut sein«, sagte der Dîw dazu, »jetzt lege ich mich hin und schlafe. Der Bach da fließt mit weißem, rotem und grünem Wasser; wenn das schwarze Wasser kommt, dann wasche dein Gesicht darin, nimm deine Baumwolle und geh.« Sobald das Mädchen sein Gesicht in dem schwarzen Wasser gewaschen hatte, wuchs da eine große schwarze Warze auf ihrer Stirn und eine kleinere auf ihrem Kinn. Sie nahm ihre Baumwolle und ging heim.

Als sie ins Haus trat, rief ihre Mutter froh: »Komm, mein Kind, und laß mich den Mond auf deiner Stirn sehen.« Die Tochter zeigte ihr Gesicht. Da wurde die Mutter furchtbar böse und gab Stirnmöndlein eine ordentliche Tracht Prügel, indem sie sagte: »Du hast meiner Tochter falschen Bescheid gegeben, du bist schuld daran, daß sie nun so ein häßliches Aussehen bekommen hat. Wenn du jemals in deinem Leben das Tuch von deiner Stirn und deinem Kinn fortnimmst, werde ich deinen Vater verbrennen!«[1]

Nun geschah es eines Tages zur Zeit des Sonnenuntergangs, daß Stirnmöndlein das eine oder andere auf dem flachen Dach des Hauses zu besorgen hatte. Als sie merkte, daß sie allein war, nahm sie das Tuch von ihrem Gesicht. Gerade in demselben Augenblick ging der Sohn des Königs auf dem Dach der Königsburg spazieren. Als er Stirnmöndlein sah, war er nicht länger Herr seines Herzens. Er ging sogleich zu seiner Mutter und sprach zu ihr: »In dem Hause dahinten befindet sich ein Mädchen, und das hat einen Mond auf der Stirn und einen Stern am Kinn. Die mußt du mir zur Frau verschaffen.« Die Mutter machte ihm alle möglichen Vorstellungen; es schicke sich nicht für einen Königssohn, ein Mädchen aus dem Volke zu heiraten. Aber ihre Ermahnungen machten nicht den geringsten Eindruck auf den Prinzen. Er sagte nur: »Entweder verschaffst du sie mir zur Frau oder ich töte mich.«

Da war nichts anderes zu machen, die Mutter des Prinzen

[1] Die Perser verknüpfen mit Vorliebe Schimpfworte und Verwünschungen mit dem Vater und der Mutter des Betreffenden. »Ich werde deinen Vater verbrennen« bedeutet: »Ich werde dir ein Unglück auf den Hals schicken.«

mußte einige weibliche Zwischenhändler in Stirnmöndleins Haus schicken. »Wir sind gekommen«, sagten sie, »um ein junges Mädchen zu suchen, das so und so aussieht.« Die Stiefmutter führte die Vermittlerinnen in die Stube. Stirnmöndlein hatte sie im Backofen eingeschlossen, und sie führte ihre eigene Tochter, nachdem sie ihr die Warzen mit einem Tuch bedeckt hatte, zu den Vermittlerinnen herein und sagte: »Hier seht ihr meine Tochter Stirnmöndlein.« Die Vermittlerinnen konnten weder Mond noch Stern entdecken. Eine von ihnen zog das Tuch vom Gesicht des Mädchens fort und sah – Gott steh mir bei! –, daß sie eine große schwarze Warze auf der Stirn und eine andere am Kinn hatte. Sie verwunderten sich alle sehr. »Das war doch ein seltsamer Mond und ein absonderlicher Stern«, dachten sie. »Der Königssohn muß ja eine Augenkrankheit bekommen haben.« Auf einmal fing der Hahn, der auf dem Ofen stand, zu krähen an: »Kikerikiki! Stirnmöndlein sitzt im Ofen hie und Stirnwarz in der Stube.« Die Stiefmutter fuhr auf und schlug auf den Hahn los, aber als sie zurückkam, krähte der Hahn wieder und wiederholte seine Worte. Da gingen die Vermittlerinnen hin und schlossen den Ofen auf, und guck, da drinnen im Ofen saß ein Mädchen, das leuchtete wie der Vollmond. Es hatte ein Mond auf der Stirn und einen Stern am Kinn. Sie zogen sie heraus und brachten dem Königssohn die Nachricht, daß sie die Rechte gefunden hätten. Und der Königssohn ließ die Stadt eine ganze Woche lang zum Feste schmücken und heiratete das Mädchen.

Der Meisterschütze Muhammäd

8 Eine alte Frau hatte einen Sohn, einen langen Bengel, und der hieß der Meisterschütze Muhammäd. Er war ein richtiger Faulpelz und Taugenichts, und die arme Mutter mußte vom frühen Morgen bis zum späten Abend auf den Beinen sein, für die Leute waschen und umhergehen und betteln, nur

um Essen und Kleider für ihn zu schaffen. Den Namen »Meisterschütze« hatte er mitsamt einem zerbrochenen Bogen und den dazugehörigen Pfeilen von seinem verstorbenen Großvater geerbt.

Eines Tages, als die alte Frau ausgegangen war, um fürs tägliche Brot zu arbeiten, stand Muhammäd von seinem Lager auf und suchte in allen Winkeln herum, bis er in einer Schachtel seiner Mutter einen Qrân[1] fand, den die arme Alte als einen Notgroschen zur Seite gelegt hatte. Den nahm er. Und für die hundert Dinare kaufte er sich Dattelsirup, den er mit nach Hause nahm. Faul, wie er war, schlief er ein. Als er erwachte, sah er, wie sich Tausende von Fliegen um den Sirupnapf versammelt hatten. Er schlug mit der Hand nach ihnen und zerquetschte einige, die anderen flogen fort. Das, meinte er, war aber eine große Heldentat. Darum stand er auf, nahm seinen zerbrochenen Bogen und ging damit zu einem Lehrer, der auf der Straße saß und Schule hielt. »Herr Lehrer«, sagte er, »nimm diese zehn Schâhî und schreibe mit genauer und deutlicher Schrift hier auf den Bogen folgende Worte:

Vieltausend besiegt' er und schlug er im Streite,
Vieltausend suchten, ihn fliehend, das Weite.«

Der Lehrer schrieb diese Worte auf den Bogen und gab ihn ihm wieder zurück.

Nun meinte Muhammäd, seit er die Fliegen getötet hatte, daß er ein gewaltiger Krieger sei. Er nahm seinen Bogen auf den Rücken und verließ die Stadt in der Absicht, an einen anderen Ort zu ziehen und sich für einen Kriegsmann auszugeben, obgleich er in Wirklichkeit so schwach war, daß er, wenn man ihm einen Stoß gab, gleich einen Purzelbaum schlug und mit der Nase am Boden lag. Aber nichtsdestoweniger wanderte er also los. Nach einigen Tagen Wanderschaft machte er halt an einem Haus und ging hinein. Da drinnen lagen allerlei Kriegswaffen, aber es war nirgends ein Mensch zu sehen. Dagegen

[1] siehe Seite 295

lockte ihn ein lieblicher Geruch von Speisen in die Küche. Und hier stand ein Topf über dem Feuer, der für mehr als hundert Personen Essen enthielt. »In diesem Haus«, dachte er bei sich, »müssen entweder die Dîwe oder die Pärî wohnen. Aber gleichviel, wer hier auch wohnen mag, so bin ich jedenfalls hungrig und müde. Nun esse ich von diesem Essen, und dann lege ich mich schlafen, und dann mag es meinethalben gehen, wie es will.« Gesagt – getan, er aß, hängte den Bogen irgendwo über seinem Kopfe auf und schlief ein.

Zwei Meilen von diesem Ort entfernt lag eine Stadt. Der König, der dort herrschte, hatte vierzig Krieger, die dieses Haus zu ihrem Aufenthalt benutzten. Am Tage gingen sie aus und vergnügten sich auf der Jagd, und am Abend kehrten sie in ihr Haus zurück. Auch an diesem Tage kamen die Krieger so gegen Nachmittag von der Jagd zurück und sahen, daß da ein Mann von beträchtlicher Länge lag, der es sich bequem gemacht hatte und schlief. Über seinem Haupte hing ein Bogen, worauf geschrieben stand:

Vieltausend besiegt' er und schlug er im Streite,
Vieltausend suchten, ihn fliehend, das Weite.

Die Krieger glaubten nun, sie hätten es mit einem Kriegsmann zu tun, der alle diese Heldentaten ausgeführt habe, und daß er, als ein in seiner eigenen Stadt berühmter Mann, sich nun auf der Reise nach anderen Städten befinde. Sie berieten sich und sagten: »Das beste ist, wir behandeln ihn freundlich, und wenn er will, stellen wir ihn dem König vor, so daß er zusammen mit uns hier wohnen kann.«

Als Muhammäd erwachte, sah er sich von vierzig kräftigen Männern umgeben. Er wurde so bange, daß ihm die Galle zu Wasser wurde, und er konnte kein Sterbenswörtchen hervorbringen. Die Krieger legten sein Schweigen als ein Zeichen seines Übermutes und seiner Unbekümmertheit aus und sprachen ihn mit großer Freundlichkeit an: »Bruder, sei uns willkommen, da du uns die Ehre deines Besuches gemacht hast. Betrachte uns als deine Brüder. Wir sind Krieger wie du, und wir hoffen, daß es dir in unserer Mitte gefallen wird.« Als Muhammäd diese zuvorkommenden Worte hörte, fing er langsam an, ein wenig Mut zu fassen. Ihm ging ein Licht auf, daß die Inschrift auf seinem Bogen diese Wirkung gehabt hatte, und nun fing er an, drauflos zu schwatzen und zu prahlen, wie er die und die Schlacht gewonnen und wie er den und den wilden Löwen getötet hätte. Nachdem sie des langen und breiten geredet hatten, aßen sie miteinander zu Abend und legten sich schlafen.

Am nächsten Tag sagten sie zu Muhammäd: »Komm, wir wollen miteinander auf die Jagd gehen.« Er erwiderte: »Ich bin noch müde von der Reise und will mich lieber heute noch ein wenig erholen, während ihr auf die Jagd geht, und Weidmannsheil auch!«

Inzwischen hatte der König einen Krieg auf den Hals bekommen. Er gab Befehl, die Krieger zu sammeln, und schickte einen Reiter aus, um sie zu holen. Der Reiter kam und fand einen fremden Mann in ihrer Wohnung. »Wo sind die Krieger?« fragte er. »Der Sultan ist in einen Krieg verwickelt worden und hat mir befohlen, sie zu holen.« – »Sie sind auf die Jagd gegangen«, entgegnete Muhammäd, »bei Sonnenuntergang werden sie wohl zurückkommen.« Der Reiter band sein Pferd an und setzte sich hin, um zu warten. Als er so dasaß, entdeckte er Muhammäds Bogen und las die Inschrift darauf, und da dachte er bei sich: »Das ist gerade der richtige Mann, den wir haben müssen, um die Feinde des Königs zu schlagen.« Die Türe der Zwiesprache war bald geöffnet, und Muhammäd fing wieder mit seiner Prahlerei an, ohne zu bedenken, daß ihm dabei der Schwanz in die Klemme geriet.

Als nun die Krieger von der Jagd zurückkamen, trug ihnen der Reiter die Botschaft des Königs vor. Sie beugten alle in demütigem Gehorsam den Kopf und versprachen, am folgenden Tage aufzubrechen, und dann stellten sie Muhammäd dem Reiter vor und sagten: »Er ist ein Kriegsmann, desgleichen die Welt noch nicht gesehen hat. Wenn er sich auf dem Kampfplatz zeigt, wird er im Handumdrehen die feindlichen Scharen zersplittern.« Der arme Tropf hörte diese Lobrede mit an und wußte nicht, was er sagen sollte. Unwillkürlich nickte er mit dem Kopfe, so daß sie alle glaubten, das hier wäre so recht etwas für ihn. Aber Muhammäd dachte bei sich: »Wie habe ich mich doch mal richtig dumm benommen! Jetzt wird der elende Spruch, den ich mir auf den Bogen gesetzt habe, zu meinem Sargnagel. Wie soll ich nach dem Leben, das ich bisher geführt habe, morgen auf den Rücken eines Pferdes kommen?«

In dieser Nacht konnte Muhammäd überhaupt nicht schlafen. Am nächsten Tage, als es Zeit zum Aufbruch war, führte man ihm ein kräftiges und feuriges Roß vor. Aber schau, er fand trotzdem einen Ausweg. Er sagte zu den anderen: »Wenn ich mit meinem Bogen schießen soll, muß ich ja beide Hände brauchen, und dann könnte ich leicht im Kampfgetümmel die Herrschaft über mein Pferd verlieren. Nehmt darum lieber einen leinenen Gürtel und bindet mich auf dem Pferde fest.« Diese Rede kam den Kriegsmännern etwas wunderlich vor, sie glaubten aber, solche Dinge gehörten zu der höheren Kriegskunst, wie sie in seinem Lande Brauch war. Sie banden ihn also mit einem leinenen Gürtel auf dem Pferde fest, und dann zogen sie alle miteinander zum Kampfplatz hinaus. Muhammäd war nicht imstande, sein Pferd zu lenken, und wurde im Getümmel und Durcheinander des Reiterkampfes bald auf die eine und bald auf die andere Seite getrieben und galoppierte zuletzt geradewegs ins feindliche Lager. Alle bewunderten seinen unbändigen Mut, wie er sich ganz allein mitten ins Herz des feindlichen Heeres stürzte. Das Roß sprengte mit Muhammäd dahin, der vor lauter Angst einer Ohnmacht nahe war, und kam im Laufen an einem Baum vorbei. Muhammäd schlug in Angst und Beben die Arme um den Baum und hielt sich mit einer solchen Kraft daran fest, daß er ihn mit der Wurzel ausriß, und so ritt er weiter, ohne den Baum loszulassen. Als die Feinde sahen, daß ein Reiter mit einem ganzen Baum im Arm auf sie zukam, ergriffen sie vor Entsetzen die Flucht, und die anderen errangen den Sieg.

Der König war selbst Zeuge von Muhammäds Tapferkeit gewesen. Er ließ ihn vor sich rufen und lobte ihn sehr, schenkte ihm ein Ehrengewand und befahl, daß er eine Wohnung auf dem königlichen Schloß beziehen sollte. Aber Muhammäd dachte im stillen: »Ein Glück, daß der Baum von selber mitsamt der Wurzel und allem drum und dran losging, denn ich kann ja nicht einmal den kleinsten Strauch aus der Erde ziehen!«

Als so einige Zeit verstrichen war, kam eines Tages der Vezier zum König herein und sagte: »Die Stadtwache meldet, daß der Löwe auf dem Wege zu uns ist, um sich die Beute, auf die er unserer Übereinkunft gemäß ein Anrecht hat, zu holen.« Da wurde der König sehr betrübt. Er wußte nicht, wen von seinen unglücklichen Untergebenen er greifen und dem Löwen zum Fraß vorwerfen sollte. Die Sache verhielt sich nämlich so: In der Nähe der Stadt hauste ein Löwe im Walde, und er raubte alle die Tiere und Menschen, deren er nur habhaft werden konnte, und brachte das Volk in große Not und Bedrängnis. Darum hatte man mit dem Löwen die Übereinkunft getroffen, daß er mit seinen Überfällen aufhören sollte, wofür man ihm jeden Tag ein Schaf und einmal im Jahre ein vierzehnjähriges Mädchen geben würde. Dieser Pakt war nun schon seit vielen Jahren in Kraft, und noch hatte es keiner gewagt, den Löwen zu töten.

Als der König nun ein wenig über die Sache gegrübelt hatte, schickte er einen Boten zu Muhammäd. Dieser erschien, und der König erklärte ihm, wie die Dinge standen, und sagte: »Wenn du den Löwen tötest, sollst du mein Schwiegersohn werden.« Muhammäd, der vor Schrecken zitterte, sobald er nur ein Pferd sah, geriet außer sich, als er das Wort Löwe hörte. Was sollte er doch dem König erwidern? Er überlegte hin und her und sagte dann schließlich: »Nun ja, dann laßt mich mal sehn, wo der Löwe denn sein Wesen treibt.« Er dachte im stillen, daß er sicher eine Gelegenheit fände, sich aus dem

Staube zu machen. Die Leute führten ihn in den Wald und riefen: »Da ist der Löwe.« Und dann liefen sie fort. Muhammäd blieb stehen. Der Löwe, der den Geruch eines Menschen witterte, stieß ein rasendes Gebrüll aus. Muhammäd floh entsetzt davon und kletterte auf einen Baum, der in der Nähe stand. Da brüllte der Löwe aufs neue und stellte sich unter den Baum. Als Muhammäd das schreckliche Tier gerade unter sich erblickte, zitterte er an allen Gliedern, so daß er sich nicht länger festhalten konnte, sondern vom Baum herabfiel, und gerade auf den Rücken des Löwen. Und wie er so quer auf der Bestie saß, zog er unwillkürlich den Löwen an den Ohren und lenkte ihn der Stadt zu. Der König stand mit seinen Hofleuten da und erwartete den Ausgang des Kampfes, und da sahen sie auf einmal, wie Muhammäd auf dem Löwen dahergeritten kam. Da stieß die versammelte Menge laute Freudenrufe aus. Der König befahl seinen Axtkämpfern, dem Löwen das Haupt abzuschlagen, und als dies geschehen war, gab er Muhammäd seine Tochter zur Frau, und sie feierten die Hochzeit in eitel Fest und Freude.

Der Holzhauer und seine Töchter

9 Es war einmal ein Holzhauer[1], der hatte sieben Töchter. Er hatte mit einem Löwen Freundschaft geschlossen. Eines Tages lud ihn der Löwe ein, sein Gast bei Tisch zu sein. Der Holzhauer wollte nun gerne zum Dank dafür dem Löwen ein Geschenk machen, auf daß das Band der Freundschaft um so fester zwischen ihnen geknüpft werde, und darum sagte er zu seiner Frau, ohne daß die Töchter es hörten: »Backe mir eine Portion Halvâ[2], damit ich sie meinem Freund als Geschenk

[1] Khârkäsch, eigentlich einer, der Reisig sammelt. Auf dem unbebauten Hochland wachsen abgehärtete, buschartige Pflanzen, die in verdorrtem Zustand als Brennholz verwandt werden. [2] Eine Art süße Paste, aus Zucker und Mehl zubereitet

geben kann.« Die Frau antwortete: »Ich will sie heute abend, wenn die Mädchen zu Bett gegangen sind, fertigmachen, dann kannst du sie morgen früh bringen, wem du willst.« Und der Holzhauer holte Zucker, Mehl und Butter, damit seine Frau Halvâ backen konnte.

Am Abend schickte die Mutter ihre Töchter ins Bett. Aber die jüngste von ihnen, die auch die schlaueste war, dachte: »Die Mutter hat sicher etwas vor, wenn sie uns ins Bett schickt.« Als sie nun alle ins Bett gekrochen waren, machte sich die Mutter ans Halvâbacken. Die jüngste Tochter stand auf und sagte: »Mutter, soll ich nicht kommen und dir ein bißchen helfen?« Die Mutter aber entgegnete böse: »Marsch, ins Bett mit dir! Du brauchst mir nicht zu helfen.« Dann gab sie ihr ein Stück Halvâ und sagte: »Geh nun wieder schön still ins Bett, damit deine Schwestern nicht wach werden.« Das Mädchen aß sein Stück Halvâ und schlich sich dann hin und weckte eine ihrer Schwestern, indem sie ihr zuflüsterte: »Steh auf, die Mutter backt gerade Halvâ.« Die Schwester stand auf und verschaffte sich unter demselben Vorwand ein Stück Halvâ, und die Mutter forderte auch sie auf, fein ruhig wieder ins Bett zu gehen, damit die anderen nicht wach werden sollten. Um es kurz zu sagen, alle die sieben Mädchen standen, eine nach der anderen, auf, und jede bekam ihr Stück Halvâ. Dann machte die Mutter die ganze Portion Halvâ fertig, füllte sie in einen Topf, den sie in einem Eimer anbrachte, und den Eimer ließ sie in den Brunnen hinab, damit ihre Töchter ihn nicht finden sollten, und dann ging auch sie zu Bett.

Sobald sie in Schlaf gefallen war, standen alle sieben Mädchen auf, gingen an den Brunnen und zogen den Eimer herauf, nahmen den Topf heraus und aßen die ganze Portion Halvâ auf. An ihrer Statt füllten sie dann den Topf mit Unrat und strichen nur ein wenig Halvâ obendrauf, worauf sie den Eimer wieder mit dem Topf in den Brunnen hinabließen. Früh am nächsten Morgen gab die Frau dem alten Holzhauer den Topf, und dieser begab sich damit in den Wald hinaus.

Indem er sich dem Löwen näherte, setzte er den Topf mit Halvâ vor ihm auf die Erde und sprach: »Hier ist eine Kleinigkeit als Geschenk deines geringen Dieners. Was sollte ich dir anderes anbieten? Ein Armer gibt, was er vermag.«

Der Löwe kratzte ein wenig Halvâ von oben ab und steckte es in den Mund. »Das schmeckt schön«, sagte er. Der Holzhauer sagte: »Nimm nur mal etwas von dem, was zuunterst liegt, denn aller Zucker liegt am Boden.« Der Löwe, der einen guten Appetit hatte, grub mit seinen Klauen tief in den Topf hinein und bekam die ganze Pfote voller Unrat. Als das der Holzhauer sah, geriet er außer sich vor Angst und dachte: »Nun reißt er mich auf der Stelle in Stücke. Tod und Verdammnis über meine Töchter, die dieses Unglück über mein Haupt gebracht haben!« Der Löwe sagte anfangs gar nichts, aber nach einem Weilchen wandte er sich an den Holzhauer und sagte: »Das ist also der Dank, den man bekommt, wenn man Freundschaft schließt mit einem, der nicht zur eigenen Rasse gehört. Geh deiner Wege, und setze nie wieder deinen Fuß in diesen Wald.«

Schlotternd nahm der Holzhauer seine Axt und ging seiner Wege. Er ging nach Hause und erzählte seiner Frau, wie es ihm ergangen war, und dann sagte er: »Ich will meine Töchter mit in einen Wald nehmen und sie dort allein lassen, damit die wilden Tiere sie fressen können.« »Tue, was du willst«, sagte die Frau. Der Holzhauer sagte also zu seinen Töchtern: »Zieht euch an, ich will euch mit in den Park hinaus nehmen.« Da freuten sie sich, daß sie einen Spaziergang in den Park machen sollten, und machten sich fein. Der Holzhauer aber führte sie in einen Wald hinaus und sprach zu ihnen: »Nun klettere ich in den Nußbaum[1] dort und schüttle die Nüsse herunter, und dann sollt ihr sie aufsammeln.« Er kletterte also in den Baum und schüttelte Nüsse, und während sie eifrig damit beschäftigt waren, sie aufzusammeln, hängte er eine getrocknete Tierhaut, die er mitgenommen hatte, in den Baum,

[1] Es handelt sich um einen Baum, der harte Früchte trägt

worauf er sich herunterschlich und weglief. Der Wind blies immer mehr Nüsse herab, und die Mädchen sammelten und sammelten, und weil die trockene Haut da oben im Winde knatterte und an die Zweige schlug, glaubten sie, es sei der Vater, der immer noch da oben säße und die Nüsse mit seinem Stocke herabschlüge.

Als es nun später Nachmittag wurde, riefen die Mädchen: »Papa, jetzt ist es genug, komm und laß uns nach Hause gehen.« Aber sie bekamen keine Antwort. Sie guckten in den Baum hinauf, und da sahen sie, daß ihr Vater eine trockene Haut im Baume aufgehängt hatte und seiner Wege gegangen war. Da fingen sie an zu weinen, aber das konnte ihnen auch nicht helfen, und sie mußten die Nacht draußen unter den Bäumen des Waldes verbringen.

Drei Tage streiften sie durch den Wald. Die Nüsse hatten sie gegessen, und der Hunger plagte sie so sehr, daß sie beinahe alle Furcht vergaßen. Sie gingen von einer Stelle zur anderen, aber fanden nicht das geringste, womit sie ihren Hunger stillen konnten. Zuletzt sagten sie: »Wir wollen uns hier nebeneinander hinsetzen. Die Kleinste von uns schlachten wir dann, und sie soll den andern zur Nahrung dienen.« Nun bestand ja kein Zweifel, daß das jüngste Mädchen auch das kleinste war. Sie bereiteten sich also darauf vor, sie zu töten, aber sie bat so herzlich um ihr Leben und sagte: »Tötet mich nicht, sondern laßt mich hingehen und euch etwas zu essen schaffen.« Darauf gingen sie denn auch ein, und die jüngste ging weiter in den Wald hinein, nahm einen Stock und fing an, damit in der Erde zu stochern, vielleicht würde sie doch irgend etwas finden, das sie ihren Schwestern zu essen geben könnte, so daß sie ihr Leben behalten dürfte.

Während sie so dasaß und auf gut Glück in der Erde herumstocherte, kam da auf einmal ein Eisenring zum Vorschein. Sie zog aus allen Kräften daran, aber konnte ihn nicht von der Stelle rücken. Da rief sie ihre Schwestern zu Hilfe, und unter gemeinsamen Anstrengungen gelang es ihnen endlich, ein viereckiges Brett, an dem der Ring befestigt war, beiseite zu ziehen. In der Öffnung, die sich dann zeigte, war eine Treppe angebracht. Sie stiegen die Stufen hinab und befanden sich nun in einer Wohnung, die vollauf mit allen Bedürfnissen des Lebens und aller Art von Speise versehen war. Und sie aßen davon, was der Tisch nur immer herhalten konnte. Als sie sich nach dem Essen ausgeruht hatten, sprachen sie zueinander: »Dieses hier ist gewiß keine menschliche Wohnung. Wir wollen uns lieber verstecken, und dann werden wir ja sehen, wer der Herr des Hauses ist.« Gesagt, getan. Sie versteckten sich, jede in ihrem Winkel. Am Abend kam da ein Dîw, der eine Herde Schafe vor sich her trieb, und sie in die Schafhürde führte, worauf er ins Haus trat. Der Dîw merkte ja gleich, daß Menschenkinder im Hause waren, aber er sagte nichts. Als die Mädchen den Dîw sahen, flüsterten sie sich zu: »Wir wollen lieber zum Vorschein kommen und sagen, wer wir sind, und wenn wir ihm dann ein wenig Gänseschmalz um den Bart schmieren, können wir uns vielleicht vor seiner Bösartigkeit sichern.« Also kamen sie eine nach der anderen aus ihrem Versteck hervor, grüßten ihn hübsch artig und sagten: »Guten Tag, lieber Onkel!« Sie schlossen einen Kreis um ihn. Die eine kämmte ihm den Bart, eine andere legte ihren Kopf an seine Wange, und eine dritte klopfte ihm die Schulter. Aber der Dîw dachte bei sich: »Ja, ihr könnt machen, was ihr wollt, heut nacht schlag ich euch trotzdem tot.«

Inzwischen bereiteten die Mädchen dem Dîw Pilow und Tschilow[1] zu. Er aß sich satt, und dann begaben sie sich alle zur Ruhe. Nun wollte der Dîw gerne wissen, ob sie schliefen oder noch wach seien. »Wer schläft und wer wacht?« fragte er. Das jüngste Mädchen, das Mâh Tîtî hieß, antwortete: »Alle die anderen schlafen, aber Mâh Tîtî ist wach.« – »Warum schläfst du nicht?« – »Nein«, entgegnete sie, »bei uns zu Hause ist es Sitte, daß mein Vater jede Nacht alle seine Edelsteine

[1] Tschilow ist ein Reisgericht ohne Fleisch, Pilow ein Reisgericht mit Stücken von Geflügel oder anderm Fleisch

und all sein Geld unter mein Kopfkissen legt, damit ich ruhig schlafen kann.« Der Dîw stand auf, nahm all sein Geld und seine Edelsteine und legte sie unter ihr Kopfkissen. Ein wenig später fragte er wieder: »Wer schläft und wer wacht?« Sie antwortete: »Alle die andern schlafen, aber Mâh Tîtî ist wach.« »Warum legst du dich nicht schlafen?« – »Nein«, erwiderte sie, »mein Vater pflegt jede Nacht sieben Pferde gesattelt und geschirrt an mein Kopfende zu stellen, damit ich ruhig schlafen kann.« Der Dîw holte sieben Pferde, legte ihnen Sattel und Zügel an und band sie an Mâh Tîtîs Kopfende an. Ein Weilchen später fragte er aufs neue: »Wer schläft und wer wacht?« Sie antwortete: »Alle die andern schlafen, aber Mâh Tîtî ist wach.« – »Warum legst du dich denn nicht hin und schläfst?« – »Nein, mein Vater hat die Gewohnheit, jede Nacht sieben Körbe Wasser an mein Kopfende zu stellen, damit ich ruhig schlafen kann.« Der Dîw stand auf, nahm sieben Körbe und ging damit an den Fluß hinab. Kaum war er fort, als sich auch schon Mâh Tîtî von ihrem Lager erhob, sieben Wasserschläuche mit Sirup füllte und je einen davon in ein Bett legte. Alle Edelsteine und alles Geld steckte sie zu sich, und dann setzten sich die sieben Schwestern jede auf ihr Pferd und ritten davon. Als sie nach Hause kamen zu ihrem Vater, gaben sie ihm alle Schätze und sagten: »Nun kannst du die Holzhauerei an den Nagel hängen und dich auf den Handel verlegen.«

Was nun den Dîw betrifft, so füllte er die Körbe mit Wasser, aber jedesmal, wenn er ein paar Schritte gegangen war, war alles Wasser wieder ausgelaufen. Er schleppte und schleifte bis zum grauen Morgen, aber konnte nicht einen einzigen Tropfen Wasser ins Haus bringen. Zuletzt wurde er wütend, schleuderte die Körbe weg, ging ins Haus und schnurgerade an Mâh Tîtîs Lager und pflanzte seine Klauen in den Magen des Sirupschlauches. Der Schlauch fiel zusammen, und der Sirup floß heraus. Er meinte aber, daß es Mâh Tîtîs Blut sei, hielt seinen Mund darunter und trank, indem er sagte: »Ah, ah, wie schmeckt das Blut süß!« Dann zog er das Kissen von Mâh

Tîtîs Kopf fort und sah, daß es gar nicht Mâh Tîtî war, sondern nur ein Lederschlauch mit Sirup. Da zog er auch von den andern das Kissen fort. Ja, ganz richtig, die sieben Schwestern hatten Geld und Edelsteine geraubt und waren schon über alle Berge. Da warf er sich vor lauter Wut mit einer solchen Kraft zu Boden, daß er auf der Stelle den Geist aufgab.

Das Märchen von Sänäma

10 Es war einmal eine Waschfrau, die konnte kein Kindlein bekommen und sandte heiße Gebete zu Gottes Thron: »O lieber Gott, segne mich doch mit Fruchtbarkeit, und wenn ich auch nur ein Bienlein zur Welt bringen sollte.« Ihr Gebet wurde erhört, und sie kam in gesegnete Umstände, und als die Zeit ihrer Schwangerschaft zu Ende war, legte sie sich mit zwei- bis treitausend Bienen ins Wochenbett. Die unglückliche Frau nahm Körbe voll Bienen, trug sie hinters Haus und schüttete sie dort aus. Nur eine einzige Biene verbarg sich in einem Winkel, und als die Waschfrau ausgegangen war, flog sie umher und besorgte alle Arbeit im Hause, kochte das Essen, fegte und wusch, worauf sie wieder in ihr Versteck zurückflog. Ihre Mutter war ganz erstaunt, als sie nach Hause kam. »Wer kann das wohl sein«, sagte sie, »der während meiner Abwesenheit hier ins Haus gekommen ist und alles so fein in Ordnung gemacht hat?« Aber sie konnte niemanden entdecken.

Eines Tages nahm die Waschfrau die Kleider des Königssohnes und trug sie hinaus, um sie zu waschen. Unterdessen kam der Königssohn selber an die Haustür und bat um seine Sachen. Die Biene saß hinter der Tür und sagte: »Wer bist du?« Er erwiderte: »Ich suche Mutter Wäscherin.« Darauf antwortete die Biene:

»Am Bache steht die Waschfrau dein,
– beim Leben schwör ich's dir –

und wäscht das Linnen weiß und rein,
– beim Leben schwör ich's dir –
und wenn sie kommt zur Abendstund,
– beim Leben schwör ich's dir –
tu auch getreulich dies ihr kund,
– beim Leben schwör ich's dir!«

Dem Königssohn ging die süße Stimme so sehr zu Herzen, daß er in Ohnmacht fiel. Als der Sohn des Veziers, der draußen wartete, sah, daß der Königssohn aus dem Hause der Waschfrau nicht zurückkam, ging er hin und fand ihn ohnmächtig auf der Türschwelle liegen. Er brachte ihn zum Bewußtsein zurück und fragte, was denn geschehen sei. »Nichts«, sagte der andere, und dann gingen sie.

Aber der Königssohn ging zu seiner Mutter, der Königin, und sagte: »Entweder schaffst du mir die Tochter der Waschfrau zur Ehe oder ich laufe auf und davon.« Die Mutter erwiderte: »Beim Himmel, du mußt verrückt geworden sein! Wie sollte ich doch dazu kommen, die Tochter einer Waschfrau zur anderen Königin des Reiches zu machen?« – »Gut, dann nehme ich mir das Leben«, sagte der Königssohn. Die Königin fuhr fort, ihm Vernunft einzureden, aber das konnte alles nichts nützen. Sie mußte sich darein finden und schickte ein paar Frauen hin, daß sie mit dem Mädchen reden sollten. Aber als die Frauen in das Haus der Waschfrau kamen und ihr die Botschaft der Königin brachten, sagte die Frau: »Asche auf mein Haupt! Woher sollte ich doch eine Tochter haben? Vielleicht ist es ein Mädchen aus dem Nachbarhaus, mit dem der Königssohn gesprochen hat.« Da kam auf einmal die Biene aus ihrem Versteck in der Mauer hervor und sagte: »Liebe Mutter, wer bin ich denn?« Die Waschfrau war ganz verdutzt und sagte: »Ja wahrhaftig, die Biene da ist meine Tochter.«

Die Frauen gingen zurück zum Königssohn und sagten: »Du hast mit einer Biene gesprochen und nicht mit einem jungen Mädchen.« – »Das macht nichts«, sagte der Königssohn, »ich will sie heiraten.« Und dann bereiteten sie alles für das Verlobungsfest vor. Ein paar Sofas wurden übereinandergestellt, man setzte die Biene obendrauf und putzte sie mit golddurchwirkten Stoffrestchen, und der Bund wurde geschlossen. Es wurde bestimmt, daß die Hochzeit eine Woche später stattfinden sollte.

Der Königssohn war so verliebt, daß er irgend etwas unternehmen mußte, damit ihm diese Woche schnell verginge, und darum zog er auf die Jagd. Aber bald darauf kam die Kunde vom Jagdrevier, daß der Königssohn vom Pferde gefallen und dem Tode nahe sei. Alle Leute der Stadt, Männer und Frauen, wanderten hinaus, um zu sehen, wie es ihrem lieben Prinzen ginge. Die Nachricht drang auch in das Haus der Waschfrau. Gleich flog die Biene, deren Name Sultân Sänämâ war, auf, hüllte sich in eine Zwiebelschale als Tschâdor und in eine Knoblauchschale als Rûbänd [1] und machte sich auf den Weg. Als sie den Ort erreichte, an dem sich viele Menschen versammelt hatten, schlug sie sich mit ihren kleinen Beinchen vor die Stirn und klagte: »So ein Jammer! Nun ist Sultân Sänämâ in ihrer Jugend Witwe geworden.«

Nun hielt sich gerade in dieser Gegend die Tochter des Pärî-Königs auf. Viele Jahre hatte sie darunter gelitten, daß sich ein Schwertfisch in ihrem Rachen eingekeilt hatte. Als sie nun Sultân Sänämâ in dieser Weise auftreten sah, brach sie in ein solches Gelächter aus, daß der Schwertfisch ihr aus dem Halse fuhr. Nach diesem glücklichen Ereignis schickte sie einen Pärî, um Sultân Sänämâ zu holen; dann sagte sie zu ihr: »Wünsche dir etwas von mir. »Die Biene sprach: »Ich wünsche mir, daß ich ein junges Mädchen werde, das ebenso schön ist wie du.« Da berührte die Pärî-Prinzessin sie mit einem Stab, den sie in der Hand hielt, und auf der Stelle wurde Sultân Sänämâ zu

[1] Tschâdor heißt der große Schleier, womit die mohammedanischen Frauen ihren ganzen Körper bedecken, wenn sie außer dem Hause einhergehen. Rûbänd war der kleinere Schleier, der das Gesicht bedeckte.

einem Mädchen, das war so schön und lieblich, daß man ihresgleichen in allen Ländern und Reichen der Welt nicht fand.

Nach einigen Tagen war der Königssohn wieder gesund, und jetzt kamen die Vorbereitungen für die Hochzeit erst recht in Gang. Als die ausgesandten Leute in die Wohnung der Waschfrau kamen, um die Biene zu holen, fanden sie zu ihrem größten Erstaunen an Stelle der Biene, die sie zu sehen erwarteten, ein über die Maßen schönes Mädchen. Froh und vergnügt nahmen sie die Braut mit und brachten sie zu ihrem Ehegemahl.

Der kahle Kuhhirt

11 Es war einmal ein Kahlkopf, der davon lebte, daß er die Kühe auf die Weide trieb. Am Tage brachte er die Kühe, die den Leuten des Dorfes gehörten, hinaus ins freie Feld, und am Abend trieb er sie wieder zurück, und dann gab ihm jeder, der eine Kuh besaß, etwas für seine Arbeit. Eines Tages kam die Tochter des Schulzen, um ihren Krug mit Wasser zu füllen. Der Kahlkopf verliebte sich sofort in sie, nicht nur mit einem, sondern mit tausend Herzen. Das Mädchen sagte zu ihm: »Komm her und heb mir den Krug auf die Schulter.« Der Kahlkopf freute sich dessen; er setzte ihr den Krug auf die Schulter und nahm einen Kuß von ihr zum Lohn. Das junge Mädchen ging nach Hause und sagte zu seiner Mutter: »Heute traf ich eine kahlköpfige Mannsperson, die mit Ochsen dahergezogen kam, und er tat dies und das.« Nun war aber die Mutter eine verständige Frau und sagte: »Liebes Kind, so etwas tut man nicht.«

Als der Kahlkopf an diesem Tage von den Weideplätzen ins Dorf zurückkehrte und die Tiere an die Besitzer abgeliefert hatte, ging er zu seiner Mutter und sprach: »Mütterchen, ich will die Tochter des Schulzen heiraten, und darum mußt du hingehen und für mich freien.« Seine Mutter machte ihm alle möglichen Vorstellungen: »Bedenke doch, mein Junge, das

Mädchen ist die Tochter des Dorfschulzen, und wir sind arme Leute, die nicht einmal so viel besitzen, wie unter den Nagel geht.« Aber der Kahlkopf ließ sich nicht anfechten und sagte: »Du mußt unbedingt morgen, sobald der Tag graut, hingehen und um die Tochter des Schulzen für mich werben.« – »Ja, ja, ich geh ja schon«, entgegnete die arme Frau, »laß nur erst mal Morgen werden.«

Nun lag da im Schulzenhof ein Stein. Ein jeder, der auf Freiersfüßen ging, mußte sich auf diesen Stein setzen, so daß alle Leute sehen konnten, daß er auf der Brautsuche war und eine Frau haben wollte[1]. So ging denn auch die Mutter des Kahlkopfs, als der Morgen graute und der Kahlkopf seine Kühe auf die Weide getrieben hatte, zu dem Hause des Schulzen und setzte sich auf den Stein. Die Frau des Schulzen, die, wie gesagt, eine kluge Frau war, verstand sofort, was ihre Absicht war. Sie dachte bei sich: Gestern hat der Kahlkopf meine Tochter geküßt, und heute kommt seine Mutter auf die Brautwerbung für ihn. Sie wandte sich an ihre Sklavin und sagte: »Wenn vom gestrigen Abendessen noch etwas übrig ist, dann bring eine kleine Portion davon hinaus zu der Mutter des Kahlkopfs und gib ihr auch zwei Qrân und laß sie damit gehen.« Die Sklavin gab der Mutter des Kahlkopfs ein wenig Essen und Geld, und sie schämte sich, mehr zu sagen, und schwieg an diesem Tag still und ging nach Hause.

Als die Sonne unterging, kam der Kahlkopf heim. »Na, Mutter«, sagte er, »bist du dagewesen?« Die Mutter fing wieder mit ihren Ermahnungen an: »Ehrlich gestanden, wir sind doch nur ein paar arme Schlucker, und du tust am besten daran, dir den Gedanken aus dem Kopf zu schlagen. Aber ich will gerne für dich bei der Tochter deines Onkels freien.« Aber jetzt nahm der Kahlkopf den Stock und sagte: »Wenn du morgen nicht beim Morgengrauen hingehst und die Verlobung zwischen mir und der Tochter des Schulzen zuwege bringst,

[1] Diese Sitte herrscht heute noch in Gegenden am Fuße der Berge bei Kerman (Kûhî Kermânîs Anmerkung)

prügle ich dich einfach durch.« Na, die Mutter mußte sich ja fügen und versprechen, sobald der Tag graute hinzugehen und auf die eine oder andere Weise dafür zu sorgen, daß das Mädchen sein werden konnte. Beim ersten Morgenschein ging die Frau denn auch wieder in den Hof des Schulzen, setzte sich auf den Stein und brachte ihr Anliegen vor. Die Frau des Schulzen sagte: »Ich werde mein Gewicht in die Waagschale legen, und dann müssen wir ja dem Schulzen das letzte Wort lassen.«

Am Abend kam der Schulze nach Hause, und seine Frau teilte ihm die Sache mit: »Du sitzt hier so ruhig, und dabei ist der kahle Kuhhirt in Liebe zu deiner Tochter entflammt. Heute ist seine Mutter hier gewesen und hat um sie angehalten, und ich habe ihr versprochen, mein Bestes für sie zu tun.« Der Schulze war ein braver Mann und sagte: »Der arme Kahlkopf hat ja keinen Heller, er hat weder ein Haus noch etwas, wovon er leben kann. Ich will ja nun nicht gerade nein zu ihm sagen, aber ich will sagen, daß er hingehen und etwas Geld verdienen und sich ein Haus einrichten soll, dann kann er kommen und das Mädel kriegen.«

Diesen Bescheid gab man dem Kahlkopf, und er war damit sehr zufrieden. An diesem Tage führte er die Kühe nicht auf die Weide, sondern sagte nur zu seiner Mutter: »Nun mache ich mich auf und sehe, wie ich mir etwas Geld verschaffen kann.« Sie bat ihn so flehentlich, doch diese Gedanken fahren zu lassen: »Laß deine Mutter doch nicht hier allein sitzen. Wo willst du doch auch hingehen? Bleib hier und vertraue auf den lieben Gott.« – »Nein«, entgegnete er, »das kann ich nicht.« Und dann wandte er seinem Heimatort den Rücken und zog in die Wüste hinaus. Er wanderte von einem Ort zum andern, bis er eines Tages einen Derwisch traf. »Hör, Kahlkopf«, sagte der Derwisch, »wo geht die Reise hin? Suchst du einen Dienst?« »Ja, ich suche einen Dienst!« »Wieviel verlangst du für den Tag?« »Was du mir gibst.« »Dann laß uns gehen«, sagte der Derwisch.

Sie gingen und gingen, und schließlich kamen sie an einen Brunnen, der voller Wasser war. »Wir wollen ein wenig essen und trinken«, sagte der Derwisch. Sie ließen sich nieder und aßen Brot und tranken Wasser dazu, und dann sagte der Derwisch: »Warte hier so lange, Kahlkopf, während ich nach Hause gehe; ich komme bald wieder.« Der Kahlkopf sah, wie der Derwisch, nachdem er einige Zauberworte ausgesprochen hatte, in den Brunnen stieg und verschwand. Bald darauf kam der Derwisch wieder herauf und sagte: »Komm und laß uns gehen.« »Wo sollen wir hingehen?« fragte ihn der Kahlkopf.

Der Derwisch hieß ihn die Augen schließen, lehrte ihn, wie man den Namen des Allmächtigen aussprechen soll, und sagte: »Komm nun mit mir.« Der Kahlkopf sprach das Zauberwort aus, und dann stiegen sie beide in den Brunnen hinab. Als der Kahlkopf wieder seine Augen öffnete, befand er sich in einem wunderschönen Garten. Niemals in seinem Leben hatte er einen so herrlichen Ort gesehen. »Sieh dich nun gut um«, sagte der Derwisch, »überall, wo ich hingehe, sollst du mir folgen.« Sie gingen zusammen in ein Gartenhaus hinein. Da sah er ein Mädchen, das war so schön wie der Mond in der vierzehnten Nacht[1]. Der Derwisch überließ den Kahlkopf der Obhut seiner Tochter, gab ihr ein Buch und sagte zu ihr: »Ich gehe auf die Jagd und komme in vierzig Tagen wieder. Unterdessen sollst du den Kahlkopf da unterrichten und ihn lehren, in diesem Buch zu lesen.« »Ist schon gut«, sagte die Tochter, und dann ging der Derwisch seiner Wege.

Das Mädchen lehrte nun den Kahlkopf, das Buch zu lesen. Aber dann sagte sie zu ihm: »Wenn mein Vater erfährt, daß du gelernt hast, was hier in diesem Buch steht, wird er dir ein Unglück auf den Hals bringen.« – »Gut«, sagte der Kahlkopf, »was soll ich denn tun?« Das Mädchen erwiderte: »Wenn mein Vater kommt und dich fragt, ob du das Buch lesen kannst, antwortest du: ›Ja.‹ Aber wenn er dich dann prüft und zum Beispiel haben will, daß du A sagen sollst, mußt du B sagen, und

[1] d. h. der Vollmond

alles, was du lesen sollst, mußt du verkehrt lesen, damit er glaubt, daß du von allem kein Wort verstanden hast.«

Als die vierzig Tage um waren, fuhr da ein Gepuste durch die Luft wie aus einem Schornstein, und da stand er, der Derwisch. Er wandte sich an seine Tochter und fragte sie: »Hat der Kahlkopf das Buch gelesen?« – »Das ist mir aber ein seltsamer Kauz«, erwiderte die Tochter, »es ist ganz gleichgültig, was er auch lesen soll, er versteht keinen Deut davon.« Der Derwisch zeigte auf den Buchstaben A und fragte ihn: »Was steht da?« »Da steht B«, antwortete der Kahlkopf. Der Derwisch zeigte bald auf das eine und bald auf das andere, aber nein, der Kahlkopf verstand nicht das geringste. Da sagte der Derwisch zu seiner Tochter: »Den können wir nicht gebrauchen. Hol mir einen Beutel Geld, den will ich ihm geben und ihn dann gehen lassen.« Dann gab er dem Kahlkopf fünfzig Tômân und sagte: »Du kannst ruhig gehen, wir können dich nicht gebrauchen.«

Nun müßt ihr aber wissen, daß dieses Buch ein Zauberbuch war. Alles zwischen Himmel und Erde konnte man in dem Buche finden, und der Kahlkopf hatte das alles gelernt. Er kehrte zu seiner Mutter zurück und sagte: »Guck hier, Mütterchen, hier ist Geld! Laß den Baumeister und Maurer holen und sage ihnen, sie sollen ein Haus bauen. Was an Geld gebricht, werde ich schon beschaffen.« Baumeister und Maurer kamen, und der Kahlkopf nahm das Gebäude, das er im Garten des Derwischs gesehen hatte, als Muster für sein neues Haus.

Abends sagte er zu seiner Mutter: »Hör nun her, Mütterlein, morgen früh verwandele ich mich in ein Kamel. Du sollst mich am Nasenstrick nehmen und mich zur Stadt führen, und dort sollst du mich für hundert Tômân verkaufen. Aber das Nasenband gehört nicht mit zum Handel, und du darfst es nicht verkaufen, und wenn man dir auch tausend Tômân dafür bieten sollte.« Als es Morgen wurde, nahm die Mutter den Kahlkopf, der in ein Kamel verwandelt war, beim Nasenband und brachte ihn in die Stadt auf den Markt. Sie verkaufte das Kamel für hundert Tômân und nahm das Nasenband wieder mit nach Hause. Als es Abend wurde und die Sonne hinter den Bergen verschwand, sah die alte Frau den Kahlkopf wieder zurückkommen. »Bezahle dem Baumeister die hundert Tômân«, sagte er zu ihr. Und dann am Abend sagte der Kahlkopf zu seiner Mutter: »Diesmal, Mütterchen, verwandle ich mich beim Morgengrauen in einen Maulesel. Du führst mich auf den Basar und verkaufst mich für tausend Tômân, aber du darfst den Halfter nicht mit verkaufen.« Früh am Morgen, noch ehe die Sonne ganz aufgegangen war, führte die alte Frau den Kahlkopf in der Gestalt eines Maultiers auf den Basar. Da kam gerade ein Kaufmann auf seinem Wege vom Bade vorbei. Er bewunderte das schöne Maultier und fragte, was es kosten sollte. »Tausend Tômân«, sagte die Alte. »Hör, altes Mütterchen«, sagte der Kaufmann, »Gott sei deinem Vater gnädig! Ich habe hundert Maultiere, die ich für dreißig bis vierzig Tômân das Stück gekauft habe. Dein Maultier ist zwar besonders schön, deshalb will ich dir dafür hundert Tômân geben, aber tausend Tômân, das ist zuviel des Guten.« – »Herr Oberkaufmann«, wandte die Alte ein, »du sollst nur wissen, daß mein Maultier in Wirklichkeit seine zweitausend Tômân wert ist. Es kann im Laufe von einer Stunde zu jedem beliebigen Winkel auf der Welt hinsausen und Nachricht mit zurückbringen.« – »Wie sollte das möglich sein?« fragte der Kaufmann. »Wenn das wahr ist, will ich dir gern statt tausend zweitausend Tômân geben.« »Laß es nur auf eine Probe ankommen«, sagte die Alte.

Der Kaufmann nahm die alte Frau und das Maultier mit in sein Haus und sagte, daß er, wenn das Maultier binnen einer Stunde in die Stadt Rom laufen und wieder zurück sein könnte, ihr zweitausend Tômân dafür bezahlen wollte. Er hatte nämlich einen Bruder in Rom und wollte gerne wissen, wie es ihm ginge. Dann bat er die Frau, geschwind ein Omelett zu bakken. Er selber schrieb einen Brief. Das Omelett legte er in eine Metallschüssel, die er versiegelte, und nachdem er ebenfalls den Brief versiegelt hatte, gab er beide Teile seinem Diener und sagte: »Setze dich auf den Maulesel; er soll dich in einer Stunde nach Rom und wieder zurück bringen.« Der Diener hatte sich kaum richtig im Steigbügel zurechtgesetzt, als er sich auch schon in einer fremden Stadt befand. »Wie heißt diese Stadt?« fragte er. »Das ist Rom«, erwiderten die Leute. »Wo befindet sich dann die und die Karawanserei?« Man zeigte ihm den Ort. Er ging in das Zimmer hinein, wo sich der Bruder des Kaufmanns befand, und gab ihm den Brief. Der andere Kaufmann sah, daß er eben erst geschrieben sein mußte. »Diener«, sagte er, »was hast du sonst noch mit?« Der Diener reichte ihm das Omelett, und es war noch warm. Der Mann aß es, schrieb ein Antwortschreiben und reichte es dem Diener, der sich wieder auf sein Maultier setzte und zum Basar seines Heimatortes zurückkam und zu seinem Herrn, dem Kaufmann, der vor lauter Erstaunen ganz außer sich war. Er gab seinem Diener viel Geld, damit dieser niemandem erzählen sollte, daß er im Besitze eines so wunderbaren Maultieres war, und zu der Alten sagte er: »Altes Mütterchen, du verlangst tausend Tômân für dein Maultier; nun will ich dir fünfhundert Tômân mehr geben.« Die Alte nahm das Geld und ging nach Hause. Der Kaufmann aber sagte zu dem Diener, daß er einen Teppich unter dem Maultier ausbreiten und ihm statt Heu und Klee Zucker und Konfekt zu fressen geben sollte.

Als ein paar Tage vergangen waren, sagte die Frau des Kaufmanns zu ihm: »Daß dir ein Unglück auf den Hals käme! Wenn du nun endlich so ein herrliches Maultier bekommen hast, warum gibst du dann nicht selber darauf Obacht?« »Du hast recht«, erwiderte der Kaufmann, »morgen in aller Frühe werde ich hingehen und sehen, wie es dem Tier geht.« Am nächsten Morgen ging er in den Stall hinab. Es war ja eine wahre Freude zu sehen, wie das Maultier glänzte, stolz wie ein Pfau! Mâschallâh! Er kraulte dem Maultier Kopf und Ohren. Aber was war denn das? Es stand ja da und steckte sein Maul in ein Loch in der Wand. Der Kaufmann wandte sich an seinen Diener und fragte ihn: »Striegelst du denn nicht das Maultier?« – »Natürlich«, sagte der Diener, »ich striegele es.« Nun sah der Kaufmann, wie das Maul des Tieres immer dünner wurde und zu verschwinden anfing. Was zum Teufel war doch los mit dem Maultier? Da sahen sie, wie der Kopf des Maultiers verschwand. Es ist kein Gott außer Allah! Was war doch das hier für ein Mysterium! Jetzt verschwand auch der Hals. – »Hilfe! Hilfe! So ein Satanstier!« Sie sahen, wie der Körper verschwand. »Diener! Halt fest!« Nein, nun verschwand wahrhaftig das ganze Maultier in dem Loch. Sie hielten es am Schwanze fest, aber der Schwanz ging ab und das Loch schloß sich. »Diener, schlag die Mauer ein!« Der Diener erwiderte: »Ich bin kein Maurer. Aber hör einmal her, Herr Oberkaufmann, sprecht zu niemand von der Geschichte hier, sonst meinen die Leute nur, ihr wäret verrückt geworden.« Und dann gab der Kaufmann dem Diener 500 Tômân, damit auch er in der Sache reinen Mund halten sollte.

Die Mutter des Kahlen aber ängstigte sich sehr, als sie zwei, drei Tage nichts von ihm sah. Aber da, eines schönen Tages, als sie sich gerade umsah, kam er ihr heiter lächelnd entgegen. »Mein Kind«, rief sie, »ich will dein Opfer sein! Wo bist du doch in all der Zeit gewesen? Mir war das Herz deinethalben so schwer. Aber jetzt ist das Haus des Kahlkopfs bald fertig.« – »Mütterchen«, sagte der Kahlkopf, »morgen früh verwandle ich mich in einen Widder. Du bringst mich auf den Basar und verkaufst mich für einen Preis von 25 Tômân, aber die Kette, die ich um den Hals habe, darfst du nicht mit verkaufen.«

In früher Morgenstunde nahm die Alte den Widder an die Kette und führte ihn auf den Basar. Aber wie sie so über den offenen Platz ging, tauchte der Derwisch auf. Da fing der Widder an, wie Espenlaub zu zittern. – »Jetzt ist guter Rat teuer«, dachte er, »Staub und Asche auf mein Haupt! Der Derwisch wird mich in tausend Stücke zerreißen.« Der Derwisch trat an die Alte heran und sagte: »Hör, Alte, was willst du für den Widder haben?« – »Zwanzig Tômân«, erwiderte sie. – »Hier sind zwanzig Tômân«, sagte er, »gib mir nun die Kette.« Die Alte erwiderte: »Ich verkaufe den Widder, aber ich verkaufe nicht die Kette.« – »Ich gebe dir zwanzig Tômân für die Kette.« »Nein, ich verkaufe sie nicht.« – »Warum denn nicht?« Unterdessen versammelten sich die Leute um sie herum und sagten: »Hör, Mütterchen, die Kette ist ja keinen Qrân wert.« Und dann beschwatzten sie sie so lange, bis sie sich überreden ließ und die Kette verkaufte. Und der Derwisch nahm den Widder mitsamt der Kette. Hei, wie ihm vor Rachebegier das Blut in den Adern sauste. Er zog ihn mit sich bis an jenen Brunnen, stieg mit ihm in den Brunnen hinab und in das Haus hinein. Dann rief er seine Tochter und sagte: »Du kurzgeschorene Dirne[1]! Du hast mich ja belogen. Du und der verdammte Kahlkopf hier, ihr habt mir mal richtig die Köpfe zusammengesteckt. Du hast ihn meine Wissenschaft gelehrt, aber jetzt werde ich euch was anderes lehren! Geh und hol mir das Messer!« Das Mädchen ging, aber an Stelle des Messers holte sie den Wasserkrug. Der Derwisch rief: »Ich habe dir doch gesagt, du solltest das Messer holen.« Die Tochter ging wieder zurück und kam mit einer Weinschale herein. Und jedesmal, wenn er der Tochter befahl, das Messer zu holen, brachte sie ihm statt dessen irgend etwas anderes. Zuletzt wurde er wütend und ließ die Kette des Widders los, um selber nach dem Messer zu gehen. Im selben Augenblick verwandelte sich der Widder in eine Taube und flog hoch in die Luft hinauf. Der Derwisch verwandelte sich in einen Jagdfalken und flog hinauf hinter der Taube her. Beide Vögel schlugen mit den Flügeln und flogen so geschwinde davon, wie sie nur konnten, die Taube voran, der Jagdfalke hinter ihr her. Heißa! Beinahe hätte der Falke die Taube erwischt, aber da wurde die Taube zu einem Blumenstrauß, der in den Schoß einer

[1] d. h. eine Metze, die verdient, daß man ihr die Haare abschneidet. Das Abschneiden der Haare gehörte mit zu den Strafen für Frauen, die der Unzucht überführt waren.

Kaufmannstochter fiel, die gerade auf dem Rande des Bassins saß, das zu ihrem Hause gehörte.

Der Jagdfalke wurde wieder zu einem Derwisch. Er näherte sich der Schwelle des Hauses und rief: »O Gott! Bei 'Alî ist meine Hilfe! Die Blumen, die da gerade in den Schoß dieses jungen Mädchens gefallen sind, gehören mir.« »Gut«, erwiderte das Mädchen, »nimm diese hundert Tômân, Vater Derwisch, und dann sind die Blumen mein.« – »Das geht nicht an«, sagte der Derwisch, und es war ganz egal, was man ihm für die Blumen bot, er ging nicht darauf ein. Zuletzt wurde das Mädchen ungeduldig und warf die Blumen dem Derwisch hin. Aber gleich wurden die Blumen zu einem Scheffel Hirse, die sich über das ganze Haus und den Garten zerstreute. Der Derwisch verwandelte sich in ein Huhn mit Küchlein, und das Huhn und die Küchlein fingen an, die Hirsekörner aufzupicken. Aber ein Korn war mitten zwischen ein paar Blumenblätter gefallen. Trotz aller seiner Anstrengungen konnte das Huhn es nicht finden.

Indessen standen alle Leute und alle Diener des Hauses herum und sahen dem Schauspiel zu. Sie waren stumm vor Erstaunen über diese rätselhaften Begebenheiten. Da mit einem Male wurde das Hirsekorn, das zwischen den Blumenblättern versteckt gelegen hatte, in einen Fuchs verwandelt, und der schnappte das Huhn und die Küchlein und fraß sie auf.

Jetzt aber rief der Kaufmann: »Fangt den Fuchs!« Sie fingen ihn und sagten zu ihm: »Im Namen Gottes, der dich in dieser Gestalt geschaffen hat, erkläre uns das Geheimnis alles dessen, was hier geschehen ist.«

Da wurde der Fuchs wieder zu unserem Kahlkopf und erzählte nun die ganze Geschichte von A bis Z, angefangen von dem Zeitpunkt, an dem er die Kühe auf die Weide führte; er erzählte, was er beim Derwisch gesehen hatte und von all den Dingen, die sich mit Hilfe der Künste, die er von der Tochter des Derwischs gelernt hatte, ereignet hatten. Später gab man dem Kahlkopf die Tochter des Schulzen, die er so heiß liebte, zur Frau, und so erreichte der kahle Kuhhirte das Ziel seiner Wünsche.

Der falsche Ober-Rammal

12 Es waren einmal ein Mann und eine Frau. Der Mann war ein armer Schlucker, aber seine Frau war so schön, daß sie zum Mond sagen konnte: »Wenn ich da bin, kannst du ruhig wegbleiben.« In den letzten zwei Monaten hatte der arme Tropf nicht einmal so viel verdient, daß er seiner Frau zehn Schâhî für ein Bad geben konnte. Die Frau brummte verdrießlich und sagte: »Was ist das auch für ein Mann, der seiner Frau nicht einmal zehn Schâhî zusammenbringt, so daß sie ins Bad kommen kann!« Endlich, als einige Tage darüber vergangen waren, hatte er zehn Schâhî zusammengespart, für die sie ein Bad bekommen konnte. Früh am Morgen nahm der Mann seinen Spaten und seine Hacke und ging damit auf die Arbeit, und die Frau ging ins Bad. Aber als sie hinkam, fand sie das Bad verschlossen. »Hallo! Warum ist das Bad geschlossen?« – »Weil die Frau des Ober-Rammâls[1] kommt.« Aber die Frau hier bat so flehentlich: »Laß mich doch durch die Tür schlüpfen, daß ich mich in eine Ecke setzen und mich waschen kann. Ich gehe schnell wieder weg, oder ich halte mich fein in meiner Ecke versteckt.« Sie bat so lange, bis die Bademeisterin sie hereinschlüpfen ließ. Auf einmal sah sie, wie eine häßliche und verkrüppelte Gestalt daherkam, die sich auf zwei Personen stützte, von denen sie je eine unter den Armen hielt. Dieser Anblick nagte der Frau am Herzen. Sie richtete ihren Blick gen Himmel und sagte: »O Gott! Ich bin so schön und herrlich, und seit zwei Monaten hat mein Mann nicht die zehn Schâhî zu einem Bad für mich zusammenkratzen können. Da gehen wir nun beide mit knurrendem Magen, und hier kommt

[1] siehe Seite 67 Anm. 1

man und führt dieses verkrüppelte häßliche Weibsbild mit soviel Aufwand und soviel Pomp und Pracht ins Bad.« Aber am Ende pries sie trotz allem Gott und kehrte nach Hause zurück.

Als der Mann am Abend nach Hause kam, sagte sie zu ihm: »Hör, Mann, morgen gehst du hin und wirst ein Rammâl.« Sie erzählte ihm von ihrem Besuch im Bad und von der Frau des Ober-Rammâls und wiederholte: »Du mußt auch ein Rammâl werden.« – »Laß mich in Frieden, Frau«, sagte der, »ich versteh mich nicht auf die Wahrsagerei.« Aber sie entgegnete ihm: »Keine Ausreden hier! Morgen gehst du hin und wirst ein Rammâl. Und wenn du es nicht tust, lasse ich mich von dir scheiden!

Nimms Wahrsagbrettlein, rat ich dir,
Sonst lauf' ich einfach fort von hier!

Morgen früh verkaufst du deinen Spaten und deine Hacke und kaufst dir statt dessen ein Raml-Brett und ein paar alte Bücher und dann setzt du dich an eine Straßenecke und wirfst deine Würfel auf das Raml-Brett.« – »Laß mich in Frieden, Frau«, sagte er noch einmal, »ich verstehe keinen blauen Dunst von dem Raml-Wesen.« Aber alle seine Einwendungen halfen ihm nichts. »Daraus darfst du dir nichts machen«, sagte die Frau, »ich werde dir schon zeigen, wie du dich anstellen sollst. Sobald einer kommt und dich um Rat fragt, sagst du bloß: ›Ja, ganz richtig, dein Stern steht im Zeichen des Skorpions, und es wird dir so und so ergehen.‹ Und für das übrige wird der barmherzige Gott schon sorgen.«

Früh am nächsten Morgen verkaufte der Mann wirklich seinen Spaten und seine Hacke, kaufte sich Raml-Gerätschaften und ging hin und setzte sich in eine Moschee. Schon gleich am Morgen kam der Reitknecht des Obersten der Kaufleute dort in der Stadt zu ihm. »Ein Kamel, das das Geld des Obersten der Kaufleute trug und auf das ich aufpassen muß, ist plötzlich weggelaufen. Ich verstehe nicht, wie es zugegangen ist, aber weg ist es. Brauch nun deine Raml, damit ich erfahren kann, wo es geblieben ist.« Der Rammâl dachte bei sich: »Herr du meines Lebens, was in aller Welt soll ich ihm sagen? Daß der Vater meiner Frau in der Hölle brenne!« Na ja, er schüttelte seine Würfel und warf sie auf sein Brett, und als er ein wenig nachgedacht hatte, sagte er: »Bezahl mir hundert Dinâre[1]. Nimm dann einige Erbsen und wirf sie hintereinander auf die Erde, folge ihnen nach, wohin sie rollen, und wenn du mit den Erbsen zu Ende bist, bleib stehen, drehe dich dreimal im Kreise herum, und in der Richtung, in der du stehenbleibst, gehst du dann weiter, ohne nach rechts oder links abzubiegen; dann wirst du dein Kamel finden.« Der Reitknecht bezahlte ihm die hundert Dinâre, warf die Erbsen vor sich her, und als er mit ihnen zu Ende war, drehte er sich dreimal im Kreise herum und ging dann in der Richtung weiter, nach der sein Gesicht zeigte, ging ein Stück Wegs, bis er an die Ruinen eines Hauses kam, und da, was meinst du, liegt das Kamel und ruht sich aus. Er nahm das Kamel am Zügel, ging damit in das Haus seines Herrn, dem Obersten der Kaufleute, und erzählte: »Heute ist es mir so und so ergangen, und dann traf ich einen Rammâl, und er wahrsagte mir mit seiner Raml so und so, und dann fand ich das Kamel, das fortgekommen war.«

Nachdem der Reitknecht seinem Herrn, dem Obersten der Kaufleute, diese Geschichte erzählt und die Ladung des Kamels abgeliefert hatte, kehrte er zu dem Rammâl zurück und gab ihm zehn Äschräfî. Dieser Mann, der am vorhergehenden Abend hundert Anstrengungen gemacht hatte, in der Hoffnung, ein paar Schâhî zu verdienen, und trotzdem keinen einzigen Schâhî verdienen konnte, sah sich auf einmal im Besitz von zehn blinkenden Goldstücken. Er war so froh, daß er nicht wußte, auf welchem Bein er stehen sollte, und kaum war die Sonne hinter den Bergen untergegangen, als er seine Sachen zusammenpackte und nach Hause ging. Hier setzte er

[1] siehe Seite 295

Essen und Trinken auf den Tisch und sagte: »Du hattest recht, Frau, Rammâl zu sein ist gar kein so schlechtes Geschäft.«

Am nächsten Tage, als er an derselben Stelle wie vorher Platz genommen hatte, kamen einige Diener und Schreiber vom Obersten der Kaufleute zu ihm und sagten: »Der Oberste der Kaufleute schickt nach dir.« Als er das hörte, fing aber sein Herz an zu klopfen. »Du meine Güte, was will er wohl von mir!« Er ging mit und dachte: »Ich bin gespannt, wie das ablaufen wird.« Na, er kam also zu dem Obersten der Kaufleute und grüßte ihn ehrerbietig. Der Herr musterte den Rammâl von oben bis unten und fragte ihn: »Bist du es, der das Kamel gefunden hat, das mit meinem Geld beladen war?« – »Jawohl, Herr.« – »Von heute ab«, sagte der Herr, »sollst du mein Ober-Rammâl sein.« Und dann gab er ihm noch einmal eine große Summe Geldes.

Der Mann kam abends heim zu seiner Frau und sagte: »Zum Teufel auch, Frau, in was für Verlegenheit hast du mich doch gebracht!« – »Was ist denn los?« fragte die Frau. »Nichts anderes ist los«, erwiderte der Mann, »als daß der Herr Oberste der Kaufleute nach mir hat schicken lassen und mir so viel Geld und Gut gegeben hat, wie du hier selber sehen kannst, und daß er mich zu seinem Ober-Rammâl ernannt hat. Von heute ab bin ich also Ober-Rammâl und verstehe doch keinen Deut von meiner Kunst. Wenn der Herr eine Ahnung davon hätte, wie wenig ich mich darauf verstehe, wahrhaftig, dann könnte es mir übel ergehen.« Aber die Frau sagte nur: »Gott ist barmherzig.«

Seit dieser Zeit ging unser Rammâl täglich beim Morgengrauen in das Haus des Obersten der Kaufleute, und abends kehrte er nach Hause zurück, aber es verging geraume Zeit, ohne daß sich etwas Besonderes ereignete. Aber dann fügte es der Himmel so, daß vierzig Räuber in die Schatzkammer des Obersten der Kaufleute einbrachen. Am folgenden Morgen rief der Oberste seinen Ober-Rammâl zu sich und sagte zu ihm: »Nun spute dich und schaffe mir die Diebe herbei und all das Geld und alle Wertsachen, die sie mir aus meiner Schatzkammer gestohlen haben.« Abends, als er nach Hause kam, sagte er zu seiner Frau: »Da siehst du es nun, Frau, jetzt öffnen sie mir die Fäuste, und ein jeder wird sehen können, daß nichts drin ist. Ein paar Diebsgesellen haben die Schatzkammer des Herrn geplündert, und der Herr verlangt, daß ich ihm die Diebe und all das Geld und die Wertsachen, die sie gestohlen haben, herbeischaffen soll, und morgen werde ich mit Schmach bedeckt vor aller Welt dastehen.« – »Lieber Mann«, sagte die Frau, »laß dir das Herz nicht in die Schuhe fallen. Morgen gehst du hin und verlangst eine Frist von vierzig Tagen, und dann nach vierzig Tagen wird es sich ja zeigen, ob du lebend oder tot davonkommst.«

Der Ober-Rammâl erhielt also eine Frist von vierzig Tagen, und froh war er. Aber dennoch, als er zu seiner Frau nach Hause kam, sagte er: »Wenn ich nun mein Leben lassen muß, Frau, dann ist es deine Schuld. Was kein anderer weiß, das wissen wir ja selber gut genug, nämlich, daß ich nicht die blasseste Ahnung von meiner Kunst habe.« Aber die Frau sagte: »Gott ist barmherzig. Geh nun hin auf den Basar und kaufe vierzig Datteln. Jeden Abend ißt du eine Dattel und wirfst den Stein in den irdenen Krug dort, damit wir Rechenschaft halten können mit den Tagen und wissen, wann es der vierzigste Tag ist.« Der Ober-Rammâl kaufte vierzig Datteln und kam damit nach Hause, und am Abend aß er schweren Herzens eine Dattel, warf den Stein in den Krug und sagte dabei: »Das war einer von den vierzig.«

Nun wollen wir aber hören, wie es den Dieben erging. Sie hatten erfahren, daß der Oberste der Kaufleute einen Rammâl hatte, der so tüchtig war, daß er über alles Bescheid wußte, was in der Tiefe der Erde und hoch am Himmel vor sich ging, und genau wußte, was ein jeder unternahm. Das war ja eine sehr ernsthafte Geschichte, und die Diebe waren außer sich vor Furcht, daß dieser Ober-Rammâl sie zwischen die Finger bekäme. Er hatte ja vierzig Tage Zeit, um die Diebe und alles

Diebesgut an den Tag zu bringen. Da saßen nun die vierzig Räuber in einem Kreis und steckten die Köpfe zusammen, um einen Ausweg zu finden. Schließlich wurden sie darüber einig, daß sich jeden Abend einer von ihnen auf das Hausdach des Ober-Rammâls schleichen sollte, um nachzusehen, womit sich jener beschäftigte. Am ersten Abend ging also einer von den Dieben dahin, gerade als der Ober-Rammâl eine Dattel aß und den Stein in den Krug warf und dazu sagte: »Das war einer von den vierzig.« Der Dieb glaubte, er habe ihn selbst als einen von den vierzig Räubern bezeichnet. Das Herz sank ihm im Leibe und er kehrte zu seinen Kameraden zurück und sagte: »Ja, ihr sitzt hier so seelenruhig, aber ich war kaum auf das Dach gekommen, als ich ihn sagen hörte: ›Das ist einer von den vierzig!‹

Am nächsten Abend schickten sie einen andern hin. Als er auf das Dach kam, war der Rammâl gerade dabei, die zweite Dattel zu verzehren, und indem er den Stein in den Krug warf, rief er: »Das war Nummer zwei von den vierzig!« Da kehrte auch dieser Räuber zurück und sagte: »Alles, was wir von diesem Rammâl gehört haben, ist die reinste Wahrheit; ich hatte mich kaum auf das Dach geschlichen, als er auch schon sagte: ›Das war Nummer zwei von den vierzig.‹« Kurz und gut, jeden Abend kroch ein anderer von den vierzig Räubern auf das Dach, und wenn der Rammâl dann seine Dattel aß und den Stein in den Krug warf, glaubte der Betreffende, er habe seine Nummer genannt. Als dann der neununddreißigste Abend herankam, sagten sie untereinander: »Und wenn wir uns auch unter der Erde oder hoch oben im Himmel verstekken wollten, so würde uns dieser Ober-Rammâl dennoch finden. Wir müssen ihm lieber aus freien Stücken das Ganze offenbaren, dann wird er vielleicht Gnade für Recht ergehen lassen.« Und am folgenden Morgen nahmen die vierzig Räuber Schwert und Koran mit und gingen in das Haus des Ober-Rammâls und schworen[1], daß sie ihm zeigen wollten, wo sie

[1] beim Schwert und beim Koran, die sie bei sich hatten

alles Diebesgut verwahrten, wenn er sie bloß mit heiler Haut davonkommen lassen wollte. Das versprach ihnen der Rammâl denn auch, und dann erzählten sie ihm, daß sie alle die gestohlenen Sachen an einer bestimmten Stelle in der Wüste eingegraben hätten.

Froh ging der Rammâl zu seinem Herrn. Sobald ihn dieser erblickte, sagte er: »Na, Ober-Rammâl, was hast du ausgerichtet? Hast du die Diebe gefunden?«

»Ganz euer Diener«, erwiderte er, »ich habe die ganze Herrlichkeit gefunden. Schickt Kamele, Pferde und Maultiere an die und die Stelle in der Wüste, damit man sie mit dem gestohlenen Gut beladen kann.« – »Aber wo sind die Räuber?« – »Zu dienen, Herr, die Räuber sind entflohen, weit fort in die westlichen Gegenden, und wenn ihr sie fangen wolltet, würde es euch doppelt soviel kosten, als das gestohlene Gut wert ist.« Da schickte man Kamele, Pferde und Maultiere, und der Rammâl ging mit und führte sie an den Ort, den die Diebe ihm angegeben hatten, und brachte die gestohlenen Sachen wieder zurück. Der Herr aber gab seinem Ober-Rammâl wieder viel Geld und Geschenke.

Als er abends zu seiner Frau nach Hause kam, sagte er: »Na, Frauchen, jetzt habe ich so viel Geld und Kostbarkeiten, daß sieben Generationen nach uns in Saus und Braus davon leben können, und dann wird immer noch etwas übrig sein. Und jetzt, wo wir uns so glücklich aus der Klemme gezogen haben, wollen wir lieber überlegen, wie ich mich von der Wahrsagerei losmachen kann, denn am Ende wird es uns doch übel dabei ergehen.« Die Frau sagte: »Hör gut zu, lieber Mann, morgen, wenn der Herr ins Bad geht, kommst du gelaufen, und wenn man auch versuchen sollte, dich zurückzuhalten, stürzst du dich wie ein Wilder ins Bad, greifst den Herrn am Arm- und Fußgelenk und schleppst ihn heraus. Dann werden sie alle sagen, daß der Ober-Rammâl verrückt geworden ist, und dann wird der Herr dir deinen Abschied geben.«

Am Morgen, als der Oberste der Kaufleute ins Bad gehen

wollte, kam der Rammâl gelaufen. Die Leute wollten ihn zurückhalten und ihn daran hindern, in das Bad hineinzukommen, aber er fuhr geradewegs in den Warmwasserraum hinein, ergriff den Obersten beim Handgelenk und zog ihn mit Gewalt aus dem Raum und schleppte ihn in das Ankleidezimmer. Im selben Augenblick, bums! da stürzte das Dach des Warmwasserraumes ein. »Da könnt ihr sehen«, sagte er, »warum ich so hier hereingelaufen bin. Ich sah auf mein Raml-Brett, und da sah ich, daß in der nächsten Stunde, o jemine, das Bad einstürzen würde, und da sauste ich gleich hierher.« Der Oberste und alle die anderen priesen die Tüchtigkeit und große Erfahrung des Ober-Rammâls in hohen Tönen. Es war sicher und gewiß, daß der Oberste ihm das Leben verdankte, Gott im Himmel mag wissen, wieviel Geld und Reichtümer ihm der Oberste vermachte. Er zeichnete ihn vor allen durch seine persönliche Gunst aus, und keiner hatte einen so dicken Stein bei ihm im Brett wie der Ober-Rammâl. Dieser kam abends wiederum heim zu seiner Frau und sagte: »Da kannst du selber sehen, Frauchen, es ist schiefgegangen.« »Ja«, sagte die Frau, »wie könnten wir denn auch wider Gottes Willen ankämpfen?« Der Ober-Rammâl fuhr fort: »Denk doch ein wenig nach, Frau, damit dir etwas einfällt, denn zuletzt werde ich dennoch entlarvt.« Die Frau dachte ein Weilchen nach und sagte dann: »Lieber Mann, eines schönen Tages, wenn alle Kaufleute und Geschäftsleute und die Vornehmen versammelt sind und der Oberste auf seinem Polsterstuhl sitzt, gehst du einfach hin, nimmst den Obersten bei der Hand und wirfst ihn von seinem Polsterstuhl herunter. Dann werden die Leute sagen, du wärst nicht mehr ganz gescheit und dich fortjagen, und dann kommst du zu mir nach Haus, und dann können wir zwei hier in Frieden sitzen und es gut miteinander haben.« – »Das war gar nicht so übel ausgeklügelt«, sagte der Mann.

Da, eines Tages, als alle Kaufleute und Geschäftsleute und die Vornehmen im Hause des Obersten versammelt waren, kam auf einmal der Ober-Rammâl mitten in die Gesellschaft gestürzt, ergriff den Obersten bei der Hand und zog ihn vom Stuhl herunter. Im selben Augenblick aber, wie er den Obersten umwälzte, zeigte sich an der Stelle, an der er seine Beine gehabt hatte, ein Skorpion, der war so groß wie ein Spatz. Gleich wandte er sich an den Obersten und sagte: »Ich hatte zu Hause auf meine Raml geguckt und gesehen, daß ein Skorpion euch stechen wollte. Darum lief ich in aller Eile hierher und zog euch fort.« Diesmal bekam er noch mehr Geld als jemals zuvor, und sein Ruhm verbreitete sich über die ganze Welt. Aber am Abend sagte er zu seiner Frau: »Es ging diesmal wieder verkehrt.« – »Lieber Mann«, erwiderte sie, »wider den Willen Gottes komme ich nicht an!«

Eines Tages hatte der Oberste Lust, auf die Jagd zu gehen. Der Ober-Rammâl befand sich in seinem Gefolge, und er ritt gleich hinter dem Herrn, denn er hatte ja zu keinem anderen größeres Vertrauen als zu seinem Ober-Rammâl. Eine Heuschrecke flog herab und setzte sich dem Pferd des Obersten auf den Sattelknopf. Der Oberste haschte nach der Heuschrecke und schloß die Hand um sie, und indem er sich an den Rammâl wandte, sagte er: »Nun sage mir, was ich hier in meiner Hand habe?« Dem Ober-Rammâl war es, als ob ihm aller Verstand wie ein Rauchwölklein aus dem Gehirn entschwand. Er dachte bei sich: »Jetzt sitzt du aber schön in den Nesseln!... Einmal sprang der Heuschreck, zweimal sprang der Heuschreck, jetzt sitzt der Heuschreck in der hohlen Hand.« [1]

Zuerst sagte er es nur ganz sachte so vor sich hin, und dann auf einmal rief er ganz laut: »Einmal sprang der Heuschreck, zweimal sprang der Heuschreck, jetzt sitzt der Heuschreck in der hohlen Hand!« Der Oberste glaubte, der Rammâl habe gemerkt, daß er eine Heuschrecke in der Hand habe. Er öffnete seine Hand, und die Heuschrecke flog fort.

Und so, liebe Zuhörer, wenn es Gottes Wille ist, kann ein

[1] sprichwörtlicher Ausdruck ungefähr wie: Der Krug geht so lange zum Wasser bis er zerbricht

armer Tropf, der zwei Monate lang nicht imstande war, zehn Schâhî zu verdienen, die er seiner Frau für ein Bad hätte geben können, zu soviel Reichtum und Herrlichkeit gelangen. Was der Mensch will, das kann er auch mit Gottes Hilfe erreichen.

Sa’d und Sa’id

13 Es war einmal ein Holzhauer. Jeden Tag ging er hinaus in die Steppe und sammelte dort eine Tracht Reisig, um sie in der Stadt zu verkaufen. Von dem Ertrag dieses Geschäftes unterhielt er sich und seine Familie. Eines Tages, als er wie gewöhnlich über die Steppe gewandert war, hatte er so viel Reisig gebrochen, daß er es nicht alles auf einmal tragen konnte. Er ließ es deshalb in einer Höhle liegen, um es am nächsten Tage dort abzuholen. Nun regnete und schneite es aber in den nächsten Tagen so stark, daß er nicht hinausgehen und es holen konnte. Während dieses Unwetters kam jedoch eine Karawane an jenem Ort vorbei. Die Leute der Karawane brauchten das Holz, um das Lagerfeuer damit anzuzünden, und zogen dann weiter.

Als das Wetter sich wieder aufgeklärt hatte und die Erde wieder trocken geworden war, verließ der Holzhauer sein Haus und ging über Land, wie er zu tun pflegte. Sein Reisig war verbrannt, aber als er näher zusah, entdeckte er, daß das Gewölbe der Höhle aus reinem Gold bestand. Er nahm einen Teil des Goldes und eilte damit nach Hause. Das Gold verkaufte er, und für das Geld ließ er sich ein schönes Haus bauen, in dem er wohnen konnte. Darauf holte er den Rest des Goldes und wurde so durch seine Geduld und Gottesfurcht ein reicher Mann.

Später schenkte ihm Gott zwei Söhne. Dem einen gab er den Namen Sa’d, den andern nannte er Sa’îd. Als die Knaben zwölf Jahre alt geworden waren, schickte er sie in die Schule. Dann kaufte er ihnen zwei Hühner, mit denen sie jeden Tag spielten. Nach kurzer Zeit legten beide Hühner Eier, aber diese Eier glichen Edelsteinen und leuchteten in der Nacht. Der Holzhauer nahm die Eier und ging damit auf den Basar, und hier verkaufte er sie für tausend Tomânen an einen Juden. Der Jude fragte ihn: »Hast du noch mehr von der Sorte?« – »Wenn das Huhn noch mehr legt«, antwortete der Holzhauer, »dann hab ich auch noch mehr.« – Nun schlug der Jude in einem Buche nach und brachte heraus, daß das Huhn ein Glückshuhn sein müsse und daß der, welcher den Kopf des Huhnes äße, König würde, und der, welcher dessen Leber äße, jeden Morgen hundert Tomân unter seinem Haupte finden werde[1]. Da grübelte er hin und her, wie er wohl das Huhn in seinen Besitz bringen könne.

Nun kam gerade eine alte Frau daher. Der Jude rief sie an und sagte: »Hör, Mütterchen, geh doch einmal morgen früh in der Stadt herum und sieh nach, ob du nicht ein Huhn entdecken kannst, das so und so aussieht, und wenn du es gefunden hast, komm her und gib mir Bescheid.« – Die Alte versprach ihm, seinen Auftrag zu erfüllen. Gleich am andern Morgen ging sie in die Stadt und schnüffelte herum, bis sie auch an das Haus des Holzhauers kam. Da steckte sie ihre Nase hinein und entdeckte das Huhn, das der Jude ihr beschrieben hatte. Gleich ließ sie sich in ein Gespräch mit der Frau des Holzhauers ein und wurde bald gut Freund mit ihr. Dann ging sie zu dem Juden und erzählte ihm, daß sie das Huhn in dem und dem Hause gefunden habe. »Gut«, sagte der Jude, »wenn du mir die Frau des Hauses gefügig machen kannst, will ich dir alles geben, was du verlangst.« – Die Alte ging wieder in das Haus des Holzhauers und beschwatzte die Frau. Zur selben Zeit trat der Holzhauer ein und ging an ihnen vorüber. Da sagte die Alte zu der Frau: »Meine Tochter, ist es nicht eine Schande, daß du die Tage deines Lebens

[1] Die letzten Worte sind im Text ausgefallen, aber werden dem Zusammenhang nach ergänzt. Der Erzähler hat vergessen, daß er erst von zwei Hühnern gesprochen hat.

in Gesellschaft mit diesem Manne vertrauern sollst?« – »Gutes Mütterchen«, antwortete die Frau, »daran ist nun einmal nichts zu ändern.« – »Wenn du einen Bund mit mir schließen willst«, fuhr die Alte fort, »will ich dich mit einem jungen Mann zusammenbringen, an dem du Freude haben wirst, solange du lebst.«

Nachdem die Alte so einen Bund mit der Frau geschlossen hatte, begab sie sich mit dieser guten Nachricht wieder zu dem Juden. Der Jude gab ihr eine Handvoll Goldstücke, worauf sie die Frau des Holzhauers holte und dem Juden zuführte. Als die junge Frau nun kam, um seine Liebe zu genießen, sagte er zu ihr: »Schlachte dein Huhn und mache mir ein Gericht davon, dann will ich dir meine Liebe schenken. Ich komme heute nachmittag.« –

Während der Jude nun ins Bad ging, kehrte die Frau nach Hause zurück, schlachtete das Huhn und bereitete es zu.

Unterdessen kamen die beiden Knaben aus der Schule. Ihre Mutter war nicht da, als sie heimkamen, und so setzten sie sich denn hin und aßen von dem Gericht, das gerade zubereitet war. Der Zufall wollte es, daß der eine den Kopf des Huhnes aß, der andere dessen Leber.

Bald darauf fand sich der Jude ein. Die Frau stand draußen auf der Straße und erwartete ihn. Sie führte ihn ins Haus und ließ ihn Platz nehmen, während sie in die andere Stube ging, um das Essen zu holen. Als sie sah, daß die Knaben davon gegessen hatten, prügelte sie sie; da liefen sie davon und versteckten sich. Die Mutter aber setzte den Rest der Speise dem Juden vor. Er erkannte sofort, daß das Huhn weder Kopf noch Leber hatte. »Daß dich Gott behüte, Frau«, rief er, »das ist mir aber eine seltsame Art, seine Gäste mit halbabgegessenen Gerichten zu bewirten!« – »Du mußt schon entschuldigen«, antwortete sie, »aber meine Söhne waren gerade aus der Schule nach Hause gekommen und haben von der Speise gegessen, ohne zu ahnen, für wen sie bestimmt war.« – »Ich will Kopf und Leber des Huhns haben«, nahm der Jude wieder das Wort, »übrigens hab ich schon mindestens hundert Hühner dieser Art gegessen, und mindestens hundert Weiber wären froh, wenn sie den Umgang mit mir genießen dürften.« – »Was soll ich denn tun?« fragte die Frau. Der Jude wußte gleich, wie er die Sache drehen sollte. »Wenn du meine Geliebte sein willst«, sagte er, »dann mußt du den Bauch deiner Söhne aufschneiden und Kopf und Leber des Huhnes herausnehmen, damit ich sie essen kann. Wenn das geschehen ist, will ich mich deinen Wünschen fügen. Ich werde dann den Knaben schon ein Heilmittel geben, daß sie wieder gesund werden.« – Da ging die Frau auf sein Verlangen ein.

Aber nun wollen wir hören, wie das Schicksal dem Juden einen Schabernack spielte. Während der Jude mit der Frau sprach, stand Sa'îd hinter der Wand und lauschte. Er ging hin zu Sa'd und sagte: »Lieber Bruder, komm und laß uns fliehen. Die Mutter hat sich in diesen Juden verliebt und will uns nun ermorden.« – Und dann erzählte er Sa'd alles, was er gehört hatte, und noch am selben Abend flohen sie beide hinaus in die Wüste. Als die Frau nun nach ihren Söhnen rief, waren sie nirgends zu finden, und bald erklangen laute Klagerufe aus dem Hause des Holzhauers. Als die Frau sah, welches Unglück sie auf ihr Haupt herabgerufen hatte, fing sie an zu jammern. »Schändlich habe ich mich benommen«, rief sie, »nun kann ich meinen Juden nicht umarmen, und meine lieben Kinder habe ich verloren.«

Die beiden Knaben wanderten inzwischen immer weiter in die Wüste hinaus. Als die Nacht anbrach, legten sie sich nieder, umschlangen sich mit den Armen und schliefen. Beim Morgengrauen standen sie auf. Da entdeckte Sa'îd, daß an der Stelle, an der sein Kopf gelegen hatte, ein Beutel mit Goldstücken lag. Er nahm ihn auf und gab ihn seinem Bruder, indem er ihn bat, ihn zu verwahren. Sie wanderten immerzu, bis sie um die Mittagszeit eine Quelle erreichten. Hier rasteten sie ein Stündlein, dann stand Sa'îd auf und ging ein wenig umher. Da fiel sein Blick auf eine Tafel, auf welcher er folgende

Inschrift las: »Menschenkinder, wisset, daß, wenn zwei Menschen gemeinsam von hier aus weiterwandern, so werden sie beide umkommen. Darum sollten sie, jeder nach seiner Seite, gehen. Der, welcher den Weg zu Linken einschlägt, wird nach vielen Widerwärtigkeiten mit seiner Geliebten vereint werden, und der, welcher den Weg zur Rechten wählt, wird die Würden eines Königs erhalten.« – Sa'îd und Sa'd umarmten einander und weinten lange. Dann wanderten sie weiter, jeder in seiner Richtung, indem Sa'd nach rechts zog, Sa'îd nach links.

Als Sa'd vier Tage gegangen war, kam er in eine Stadt. Er ging auf den Basar, wo viele Pferde und Waffen zum Verkauf ausgestellt waren. Er kaufte sich eine passende Ausrüstung und ritt weiter von einer Stadt zur anderen. Zuletzt erreichte er eine Stadt, in der die Einwohner gerade alle vor dem Tore versammelt waren. Sa'd fragte, was denn geschehen wäre, und man ließ ihn wissen, daß der König dieser Stadt gestorben sei und daß für diesen Fall im Gesetz geschrieben stehe, man solle einen Falken fliegen lassen, und den Mann, auf dessen Haupt der Falke sich niederlasse, den solle man zum König machen, auch wenn er ein Fremder oder ein Bettler sei.

Kurz, Sa'd gab seinem Rößlein die Sporen, um an Ort und Stelle zu kommen und zu sehen, ob es dem Falken nicht einfallen könne, sich auf seinen Kopf zu setzen. Die Soldaten hatten schon zweimal den Falken losgelassen, jedesmal war er ein wenig umhergeflogen und hatte sich dann auf eine Mauer gesetzt. Darüber verwunderten sich die Soldaten, aber als sie in der Ferne einen Reiter kommen sahen, warteten sie ein Weilchen, bis Sa'd sich dem Lagerplatz genähert hatte. Dann ließen sie den Falken nochmals auffliegen, und dieses Mal flog er schnurgerade auf Sa'd zu und setzte sich ihm auf den Kopf. Aber da wollten einige dieses Zeichen nicht gelten lassen und verlangten, daß der Versuch noch einmal gemacht werde, aber wiederum ließ sich der Falke auf Sa'ds Haupt zur Ruhe nieder. Da erhob man Sa'd auf den Schild und trug ihn unter den gebührenden Ehrenbezeigungen in die Stadt, wo man ihm die königlichen Gewänder anlegte und ihn auf den Thron setzte. Er bestrebte sich gleich von Anfang an einer gerechten Regierung, und obschon er das Kind armer Leute war, verstand er es doch, sich wie ein Edelmann zu führen.

Und nun wollen wir hören, wie es Sa'îd erging. Er zog von Ort zu Ort und fand jeden Morgen hundert Tomânen unter seinem Kopf. Auf die Art wurde er im Laufe von kurzer Zeit ein reicher Mann. Trotzdem fuhr er fort, von Stadt zu Stadt zu reisen, bis er die Stadt Haleb erreichte. Hier spazierte er ein wenig herum und kam zuletzt an ein Schloß, vor dessen Mauern ein paar Jammergestalten von Männern in Sack und Asche saßen. Er ging zu ihnen hin, ließ sich in ein Gespräch mit ihnen ein und fragte sie, was das für ein Schloß sei. Sie antworteten: »Da drinnen wohnt die Chinesin Dilârâm, und was uns betrifft so sind wir, jeder von seiner Stadt, hierhergekommen und haben alles durchgebracht, was wir besaßen, denn diese Dilârâm nimmt hundert Tomânen für jede Nacht, die man in ihrer Gesellschaft genießt.« – Sa'îd dachte bei sich: »Bekomme ich nicht jede Nacht meine hundert Tomânen! Das hier ist etwas für mich.« – Und damit ging er in das Schloß hinein.

Nun hatte Dilârâm vierzig Sklavinnen, die ihr alle auf ein Haar glichen, so daß niemand einen Unterschied sehen konnte. Jede Nacht schickte sie eine ihrer Sklavinnen, damit sie an ihrer Statt in den Armen ihres Geliebten schlafe. Sa'îd verbrachte auf diese Weise vierzig Nächte in lauter Lust und Freude. Aber Dilârâm wußte ganz genau, was in diesen vierzig Nächten geschah, und erfuhr also auch, daß er jeden Morgen seine Hand unter den Kopf steckte und einen Beutel Geld hervorzog, um damit zu bezahlen. Sie wußte auch, daß Sa'îd die Leber des Glückshuhns gegessen hatte, und nun faßte sie also den Entschluß, ihm die Leber wegzunehmen, da es ihr nämlich auch bekannt war, daß die Leber des Glückshuhns niemals verdaut werden kann. Darum ließ sie ihn zu sich holen. Es wurde alter Wein gebracht, und sie gab ihm tüchtig zu trinken, und als er berauscht und bewußtlos dalag, gab sie ihm einen solchen Stoß in den Rücken, daß ihm die Hühnerleber aus dem Munde flog. Die briet sie dann und aß sie.

Als Sa'îd am anderen Morgen erwachte, suchte er vergebens unter seinem Haupte; da war nichts. Er konnte sich gar nicht mehr entsinnen, was vorgefallen war, er dachte nur bei sich: »Heute ist kein Geld da; ich muß also gehen und mir welches schaffen.« Mit Tränen in den Augen verließ er das Schloß und wanderte in die Wüste hinaus, wo er immer weiter und weiter marschierte, bis er müde wurde und sich am Wege niedersetzte.

Da kamen auch schon drei Reiter daher. Sie fragten ihn, woher des Weges er komme und wohin des Weges er gehe, und er antwortete: »Ich war angestellt bei dem Kadi der Stadt, aber ich habe mich mit ihm überworfen und will mich nun in ein anderes Land begeben.« – »Nun hör einmal zu«, sagten die drei Reiter zu ihm, »wir haben einen Rechtsstreit. Wir sind Brüder. Unser Vater ist gestorben, und wir haben seine ganze Hinterlassenschaft verteilt, mit Ausnahme von drei Dingen.« – »Wer war euer Vater?« fragte Sa'îd. »Der Jude Simeon«, antworteten sie. »Wohlan«, fuhr Sa'îd fort, »was wollt ihr mir bezahlen, wenn ich euch den Streit schlichte?« – »Ein jeder von uns wird dir drei Goldstücke geben.« – Sa'îd sprach: »Zeigt mir die drei Dinge.« – Da nahmen sie die Dinge hervor, und es war ein kleiner Lederbeutel, ein kleiner Teppich und eine Dose mit Augensalbe. »Jeder von euch kann sich ja sein Ding nehmen«, bemerkte Sa'îd, aber sie antworteten: »Junger Mann, jedes von diesen Dingen hat seine besondere Eigenschaft. Wenn man sich auf den Teppich setzt und sagt: ›Im Namen des Königs Salomon! Bringe mich an den und den Ort‹, dann erhebt sich der Teppich sofort in die Lüfte, fliegt mit einem davon und landet an dem gewünschten Ort. Der Beutel hat die Eigenschaft, daß man ihm alle die Früchte und Gerichte entnehmen kann, die man sich nur immer wünscht. Der aber, der seine Augen mit der Salbe bestreicht, die sich in dieser Dose befindet, kann sich allen Augen unsichtbar machen.«

Sa'îd schlichtete den Streit folgendermaßen: »Ich will drei Pfeile in meinen Bogenstrang spannen und sie abschießen, und der von euch, der zuerst mit einem dieser Pfeile zurückkehrt, soll der Besitzer dieser drei Dinge sein.« – Er legte drei Pfeile in seinen Bogen und schoß sie in verschiedene Richtungen ab. Sogleich sprengten die Reiter davon, hinter den Pfeilen her, aber als sie außer Sicht waren, befahl sich Sa'îd in Gottes Schutz, setzte sich auf den Teppich und flog davon. Als die Reiter zurückkehrten, sahen sie den Teppich hoch oben in der Luft fliegen, da schlugen sie sich vor die Stirn und riefen: »Ach, warum haben wir ihm auch von den geheimnisvollen Eigenschaften der Dinge erzählt!« – Aber Sa'îd rief aus der Luft zu ihnen hinab: »Warum schlagt ihr euch vor die Stirn aus Verzweiflung darüber, daß der Gerechtigkeit Genüge geleistet ist! Euer Vater strebte mir einst nach dem Leben, aber Gott wollte nicht, daß ich damals sterben sollte.«

Damit flog Sa'îd davon in die Stadt Dilârâms, wo er sich an einem abgelegenen Ort niederließ. Hier nahm er sofort die Dose mit der Augensalbe hervor, bestrich seine Augen mit ihrem Inhalt und ging unsichtbar in Dilârâms Schloß hinein. Sie saß gerade bei Tisch. Bei ihrem Anblick wurde Sa'îd von innerer Bewegung so überwältigt, daß er das Bewußtsein verlor; aber es dauerte nur einen Augenblick, bis er wieder zu sich kam, und dann fing er an, mit ihr zusammen zu speisen. Zu ihrem Entsetzen mußte sie sehen, wie die eine Seite ihres Tellers leer wurde, ohne daß sie wußte, wie es zuging; aber als er dann auch Wasser aus ihrem Becher trank und sie den schlürfenden Laut hörte, entsetzte sie sich so sehr, daß sie in Ohnmacht fiel. Sa'îd aber ging ungesehen wieder fort.

Sobald der Morgen graute, nahm Sa'îd einen prächtigen Apfel aus seinem Beutel und begab sich damit zu Dilârâms Schloß. Eine große Menschenmenge hatte sich auf das Gerücht hin, daß die Herrscherin des Schlosses krank sei, vor dem Tore versammelt, aber Sa'îd drängte sie zur Seite und trat an das Kopfende des Lagers, auf dem Dilârâm lag. Dort sah sie ihn stehen, als sie endlich aus ihrer Ohnmacht erwachte. Da sprach Sa'îd zu ihr, indem er ihr den Apfel reichte: »Ich habe eine Reise nach dem Garten Iräms[1] unternommen und dir dieses Heilmittel mitgebracht.« – Als sie den Apfel gegessen hatte, sagte er: »Unsere Rechnung über die letzte Nacht ist noch nicht in Ordnung gebracht; geh mit mir in meine Wohnung und empfange dein Geld.« – Dilârâm stand auf und folgte Sa'îd in seine Herberge. Dort nahm er wieder einige Früchte aus seinem Beutel und bot sie ihr. Später setzte er sich mit ihr zusammen auf den Teppich und flog mit ihr davon[2]. Dilârâm jammerte und schrie: »Wo führst du mich hin?« – »Sei nur ruhig«, antwortete er, »wir fliegen zu deinem Schloß.« – Und dann entführte er sie auf eine Insel nahe der indischen Küste.

Als sich der Teppich mit ihnen gesenkt hatte, wollte Sa'îd Dilârâms Liebe genießen, aber sie wies ihn von sich. »Aber ich habe doch vierzig Nächte hindurch an deiner Seite geschlafen«, sagte er. »Nein«, antwortete sie, »ich habe vierzig Sklavinnen, die mir alle auf ein Haar gleichen, und jede Nacht sandte ich eine von ihnen an meiner Statt.« – »Aber dieses Mal soll es richtig zugehen«, sagte Sa'îd. Als Dilârâm einsah, daß es keine Möglichkeit für sie gab, zu entschlüpfen, sagte sie: »Ich füge mich dir nicht, wenn du mir nicht versprichst, mich zur Ehe zu nehmen.« – »Das ist gerade mein Wunsch, und du sollst meine Braut sein«, antwortete Sa'îd. Auf diese Weise brach er ihren Widerstand.

Vierzig Tage und Nächte lebten sie auf dieser Insel. Aber Dilârâm bestrickte Sa'îd mit List; sie schmeichelte ihm und streichelte ihn und verdrehte ihm den Kopf so sehr, daß er ihr zuletzt die magischen Eigenschaften der drei wunderbaren

[1] Iräm ist eine in der arabischen Legende oft besungene Wunderstadt, die in einer fernen Wüste verborgen liegt und die zu schauen nur ganz vereinzelten Menschen durch einen Zufall vergönnt war.
[2] In diesem letzten Stück mußte ich hin und wieder vereinzelte Worte hinzufügen, um die an dieser Stelle sehr zusammengedrängte Erzählung verständlich zu machen.

Gegenstände verriet. Eines Tages entkleidete sich Sa'îd und nahm ein Bad. Dilârâm benutzte die Gelegenheit, nahm das Salbtöpfchen, den Beutel und den Teppich und außerdem noch Sa'îds Kleider, setzte sich auf den Teppich und sprach: »Bring mich auf mein Schloß!« – Sogleich erhob sich der Teppich in die Lüfte und brachte sie auf ihr Schloß.

Als Sa'îd dem Wasser entstieg und erkannte, daß seine Begleiterin verschwunden war, schlug er vor Verzweiflung sein Angesicht. Drei Tage und Nächte irrte er einsam unter herzzerbrechenden Klagerufen auf der Insel umher. Zuletzt ließ er sich unter einem Baume nieder, legte sein Haupt auf die Knie des Kummers und ganz versunken in schmerzliche Gedanken fiel er in Ohnmacht. Plötzlich kamen drei Tauben geflogen und setzten sich auf den Baum. Die eine von ihnen sagte zu den andern: »Liebe Schwestern, kennt ihr den jungen Mann dort?« – »Nein«, antworteten sie. Die andere fuhr fort: »Es ist Sa'îd. Er liebte Dilârâm, aber Dilârâm wollte nichts mit ihm zu tun haben. Sa'îd hat ihr in seiner Liebe alle seine Geheimnisse erzählt, aber sie hat ihn schändlich verlassen und ihn einsam und verzweifelt hier auf dieser Insel zurückgelassen. Doch wird ihm eines Tages Genugtuung widerfahren.« – »Schwester«, sagte eine der anderen Tauben, »welchen Ausweg gibt es für ihn?« – Die erste ergriff wieder das Wort: »Ich will es sagen für den Fall, daß er wach sein sollte; vielleicht hört er meine Worte, und dann könnte er das Ziel seiner Wünsche erreichen. Wenn er ein wenig von der Rinde dieses Baumes abschneidet und sie um seine Füße wickelt, kann er auf dem Meere gehen. Wenn man ein Blatt des Baumes auf die Augen eines blinden Menschen legt, wird er wieder sehend, und läßt man einen Geisteskranken an der Frucht dieses Baumes riechen, erhält er seinen Verstand zurück. Aber wenn man einen Esel mit einem Zweig des Baumes schlägt, wird er zu einem Menschen, und wenn man einen Menschen damit schlägt, wird er zu einem Esel.« – Als die Taube also gesprochen hatte, flogen sie alle drei davon.

Sa'îd war inzwischen aus seiner Bewußtlosigkeit erwacht und hatte alles mit angehört. Er folgte der Anweisung der Taube, band von der Rinde des Baumes um seine Füße und sprang auf das Wasser, und nachdem er über das Meer gewandert war, erreichte er glücklich die Küste. Dann zog er weiter durch das Land von einem Nachtquartier zum andern, bis er in eine Stadt kam, in der die Tochter des Königs vom Wahnsinn ergriffen war und wo der König hatte bekannt machen lassen, daß der, der ihr den Verstand zurückgeben könne, sie zur Ehe haben solle.

Sa'îd ging zu diesem König und sagte: »Gib mir deine Tochter zur Ehe, wenn ich sie wieder vernünftig machen kann, und wenn es mir nicht glückt, dann laß mich töten.« – Der König ging darauf ein. Man brachte die Königstochter zu ihm. Sa'îd ließ sie an seinem Heilmittel riechen, und gleich fing sie an zu niesen, und der Wahnsinn wich von ihr. »Wer bist du?« fragte sie. »Wie bist du zu mir hereingekommen, da du doch ein fremder Mann bist?« – Sa'îd antwortete: »Ich bin dein Ehegatte.« – Man erstattete dem König Bericht über das, was sich zugetragen hatte, worauf er den Befehl erließ, daß man dem Volke mit Trommelschlägen die gute Nachricht verkünden solle. Die Hochzeit dauerte sieben Tage und Nächte, und auf diese Weise kam Sa'îd in den Besitz seiner Braut.

Einige Tage nach der Hochzeit ging Sa'îd zu dem König und sagte: »Erlaubet mir, von dannen zu ziehen, denn ich habe einen Feind, den ich heimsuchen will.« – Der König fragte: »Wie groß soll das Heer sein, das du brauchst?« – »Ich brauche kein Heer«, antwortete er, »ein schwarzer Sklave ist mir genug.«

Der König ließ ihn daraufhin reisen, und Sa'îd begab sich in die Stadt Dilârâms, wo er in einer Karawanserei abstieg. Als die Nacht einfiel, nahm er seinen Zweig in die Hand und ging auf Dilârâms Schloß. Die Diener und Türwächter wollten ihm den Weg versperren, aber Sa'îd streckte seinen Zweig nach ihnen aus, und alle wurden in Esel verwandelt. Dann ging er zu Dilârâm hinein. Sie wurde aufs äußerste erzürnt, als sie ihn erkannte, und sagte: »Du Tölpel! Wer hat dir erlaubt, hier hereinzukommen?« – Und sogleich rief sie nach ihren Leuten: »Ergreifet diesen ungehobelten Kerl und legt ihn in Ketten!« – Aber als ihr niemand auf ihr Rufen antwortete, erhob sie sich und sah nach. Da gab es weder Sklaven noch Sklavinnen, sondern nur Esel die Menge. Während sie sich noch darüber verwunderte, schlug Sa'îd sie mit seinem Zweig und verwandelte auch sie in einen Esel. Er setzte sich auf den Esel und ritt aus dem Schlosse zu seiner Wohnung, und hier sagte er zu einem Diener: »Lege einen Sack auf den Rücken dieses Esels, fege den Schmutz hier in der Karawanserei zusammen und fülle ihn in den Sack, bringe ihn hinaus und wirf ihn in jene Grube dort.« – Der Diener brachte den Schmutz hinaus und setzte diese Arbeit fort bis zum Anbruch der Nacht. Darauf legte er dem Esel ein wenig Heu und Gerste vor. Aber Dilârâm, die ein verhätscheltes junges Mädchen war, weinte über ihren erniedrigenden Zustand.

Kurz gesagt, auf diese Weise vergingen drei Tage. Sa'îds Herz brannte vor Mitleid mit ihr und schließlich ging er zu ihr hin und sagte: »Wie geht es dir nun in deinem Zustand? Wenn du mir die Dose mit der Augensalbe, den Beutel und den Teppich wiedergeben willst, werde ich dich befreien.« – Damit schlug er Dilârâm mit seinem Zweig, so daß sie wieder ein Mensch wie früher wurde, und gab ihr ein Kleidungsstück, das sie anziehen konnte. Und da kam sie ihm mit liebevollem Sinn entgegen und überreichte ihm alles, was sie hatte und besaß. Darauf wurde Wein herbeigebracht, und Dilârâm trank davon und erbrach die Hühnerleber.

Sa'îd nahm nun Dilârâm mit und zog mit ihr in jenes Land, in dem er sich mit der Königstochter verheiratet hatte. Später sandte er einen Boten zu seinen Eltern, die inzwischen beide blind geworden waren. Zu seiner Mutter sagte Sa'îd: »Was du getan hast, hat sich zum Guten gewendet.« – Und nachdem er ihr alle seine Erlebnisse erzählt hatte, nahm er das

Blatt des wunderbaren Baumes hervor und legte es auf die Augen seines Vaters und seiner Mutter, und sogleich erhielten sie das Licht der Augen wieder. Aber die Mutter bereute, was sie getan hatte. Sa'îd schickte inzwischen einen Boten zu seinem Bruder Sa'd, und dieser folgte der Einladung, und sie feierten ein Wiedersehen in lauter Frohsinn und Freude.

Kurze Zeit danach starb der Vater der Königstochter, und Sa'îd erbte sein Reich, und so gewann auch er nach vielen Widerwärtigkeiten einen Thron.

Die getrennten Geliebten

14 In Khorasan lebte einmal ein König, der hatte einen Bruder und eine Tochter. Sein Bruder, der ein alter, schwacher Mann war, hatte einen Sohn. Die beiden jungen Menschen hatten die Tage der Kindheit miteinander verlebt und einen Bund miteinander geschlossen: das Mädchen hatte versprochen, daß sie keinen andern als ihn zum Manne nehmen werde, und der Junge hatte sich wiederum verpflichtet, keine andere als sie zu seiner Gattin zu wählen. Einige Zeit danach kam der König auf das Schloß seiner Tochter und erkannte, daß sie sich zu einer vollkommenen Schönheit entwickelt hatte und in der lieblichsten Blüte ihrer Jugend stand, und er überlegte bei sich, ob er sie nicht seinem Neffen zur Frau geben solle. Nun wollte es gerade der Zufall, daß die Schwiegertochter seines Veziers eben in diesen Tagen gestorben war, und durch heuchlerische und hinterlistige Reden bewegte der Vezier den König dazu, seine Tochter mit seinem Sohne zu verloben.

Als dies der Neffe des Königs erfuhr, sandte er einen Boten an das junge Mädchen und ließ sie fragen: »Hast du vergessen, worüber wir uns schon lange einig waren? Warum hast du unseren alten Bund gebrochen?« – Das junge Mädchen schickte ihm folgende Antwort: »Lieber Vetter! Sei guten Mutes! Ich bin dein und du bist mein. Aber ich muß meinem Vater gehorchen. Ich wußte mir keinen Rat, mich der Verlobung mit dem Sohn des Veziers zu widersetzen. Aber in der Hochzeitsnacht werden du und ich uns unterm Rosenbusch im Garten des Harems treffen.« – Als der junge Mann diese Nachricht erhielt, wurde er wieder froh und wartete geduldig.

Es vergingen einige Tage. Dann machte man alles aufs lieblichste für die Hochzeit bereit und brachte die Aussteuer der Jungfrau in das Haus des Schwiegersohnes. Am Abend hatte der Neffe des Königs gerade sein Lasso genommen, um im Park des Palastes zu jagen. Da sah er Fackelträger, die brennende Fackeln ringsumher im Park verteilten, wo sich auch eine Menschenmenge aufgestellt hatte, um der Braut und dem Bräutigam zu Diensten zu sein. Er mischte sich unter die Diener und verbarg sich drüben beim Rosenbusch.

Als die Nacht anbrach, ging die Dienerschaft zur Ruhe. Der Bräutigam wollte nun das Zusammensein mit seinem Weibe genießen, aber sie verlangte einen Krug Wasser, um sich die Hände zu waschen, und mit dem Krug in der Hand ging sie hinaus, indem sie sich fragte, ob ihr Vetter wohl auch gekommen sei und was sie wohl erfinden sollte, wenn er nicht da wäre; denn es war ihr nicht möglich, die Zusammenkunft mit dem Bräutigam länger hinauszuschieben.

Also bangenden Herzens ging sie hinaus durch die Alleen des Parkes. Als sie sich dem Rosenbusch näherte, vernahm der junge Mann das Geräusch ihrer Schritte. Er sah auf, und sein Blick fiel auf die Jungfrau, und sogleich sprang er auf von seinem Versteck und warf sich ihr zu Füßen. »Komm«, sagte sie, »laß uns in den Stall gehen und zwei schnellfüßige Rosse lösen und uns eilig davonmachen.« – Der junge Mann erhob sich und ging mit der Jungfrau in den Stall. Sie zogen die Rosse hervor und sprengten davon.

Der Sohn des Veziers wartete inzwischen zwei volle Stunden, aber als sie immer noch nicht zurückkam, verließ er das Brautgemach und suchte überall nach ihr, ohne jedoch eine

Spur von ihr zu finden. Da verließ er in derselben Nacht das Haus seines Vaters und zog in die Weite, um seine Braut zu suchen.

Nachdem die beiden Liebenden die Stadt verlassen hatten, legten sie mehrere Tagesreisen zurück und gelangten schließlich an das Ufer des Meeres. Ein Fahrzeug lag gerade bereit. Sie schifften sich schleunigst ein und segelten auf das Meer hinaus. Als sie auf hohe See gekommen waren, fiel dem jungen Mädchen ein, daß sie einen goldenen Becher am Ufer liegengelassen hatte. Kaum hatte der junge Mann das gehört, als er sich auch schon in ein kleines Boot setzte, das sich auf dem Schiffe befand, und an die Küste zurückruderte, um den goldenen Becher zu holen. Aber dem Schiffer kam der Gedanke, daß er, wenn der Herr der Welten ein so liebliches und schönes Mädchen zu ihm aufs Meer hinausschicke, sich wohl auch in ihren Besitz bringen müsse. Er näherte sich ihr also und wollte den Schleier von ihrem Antlitz ziehen. Sie aber war eine kluge Frau und dachte bei sich: »Wenn ich mich zur Wehr setze, wirft er mich ins Meer, aber ihm nachzugeben wäre töricht und schändlich; darum muß ich versuchen, ihn mit List hinzuhalten.« – Dann sagte sie zu dem Schiffer: »Lieber Kapitän, du bist mein und ich bin dein. Den jungen Mann, der fortgerudert ist, um meinen goldenen Becher zu holen, habe ich draußen in der Fremde getroffen, aber ich mache mir nichts aus ihm. Ich danke Gott, daß ich dich getroffen habe! Wie es sich mit dem andern verhält, werde ich dir seiner Zeit erzählen. Aber du mußt mich in dein eigenes Land bringen und dich dort mit mir verheiraten, damit unsere Kinder ehelich geboren werden können.« – Als der Schiffer diese Rede vernahm, zog er voller Freude den Anker ein und steuerte seinem Heimatland zu.

Der junge Mann war inzwischen an das Ufer des Meeres zurückgerudert. Er gedachte reumütig des kostbaren Schatzes, den er aus den Händen gegeben hatte, um nach dem goldenen Becher zu suchen. Nachdem er den Becher gefunden hatte, eilte er zurück; aber als er an die Stelle kam, wo das Schiff Anker geworfen hatte, war kein Schiff mehr zu sehen. Zerknirscht und verzweifelt fuhr er in seinem Boot auf das weite Meer hinaus und streifte umher, um seine Geliebte zu finden.

Der Schiffer aber nahm die Jungfrau mit und erreichte endlich Land. Da fragte sie ihn: »Hast du Verwandte und Bekannte?« – »Ja«, antwortete der Schiffer, »ich habe eine Masse Hausfrauen, Kinder, Verwandte und Bekannte.« – »Dann lege dein Schiff am Ufer an«, fuhr sie fort, »gehe in deine Stadt und bringe ein Gefolge deiner Verwandten und Bekannten mit, damit sie mich in dein Haus begleiten.« – Der Schiffer versprach ihr, diesen Wunsch zu erfüllen, und ging an Land. Sobald er gegangen war, sprach die Jungfrau: »O Gott, bei dir allein suche ich Schutz!« – Und mit diesen Worten zog sie den Anker ein und steuerte, ohne Trinkwasser und Proviant, auf das Meer hinaus, indem sie weinend ihr Geschick in Gottes Hand legte. Der Zufall führte das Schiff an eine Insel, auf der die verschiedensten Bäume, solche, die den wärmeren Himmelsstrichen angehören, und auch solche, die man in kälteren Gegenden findet, ihre Kronen in den Himmel emporstreckten.

Sie band das Fahrzeug an einem Baum fest, der am Ufer stand, und wanderte quer durch die Insel. Hier fand sie ein wohlangebautes Land mit allen möglichen süßen Früchten und rinnenden Gewässern. Es gab alle Sorten von Fruchtbäumen, die man sich nur immer wünschen mochte, Apfelsinen- und Pfirsichbäume, Rebenstöcke, Pflaumenbäume und Dattelpalmen, und rote, gelbe und weiße Blumen, Narzissen, Tulpen und viele duftende Kräuter.

Hier legte sich das junge Mädchen zur Ruhe nieder und erfreute sich an Gottes Schöpferwerk. Aber wie sie so dalag und darüber nachdachte, was sie nun beginnen sollte, kam plötzlich eine Schar berittener Räuber. Das junge Mädchen, das so unvergleichlich schön war, fiel ihnen sofort in die Augen, und sie ergriffen es und führten es zu ihrem Hauptmann. Der Räuberhauptmann geriet beim Anblick eines Mädchens von soviel

Liebreiz, von soviel Vollkommenheit und Schönheit ganz außer sich und sprach: »Auf eine solche Jungfrau müssen wir gut achthaben. Sie gehört in den Harem des Königs. Unsere Schurkenstreiche werden ja doch eines Tages entdeckt, darum laßt uns diese hier zum König bringen, damit er uns Gnade erweisen und uns keine Gefahr mehr von seiten des Königs drohen kann.« – Er nahm sie also mit in sein Haus und schickte sie unter Begleitung seiner Haremsfrauen zum König.

Sobald der König das junge Mädchen erblickte, verliebte er sich in sie, nicht nur mit einem Herzen, nein, mit hundert Herzen auf einmal, und er verstand es, ihr soviel Gnade und Freundlichkeit zu erweisen, daß sie wie die Nacht, die sich ins Dunkel birgt, ob all seiner Güte beschämt dastand. Er befahl, daß man ihr köstliche Kleider anlegen und ihr ein eigenes Zimmer anweisen solle. Aber das Mädchen begann bitterlich zu weinen. Der König fragte sie voller Teilnahme, warum sie weine. »Ich kann es nicht ertragen«, sagte er, »daß der Tränen königliche Perlen den Narzissen deiner Augen entquillen. Quäle nicht länger dein Herz, sondern erzähle, was du befürchtest. Warum, sag an, sind deine Rosenwangen in den gelben Schein des Safrans getaucht?«

Das junge Mädchen schlug die Augen nieder. Sie küßte den Boden und sprach: »O König! Wer bin ich, daß ich dem Befehl eines solchen Fürsten widerstehen könnte? Auch ich bin eine der Untertanen und Sklavinnen des Königs, und in allem, was du befiehlst, will ich dir gehorchen. Ich flehe nur um eins, daß die Gnade des größten aller Könige mir eine Frist von vierzig Tagen gewähren wolle. Alsdann will ich mich in allem dem Willen des Königs fügen.« – Der König fragte: »Aus welchem Grunde wünschst du eine Frist von vierzig Tagen?« – Weinend antwortete das junge Mädchen: »O König, mein Vater war ein bekannter Kaufmann. Als meine Mutter starb und mich mit meinem Vater allein zurückgelassen hatte, nahm mich dieser auf seinen Reisen mit. Wir kamen an die Küste des Meeres und gingen an Bord eines Schiffes. Aber das Fahrzeug ging in einem Sturme unter, und hilflos, an eine Planke gebunden, trieb ich auf den Wellen des Meeres umher, bis ich diese Insel erreichte, wo mich die Räuber ergriffen. Dank sei meinem Glücksstern, der mich zu dir brachte. Und nun bitte ich dich um vierzig Tage Frist, weil es doch möglich sein könnte, daß ich im Laufe dieser Zeit Nachricht von meinem Vater erhalte, und dann könnte ich mit frohem Sinn den Arm der Vereinigung um den Hals meines Königs legen.«

Wie groß auch das Verlangen des Königs nach dem jungen Mädchen war, so wollte er doch keinen Zwang auf sie ausüben, und er gab ihr vierzig Tage Frist. Mit jedem Tag wuchs die Liebe des Königs zu der Schönen. Sie lebte nun im Harem und wob den Gürtel der Freundschaft und Hingabe in ihr Verhältnis zu den Frauen des Harems, so daß diese kaum einen Augenblick die Gesellschaft und das Zusammensein mit ihr entbehren konnten. Da geschah es in einer Nacht von jenen Nächten, in denen die Frauen des Harems mit ihr zusammensaßen und schwatzten, daß die Rede auf das große Meer fiel, und das junge Mädchen erzählte, wie Sonne, Mond und Sterne ihre Bahn über den Ozean ziehen. Da fiel die Frauen eine große Lust an, eine Fahrt auf dem Meer zu unternehmen, und sie beschlossen, den König um Erlaubnis für eine Segelfahrt zu bitten.

Aber nun wollen wir wissen, wie es unserm Schiffer erging. Er war also in sein Haus gegangen und hatte eine ganze Schar Verwandte und Bekannte zusammengerufen, und in ihrer Begleitung begab er sich an das Meeresufer, um das Mädchen vom Schiffe abzuholen und nach Hause zu führen und Hochzeit mit ihr zu halten. Aber als sie an das Ufer des Meeres kamen, war keine Spur zu sehen, weder von dem Mädchen noch von dem Schiffe. Da zerriß der Schiffer seine Kleider und brach in Klagen aus, und dann zog er von dannen, um sein Schiff zu suchen.

Das junge Mädchen hatte, wie bereits erzählt, mit den Frauen des Harems verabredet, daß sie sich vom König die Erlaubnis erbitten wollten, eine Lustfahrt auf dem Meere zu unternehmen. Am nächsten Tage, als der König auf dem Hochsitz seiner Herrlichkeit im Harem Platz genommen hatte und sich mit den Frauen unterhielt, fiel die Rede schließlich auf das Meer und die Schiffe. Da sagte eine der Frauen: »Wir haben eine Bitte an den König, und zwar die, daß er uns gestatten möge, an Bord eines Schiffes einen Ausflug auf dem Meere zu unternehmen, und daß der König sich selbst an Bord des Schiffes bemühen möge, gleich der welterwärmenden Sonne, die ihr Fahrzeug über den indigofarbenen Ozean des Himmels dahintreibt. Wir wollen einen Kreis um den König schließen, wie der Mond und die Sterne um die Sonne, und so wollen wir hinaussegeln auf das Meer.« – Der König wandte sich an das junge Mädchen und fragte es: »Hast auch du Lust, einen Ausflug auf dem Meere zu unternehmen?« – »O König«, antwortete sie, »wenn die Frauen in deinem Harem einen solchen Ausflug wünschen und du gnädigst deine Erlaubnis dazu gibst, wird es auch deiner geringen Dienerin lieb sein.« – Der König ließ den Obereunuchen rufen und sagte ihm, er solle dafür Sorge tragen, daß an einem bestimmten Tag alle Zugänge zum Hafen gesperrt seien, und er solle aufschreiben, daß vierzig Frauen des Harems an jenem Tage eine Segelfahrt mit der fremden Jungfrau unternähmen.

Als der Zeitpunkt genau festgelegt war, stellten die Haremswächter ihre Befehle aus; alle Wege, die zum Hafen führten, wurden gesperrt und lagen menschenleer da, als sich die vierzig Frauen mit dem jungen Mädchen aufmachten. Wie freute sich die Jungfrau, als sie das Fahrzeug sah. Sie lud die Frauen ein, auf dem Schiffe Platz zu nehmen, und als alle an Bord gekommen waren, lichtete sie den Anker. Im selben Augenblick erhob sich ein rasender Sturm, der das Schiff und alle, die sich an Bord befanden, ergriff und es über die Meeresfläche dahinfliegen ließ wie eine Sternschnuppe am Himmel. Die Eunuchen schlugen Alarm, aber was konnte ihnen das helfen? Sie kehrten zum König zurück und teilten ihm mit, was geschehen war. Der König seufzte einmal tief aus Herzensgrund, dann stieg er von seinem Throne herab, riß sich die Krone vom Haupte, und als ein Bruder des Kummers und der Klage machte er sich auf, um die Verschwundenen zu suchen.

Nach Verlauf von sieben Tagen strandete das Schiff an einer anderen Insel. Hier warfen die Reisenden Anker, verließen das Schiff und begaben sich in das Innere der Insel. Ein Holzhacker, der zufällig hier zu tun hatte, bemerkte sie und setzte bald die Stadt davon in Kenntnis. Ein paar Leute gingen hinaus, um sie zu suchen, fanden sie und führten sie zu dem Statthalter, der zu ihnen sagte: »Seid guten Mutes, unser König ist ein gerechter Fürst.« – Das junge Mädchen aber freute sich, als sie dies hörte.

Man führte sie vor den König, und dieser ließ sie ins Serail bringen. Aus ihrer Geborgenheit hinter den Vorhängen der Frauengemächer sandte das junge Mädchen einen wahrheitsgetreuen Bericht über alles, was sich zugetragen hatte, an den König. Da sie erkannt hatte, daß der König ein frommer Mann war, der sich nicht von der Lust seiner Sinne leiten ließ, sondern dessen Wesen ein vollkommener Gerechtigkeitssinn zierte, schilderte sie ihm alle ihre Erlebnisse, ohne auch nur etwas vor ihm zu verheimlichen. Da erwies ihr der König große Ehre. Er ließ ihr einige hübsche Zimmer im Harem einrichten, damit sie und die Frauen, die sie bei sich hatte, dort ihren Aufenthalt nehmen könnten. Außerdem befahl er mehreren Ausrufern mit schöner Stimme, in allen Städten und Dörfern zu verkünden, daß ein jeder Fremdling, der sich einfände, ergriffen und vor den König geführt werde.

Als eine Woche vergangen war, bemerkte die Torwache dieser Stadt einen jungen Fremdling, der in die Stadt hineinging. Sie bemächtigten sich seiner und führten ihn vor den König. Das junge Mädchen, das hinter einem Vorhang versteckt saß, erkannte in ihm ihren Bräutigam, den Sohn des Veziers. Der König fragte ihn, wer er sei und woher er komme. Der junge Mann erzählte ehrlich und der Wahrheit gemäß seine Geschichte. Der König fragte das junge Mädchen, ob er die Wahrheit rede, und sie antwortete: »Ja.« Da befahl der König einem Mihmândâr [1], er solle ihn in sein Haus aufnehmen.

Einen Monat später kam die Wache wieder und meldete, daß sie einen fremden Mann bringe, der soeben angekommen sei. Das junge Mädchen warf aus ihrem Versteck einen Blick auf den Fremdling und erkannte in ihm ihren Vetter. Wer war froher als sie! Der König erkundigte sich bei ihm über seine Verhältnisse, und der junge Mann erzählte ehrlich und aufrichtig seine Erlebnisse. »Redet er wahr?« fragte der König das junge Mädchen. »Ja«, antwortete sie. Auch diesem Fremden bestellte der König einen Mihmândâr, der ihn mit der größten Zuvorkommenheit behandeln und an nichts, was ihm das Leben behaglich machen könne, sparen sollte.

So vergingen etwa drei Wochen, als die Torwache wieder mit einem neuen Fremdling vor dem König erschien. Das junge Mädchen war auf seinem Posten und sah, daß es der Schiffer war. Auf die Frage des Königs antwortete der Schiffer: »Ich bin ein Kaufmann. Mein Schiff erlitt Schiffbruch bei einem Sturm, und dadurch gelangte ich an diesen Ort.« – Der König fragte wie gewöhnlich das junge Mädchen, ob er die Wahrheit rede, und sie antwortete: »Das ist der Schiffer, der den Zahn der Begierde nach mir wetzte und mich durch Falschheit zu gewinnen versuchte.« – Der König befahl, ihn in Ketten zu legen und ins Gefängnis zu werfen und ihm täglich nur ein Brot zu geben, damit er nicht Hungers sterben solle.

Einige Tage später ergriff die Torwache aufs neue einen Fremdling und stellte ihn dem König vor. Das junge Mädchen sah, daß es der andere König war, der Herr der vierzig Haremsfrauen. Der König der Insel wandte sich mit folgenden Worten an ihn: »Wo kommst du her? Was wünschest du? Was für ein Geschäft hast du in dieser Stadt?«

»O Weltbeherrscher«, sprach der fremde König, »nach Gesetz und Moral aller Religionen und aller Völker ist die Lüge

[1] der Mihmândâr hat das Amt, die Gäste zu empfangen

ein verächtlich Ding. Für deinen geringen Diener gibt es nichts Schöneres als die Wahrheit, und doch wäre es besser für mich, zu lügen, weil jeder, der meine wahre Geschichte hört, mir zürnen müßte, und ich würde mit Schmach und Schande dastehen. Sagt nicht der Dichter Hâfiz: ›Eine nützliche Lüge ist besser als eine Wahrheit, die Unheil anstiftet‹[1]. Doch kann ich nicht anders, als die Wahrheit reden, denn ich habe nie gelogen.« – Der König der Insel neigte sich ein wenig zu dem Vorhang hinüber und fragte: »Junges Weib, kennst du diesen Mann?« – »Ja«, antwortete sie, »es ist der König, dessen vierzig Haremsfrauen ich mit hierhergebracht habe.« – Als der König dies hörte, sagte er: »Fremdling, ehe du deinen Bericht begannst, kannten wir schon deine Geschichte, und du brauchst dich deshalb nicht näher zu erklären.« – Dem Mihmândâr aber ließ er sagen: »Behüte diesen Mann sorgfältig und führe ihn morgen in der Frühe vor unseren Thron.« – Und dann fügte er hinzu, indem er sich an die junge Frau wandte: »So beschämt war er, ehe er seinen Bericht beginnen sollte, daß er lieber sein Leben gelassen hätte.«

Der König ließ nun den Sohn des Veziers zu sich kommen und sprach zu ihm: »Junger Mann, lange hast du Schlimmes ertragen müssen. Nun will ich dich zu einem meiner Emire machen. Und wenn du es wünschst, will ich dir eine Braut schenken und dich in dein Land zurückschicken, nachdem ich dich mit allem, was vonnöten ist, ausgestattet habe.« – Der Sohn des Veziers war der Beschwerlichkeit des umherschweifenden Lebens von Herzen satt und ging froh und zufrieden auf seinen Vorschlag ein. Darauf ließ der König alle Vorbereitungen für die Hochzeit anordnen und gab ihm die Tochter eines Emirs zur Braut. Als die Hochzeit gefeiert war, ließ er den jungen Ehemann zu sich rufen, gab ihm alles, was er für eine standesgemäße Reise brauchte, und sagte: »Wenn du nun in dein Vaterland kommst, könnte es ja möglich sein, daß das

[1] Dieser charakteristische Satz, den die Perser oft zitieren, stammt nicht von Hâfiz († 1389), sondern von dem älteren Sa'dî († 1291)

junge Mädchen, das du früher geheiratet hast, am Leben ist und sich nun in ihrem Heim oder anderswo befindet, und vielleicht hat sie sich auch an einen anderen Mann gebunden, so daß du sie nicht zurückbekommen kannst. Wenn sie aber als deine Gattin in den Besitz eines andern Mannes gekommen ist, wird es euch beiden im Jenseits zu großem Schaden gereichen.« – »O König«, antwortete der Sohn des Veziers, »ich habe mich in Gedanken schon längst von ihr getrennt, und hiermit spreche ich im Beisein der Würdenträger deines Reiches die Scheidung aus und breche mein Verhältnis mit ihr.« – Darauf ließ ihn der König reich ausgestattet heimwärts in sein eigenes Land ziehen.

Dann ließ der König den Schiffer zu sich holen und herrschte ihn an mit folgenden Worten: »Elender! Warum hast du mich belogen? Wenn dir jemand sein Vertrauen entgegenbringt und dir seine Ehre anvertraut und dich wie einen Freund behandelt, dann sinnst du nur auf Verrat. Aber wahrlich, den Lohn, den du durch deine Taten verdienst, sollst du bekommen.« – Und damit befahl er, daß man ihn unter vielfachen Peinigungen töten solle.

Dann beschied der gerechte Herrscher den fremden König zu sich und sagte zu ihm, indem er ihm seine Haremsfrauen übergab: »Deine Verhältnisse sind uns bekannt. Alle die Plagen und Widerwärtigkeiten, die du hast ertragen müssen, stammen von dem Betrug, den du im Sinne hattest. Darum weilst du jetzt fern von deinem Heer und deinem Reiche. Du solltest dich einer anderen Handlungsweise befleißigen und dir bewußt sein, daß der König der Behüter der Ehre seiner Untertanen ist.« – Mit reichen Schätzen und vielfältigen Gaben ließ der König der Insel den fremden Fürsten in sein eigenes Reich zurückkehren.

Endlich, am folgenden Tage, ließ der König den jungen Mann, den Vetter der Jungfrau, zu sich rufen. »Wenn du nun deine Geliebte sähest, würdest du sie wiedererkennen können?« »Ja«, antwortete der junge Mann. Der König zog den Vorhang zur Seite. Als der junge Mann seine Geliebte erblickte, blieb er eine lange Zeit gänzlich befangen dastehen. »Ist es ein Traumbild«, sagte er, »oder bin ich wirklich wach?«

Kurz, der König verband ihn mit dem jungen Mädchen durch das Band der Ehe und hielt ihnen ein Hochzeitsfest, das sieben Tage und Nächte dauerte, und die beiden Liebenden umschlangen sich mit dem Arm der Vereinigung. Der König aber gab dem jungen Mann große Reichtümer, rüstete ihn mit Pomp und Pracht und einem großen Gefolge aus und sprach zu ihm: »Ziehe nun, wohin du willst.« –

Und die beiden jungen Menschen empfingen die reichen Gaben und die vielen Sklaven und begaben sich auf die Heimfahrt.

Das Geheimnis des Bades Badgerd

15 Der arabische Prinz Hâtim Tâî[1] hatte, beauftragt von der Königin Husn Bânû, die Aufgabe übernommen, das Geheimnis, das sich an das Bad Bâdgerd knüpfte, zu erforschen. Von der Stadt Husn Bâûs, Schâhâbâd aus, machte er sich auf den Weg und kam nach einer langen Reise zu einer dichtbevölkerten Stadt. Vor dem Tore der Stadt stand ein alter Mann, der Hâtim begrüßte und ihn willkommen hieß. Hâtim beantwortete seinen Gruß.

»Junger Mann«, sagte der Greis, »wenn du dich heute abend in meine Wohnung bemühen wolltest, würdest du mir eine große Freude machen.« – Hâtim nahm die Einladung an, und der alte Mann nahm ihn mit in sein Haus und bewirtete ihn wie einen Gastfreund. Als sie gegessen hatten, sagte der Alte:

[1] Hâtim aus dem Stamme Tâî, der zu den Dichtern der Wüstenaraber vor der Zeit des Propheten Mohammed gehört, wird in der Sage als der Typ eines edelmütigen Beduinenhäuptlings verehrt. Um dem Prinzen Munîr zum Besitz der schönen Königin Husn Bânû zu verhelfen, übernahm es Hâtim an seiner Statt, die sieben Fragen zu beantworten, deren Lösung sie ihren Freiern auferlegt hatte. Die letzte dieser sieben Aufgaben war die Erforschung des Geheimnisses, welches das Bad Bâdgerd in sich schließt.

»Junger Mann, was ist das Ziel deiner Reise und wie heißt du?« – »Ich bin ein Mann aus Jemen«, antwortete Hâtim, »ich komme von Schâhâbâd und bin unterwegs nach dem Bade Bâdgerd.« – Da neigte der alte Mann sein Haupt und saß lange schweigend da. Dann blickte er auf und sprach: »Junger Mann, welcher Feind hat dich nach dem Bad Bâdgerd geschickt? Niemand weiß, wo Bâdgerd liegt. Ich selbst habe nur so viel in Erfahrung bringen können, daß keiner von denen, die ausgezogen sind, um das Bad Bâdgerd zu finden, jemals zurückgekehrt ist. In der Stadt Qat'ân residiert ein König mit Namen Hârith. Er hat an den Grenzen seines Reiches Leute aufgestellt, die jeden, der das Bad Bâdgerd finden will, vor ihn hinführen sollen, aber niemand weiß, warum er dies tut und ob er die, die vor ihn hingeführt werden, tötet oder ob er sie weiterziehen läßt.«

Hâtim erzählte ihm, daß er, um die Liebe des Prinzen Munîr zu der Königin Husn Bânû zu fördern, sich verpflichtet habe, die sieben Aufgaben, die die Königin gestellt habe, zu lösen, und daß er bereits sechs davon gelöst habe; die siebente Aufgabe bestehe darin, das Bad Bâdgerd auszukundschaften, und mit diesem Ziel sei er nun wieder auf Abenteuer ausgezogen. »Gott sei mit dir und deinen Eltern, junger Mann«, ergriff der Alte wieder das Wort, »daß du aus Liebe zu anderen dein eigenes Leben aufs Spiel gesetzt und so vielen Gefahren ins Auge gesehen hast. Du bist sicher ein edelgeborener Mann. Aber trotz alledem, kehre lieber zurück und sage, das Bad Bâdgerd sei ein verwunschener Ort, daß niemand diesen Bau kenne und wisse, wie und wo er sei.« »Ach«, sprach Hâtim, »wie kann ich mit einer solchen Ausflucht kommen? Der unglückliche Liebhaber erwartet mich mit Ungeduld, und die Stunde ist nahe, da ich mein Versprechen an ihn einlösen soll.« – »Junger Mann«, fuhr der Greis fort, »höre auf meine Worte; von allen, die ausgezogen sind, um das Bad Bâdgerd zu finden, ist keiner zurückgekommen.« – »Ich weiß, daß du mit all deinen warnenden Worten nur mein Wohl vor Augen hast«, erwiderte Hâtim seinem edlen Wirt, »aber wenn man sich vor Gott eine Pflicht auferlegt hat, darf man auf halbem Wege nicht umkehren; es wäre wider das Gebot des Glaubens. Ich vertraue auf die Barmherzigkeit Gottes und hoffe, daß der junge Prinz durch mich das Ziel seiner Wünsche erreichen wird. Zeige mir darum in Gottes Namen den Weg nach Qat'ân, daß ich dahinziehen und dieses Rätsel lösen kann.«

Als der alte Mann einsah, daß sein Gast entschlossen war, sein Vorhaben auszuführen, fügte er sich in das Unvermeidliche und führte Hâtim hinaus vor die Stadt. Nachdem sie ein gut Stück Weges gegangen waren, sagte der Alte: »Von hier ab mußt du rechts gehen. Wenn du durch eine Reihe von Städten und durch zahllose Dörfer gekommen bist, wirst du vor dir einen Berg sehen, an dessen Fuße viele Zypressen wachsen. Du steigst über den Berg hinüber und kommst dann in eine weite Ebene, und jenseits davon gelangst du an einen Ort, an dem der Weg sich in zwei Arme teilt. Dort sollst du den Weg zur Linken einschlagen, denn der Weg zur Rechten ist zwar weniger beschwerlich zu wandern, aber er ist voll von Gefahren und Schrecken.«

Hâtim nahm Abschied von dem alten Manne und zog davon. Er kam durch Städte und Dörfer und betrachtete das emsige Treiben der Menschen, und nach einiger Zeit kam er an eine Stadt, von der ihm Pauken und Trompeten entgegenklangen. »Hier scheint es ja heute hoch herzugehen«, dachte er, und als er in die Stadt hineinkam, sah er eine Menge Menschen versammelt, aber draußen vor den Toren der Stadt hatte man prächtige Zelte errichtet; ringsumher lagen Teppiche ausgebreitet, und hier saßen die Leute beisammen, während Sänger ihre Weisen sangen und tanzten, und man hatte Töpfe über das Feuer gesetzt und bereitete das Essen darin.

Hâtim ging zu den Leuten hin und fragte sie, was für ein Freudenfest man doch in der Stadt halte. »Die Sache ist die«, antworteten sie, »daß jedes Jahr draußen von der Wüste ein mächtiger Drache kommt und menschliche Gestalt annimmt.

Dann bringt man alle jungen Mädchen der Stadt, von der Tochter des Königs angefangen bis zur Tochter des Bettlers, hinaus in die Zelte dort, legt ihnen Brautgewänder an und schmückt sie mit goldenem Geschmeide und feiert ein Fest. Der Drache sieht sich alle jungen Mädchen genau an und entführt dann die, die ihm am besten gefällt. Daß wir aber alle diese Lustbarkeiten veranstalten, geschieht nur, weil wir dazu gezwungen sind. Gott allein weiß, an welcher der Drache Gefallen finden wird und welche ihren Hochzeitstag mit ihm feiern muß. Aber am folgenden Tage trauern und weinen alle, und eine ganze Woche hindurch herrscht Kummer und Klage in der Stadt. Heute ist nun gerade der Tag, an dem der Drache kommen soll.« – »So ist«, sagte Hâtim, »dieses Freudenfest in Wirklichkeit ein Trauertag für euch.« – »Ja«, antworteten sie, »aber was können wir tun, um unserem Unheil ein Ende zu bereiten? Wer kann uns wohl von diesem Drachen erlösen?« – Da sprach Hâtim: »Um Gott zu dienen, will ich heute abend das Unglück von euern Häuptern wenden, seid darum guten Mutes.«

Als die Leute diese Worte hörten, gingen sie zu den Würdenträgern des Reiches und teilten ihnen mit, was Hâtim zu ihnen gesagt hatte. Man führte Hâtim vor den König; dieser ließ ihn auf seinem Throne Platz nehmen und sprach zu ihm: »Junger Mann, weißt du etwas von dem Unglück, worunter wir alle leiden?« – »Ja«, antwortete Hâtim, »dieser Drache gehört zu der Rasse der Dschinnen, und da die Dschinnen boshafter Natur sind, ist dieser Drache vom Wege der Gebote Gottes abgewichen und hat sich darauf verlegt, die Menschen zu plagen.« – »Wenn er wirklich ein Dschinn ist«, fuhr der König fort, »und es in deiner Macht steht, uns von dieser Plage zu befreien, würdest du uns damit die größte Wohltat erweisen.« Hâtim aber sagte zu den Leuten: »Nun müßt ihr euch genau nach meinen Anweisungen richten. Wenn der Drache eine eurer Töchter gewählt hat, sollt ihr sagen: Ein vornehmer junger Mann ist hierhergekommen und hat uns befohlen, das junge Mädchen ohne seine Erlaubnis nicht fortzugeben, und wenn du in deinem Zorn dieses Reich im Laufe eines Jahres zerstören kannst, so kann er es in einem Augenblick in eine Wüste verwandeln.«

Sie versprachen, alles zu tun, was er gesagt hatte. Als der Tag zur Neige ging und die Ankunft des Drachen bevorstand, kamen die Leute und meldeten Hâtim, daß das Ungeheuer sich nähere, und Hâtim sagte dem König, daß er hinausgehen und es genau ansehen wolle. Auch der König und die Emire gingen hinaus vor das Schloß. Da sah Hâtim den Drachen kommen. Er war so groß, daß sein Kopf hoch hinauf in den Himmel ragte, und seine Länge spottete jeglicher Beschreibung. Steine und Sträucher wurden unter seinen Bewegungen in Staub zermalmt. »Nur Gott ist allmächtig!« dachte Hâtim bei diesem Anblick. Als sich der Drache näherte, schlug er so gewaltig mit dem Schwanze, daß den Leuten der Atem verging und sich alle mit dem Angesicht auf die Erde warfen. Der Drache sah sich nach allen Seiten um, legte sich dann nieder und nahm die Gestalt eines hübschen Mannes an. Der König nahm ihn mit, führte ihn auf sein Schloß und ließ ihn auf seinem Throne sitzen, und nachdem sie ein wenig gesessen hatten, erhob sich der Drache und sagte: »Nun laßt mich mal eure Mädel sehen.« – »Du brauchst nur zu sehen und zu wählen«, sagte der König.

Der Drache verließ das Schloß, ging umher und sah sich die Töchter aller Häuptlinge und Kaufleute an und auch die anderen jungen Mädchen, aber keine wollte ihm so recht gefallen. Da kehrte er auf den Platz vor dem Schlosse des Königs zurück, ging in das königliche Zelt hinein und verlangte die Tochter des Königs zu sehen. Man führte sie herbei. Sofort verliebte sich der Dschinn in ihr hübsches Gesicht und sagte: »Diese da liebe ich, gib sie mir zur Braut.« – Aber der König sprach: »Der Sohn eines meiner Würdenträger, der sich einige Zeit fern von unserer Stadt aufgehalten hat, ist nun zurückgekehrt, und ich wage es nicht, gegen seinen Befehl zu handeln, denn im Fall ich mich ungehorsam gegen ihn erweise, könnte er mein Reich in einer Stunde zerstören. Wenn es dir angenehm ist, will ich einen Boten zu ihm senden, und dann werde ich handeln, wie er bestimmt.« – »Laß ihn kommen«, sagte der Dschinn.

Man holte Hâtim, und er stellte sich vor den Dschinn. »Junger Mann«, sagte dieser, »ich habe dich früher nicht in dieser Stadt gesehen. Wo kommst du her, und warum bringst du das Volk auf Abwege? Willst du etwa, daß ich dieses Land vernichten soll?« – Hâtim antwortete: »Ehe ich hierherkam, war man dir in allem untertan, aber jetzt bin ich der Erbe dieser Stadt, und alle Dinge, die sie angehen, beruhen auf meinem Gutdünken. In dem Lande, aus dem ich stamme, hat man von alters her gewisse Zeremonien bewahrt, denen sich der Freier unterwerfen muß, ehe man die Braut seiner Obhut übergibt.« »Was sind das für Zeremonien?« fragte der Dschinn. »Die erste ist folgende«, antwortete Hâtim. »Ich habe hier ein Amulett, das ich von meinen Vorfahren geerbt habe; dieses legt man in Wasser, und das Wasser gibt man dann dem künftigen Ehemann zu trinken.« – »Gib das Wasser nur her«, sagt der Dschinn, »dann werd' ich es schon trinken.« – Hâtim zog das Amulett hervor, das er[1] von der Bärentochter bekommen hatte, tauchte es in einen Becher mit Wasser und reichte das Wasser dem Dschinn, der es, ohne etwas Böses zu ahnen, austrank und damit die Zauberkraft verlor, die er als Dschinn besaß.

Hâtim fuhr fort: »Die zweite Zeremonie besteht darin, daß der Freier in ein großes Faß[2] kriecht, welches wir dann gut verschließen und aus dem er sich dann wieder herausarbeiten muß. Glückt es dir, kriegst du die Braut, andernfalls mußt du mir tausend Rubinen und zweitausend kostbare Diamanten von denen, die sich im Reiche der Feen befinden, geben, um die Braut zu bekommen.« – Der Dschinn, der auf seine über-

[1] bei einem früheren Abenteuer [2] ein Lehmfaß für Wein oder ähnliches

natürliche Macht baute, sagte: »Bringt das Faß nur her!« Hâtim ließ ein großes Faß holen und forderte den Dschinn auf, hineinzuspringen, was der Dschinn auch tat, worauf Hâtim die Öffnung des Fasses verschloß, darüber hinblies und den Namen des Allmächtigen aussprach. Dadurch wurde der Verschluß so fest wie ein Felsen. »Komm nun wieder heraus!« rief Hâtim dem Dschinn zu. Aber wie sehr dieser sich auch anstrengte, konnte er nicht herausschlüpfen. Dann befahl Hâtim, daß man einen Stoß Holz herbeischaffen solle. Die Leute eilten davon und sammelten das Holz, legten es rundherum und obendrauf auf das Faß und steckten es in Brand. Als es dem Dschinn drinnen im Fasse anfing heiß zu werden, rief er um Hilfe, aber das konnte ihm nicht das geringste helfen, er mußte jämmerlich sein Leben lassen. Darauf ließ Hâtim das Faß tief in die Erde graben und sagte zu den Leuten: »Freuet euch, denn das Unglück, das euch so lange heimgesucht hat, hat nun ein Ende.«

Alle, hoch und niedrig und auch der König, segneten Hâtim, und man brachte ihm Gold die Fülle als Geschenk, er aber sagte: »Liebe Freunde, des Goldes bedarf ich nicht, was ich getan habe, tat ich, um Gott zu dienen.« – »Es ist nur eine geringe Gabe«, sagten die Leute, »und wir stehen in tiefer Schuld bei dir für den großen Dienst, den du uns erwiesen hast.« – Da ließ Hâtim alle Armen und Notleidenden der Stadt kommen und verteilte das Gold unter sie, und sie beteten um Gottes Segen für ihn.

Noch drei Tage blieb Hâtim als Gast in dieser Stadt, dann nahm er Abschied und setzte seine Wanderung fort. Nach kurzer Zeit erreichte er den Berg, von dem der Alte gesprochen hatte. Er stieg über den Berg und zog weiter. Da lag eine gewaltige Ebene vor ihm. Mehrere Tage lang durchwanderte er sie, und viele Wunder und Zeichen der Allmacht Gottes offenbarten sich seinem Blick. Bald trank er frisches Quellwasser, bald mußte er seinen Durst mit brackigem Wasser stillen.

Als er die Ebene hinter sich hatte und an die Stelle kam, da der Weg sich teilte, entsann er sich keines Besseren, als daß der alte Mann gesagt hatte, der Weg zur Linken sei voller Gefahren, »und das Alter soll man ehren und achten seiner Lehren«. Also schlug er den Weg zur Rechten ein. Aber kaum war er kurze Zeit gegangen, als ihm plötzlich die Worte des Greises wieder klar und deutlich in den Sinn kamen, und er mußte einsehen, daß er den verkehrten Weg gewählt hatte. »Ich will lieber umkehren und auf dem Weg zur Linken weitergehen«, dachte er bei sich, und er ging zurück, um den Weg nach links zu finden. Aber er geriet in ein Dornengestrüpp. Die Dornen zerrissen ihm das Fleisch, und er hatte tausend Beschwerlichkeiten auszustehen. »Ach«, dachte Hâtim, »der Alte hatte recht, als er sagte, dieser Weg sei voller Grauen, und auf die Dornen kommen gewiß noch andere Schwierigkeiten [1].«

Nach mehrtägiger Wanderung kam er endlich unter tausend Mühen und Nöten aus dem Gestrüpp heraus und in die Wüste. Hier lebte eine Unzahl wilder Tiere; und kaum sahen diese Ungeheuer, daß sich ein Mensch näherte, als sie auch schon wie rasend auf ihn losstürzten. Hâtim sah sie zu Tausenden auf sich zukommen. Sie glichen Bastarden von Füchsen, Schakalen und Panthern. Hâtim wurde von Furcht ergriffen. »Sie fressen mich noch mit Haut und Haar«, dachte er. Aber er wußte sich keinen Rat, wie er sich vor ihnen wehren konnte. Und da stand er, zitternd und zagend, als plötzlich der alte Mann zu seiner Rechten erschien und zu ihm sprach: »Junger Mann, man hat noch immer wohl daran getan, den Worten alter und erfahrener Männer verständnisvoll zu lauschen; wenn man ihren Rat verachtet, kommt man zu kurz, und so ist es dir nun ergangen.« »Ehrwürdiger Greis«, antwortete Hâtim, »ich weiß, daß ich übel daran getan habe, deines Rates nicht zu achten.« – »Nun denn«, fuhr der Alte fort, »wirf das Amulett,

[1] die Erzählung ist hier verworren. Nach dem Wortlaut des Textes hat Hâtim ganz richtig den Weg zur Linken gefunden und ist darauf weitergegangen. Aber aus den Vorwürfen des alten Ratgebers geht im folgenden hervor, daß er sich immer noch auf dem Weg, vor dem er gewarnt worden war, befindet. Ich habe in meiner Übersetzung versucht, die Darstellung in Ordnung zu bringen.

das du von der Bärentochter bekommen hast, und erkenne, was Gottes Allmacht vermag.«

Hâtim zog geschwind das Amulett hervor und warf es, während der Alte vor seinen Blicken verschwand, auf die Erde. Diese färbte sich zuerst gelb, dann wurde sie schwarz, worauf sie wiederum die Farbe wechselte und grün und endlich rot wurde. In dem Augenblick, als sich die rote Farbe zeigte, wurden die herbeistürmenden Ungeheuer gänzlich wild, stürzten sich aufeinander und zerrissen sich gegenseitig. Hâtim wunderte sich über diese plötzliche Feindschaft unter den Tieren, die nun ganz ihre Absicht, ihn zu fressen, aufgegeben hatten und statt dessen einander auffraßen. Als er sah, daß auch kein einziges von den Ungeheuern mehr am Leben war, dankte er Gott in einem Gebet und nahm sein Amulett wieder auf.

Als Hâtim wieder einige Tage weitergewandert war, kam er in einen Erzwald. Sobald er diesen Wald betreten hatte, fühlte er, wie die Erzsplitter durch seine Schuhe hindurchdrangen. Er riß Streifen von seinen Kleidern ab und stopfte sie in die Schuhe, aber das konnte nichts helfen, und bald waren seine Füße ganz zerrissen. Endlich kam er doch aus dem Wald heraus. Da setzte er sich hin und zog seine Schuhe aus. Seine Fußsohlen waren durchlöchert wie ein Sieb. Er zog die Erzsplitter heraus, verband die Füße mit Lappen und zog die Schuhe wieder an, und so humpelte er weiter, froh, daß er doch endlich diese Leiden überstanden hatte. Aber während er munter über die Ebene dahinschritt, fuhren Scharen von riesenhaften Skorpionen, die Menschenfleisch gerochen hatten, auf ihn los. Sie waren so groß wie Schakale, hatten Vogelkrallen und Augen, die wie Wolfsaugen blitzten. Aber auch in dieser gefahrvollen Stunde stand der alte Mann an der Seite des zitternden Hâtim und lehrte ihn wie damals, sein Amulett zu gebrauchen. Wieder nahm die Erde verschiedene Farben an, und als sie rot wurde, griffen die Skorpione einander an und kämpften unter sich mit einer solchen Erbitterung, daß keiner von ihnen mit dem Leben davonkam.

Nachdem Hâtim lange, lange gewandert war, kam er endlich in der Stadt Qat'ân an und stieg in einer Karawanserei ab. Hier ruhte er sich einige Tage aus. Dann nahm er zwei fürstliche Perlen, zwei Rubine und zwei köstliche Diamanten, steckte sie zu sich und begab sich zu dem Palast des Königs. Die Türwächter und Kammerherren meldeten seine Ankunft dem König Hârith, der ihnen befahl, ihm nähere Auskunft über den fremden Jüngling zu verschaffen. Die Kammerherren kehrten zurück und fragten Hâtim: »Wo kommst du her und wer bist du?« – »Ich bin ein Kaufmann«, antwortete Hâtim, »und komme von Schâhâbâd. Ich hege den Wunsch, vor dem Angesicht des Königs erscheinen zu dürfen.« – Mit diesem Bescheid gingen die Kammerherren zum König hinein, und der König befahl, den Fremdling sofort hereinzuführen.

Als Hâtim in der Königshalle stand, erging er sich in den bei solcher Gelegenheit gebräuchlichen Redensarten und breitete unter Lobpreisungen seine Edelsteine als Geschenk vor dem König aus. Das Antlitz des Monarchen erhellte sich beim Anblick der Juwelen; er ließ Hâtim auf seinem Throne Platz nehmen und fragte ihn: »Junger Mann, wo ist deine Karawane?« Hâtim antwortete: »Lange schon habe ich meinen Kaufmannsstand aufgegeben, um ein freies Wanderleben zu führen, denn diese Welt ist nur ein leerer Schall, und es ist unklug, sein Herz an Geld zu hängen. Aber als mich mein Weg zu euern Grenzen führte und ich den König von allen Menschen in den höchsten Tönen preisen hörte, beschloß ich, einem so gerechten und gegen seine Untertanen so liebevollen König meine Aufwartung zu machen.«

Der König gab ihm ein Ehrenkleid und erwies ihm große Freundlichkeit und sagte: »Jüngling, bleibe einige Tage bei uns und erfreue uns durch deinen Anblick.« – Darauf ging Hâtim ein. Der König ließ ihn in der Nähe des Palastes wohnen, und Hâtim verweilte sechs Monate am königlichen Hofe und machte sich dem König Hârith so unentbehrlich, daß er, wenn er ihn einen Tag nicht bei sich sah, gleich einen Boten zu ihm schickte und sein Gemüt sich nicht eher beruhigte, bis Hâtim sich einfand. Oft sagte der König zu seinen Hofleuten: »Es wäre mir lieb, wenn sich dieser Jüngling auf immer in unserer Stadt niederlassen wollte.«

Eines Tages, als Hâtim den König Hârith in besonders froher und heiterer Stimmung fand, zog er ein paar schöne Edelsteine, Rubine und Smaragde hervor und überreichte sie dem König. »Jüngling«, sagte Hârith, »deine Freigebigkeit und dein Edelmut erfreuen mich sehr. Nun hast du mir schon lange deine Aufwartung gemacht und niemals einen einzigen Wunsch vor mir ausgesprochen. Sprich darum frei heraus, was du auch nur auf dem Herzen haben könntest; jeden Wunsch, den du äußerst, will ich dir erfüllen, denn ich möchte dir gerne einen Dienst erweisen.« – Hâtim antwortete: »Wenn nur der König glücklich ist, dann wünsche ich nicht mehr. Fahrende Leute haben nicht viel Bedürfnisse.« – Aber als Hârith in ihn drang, sagte er: »Möge sich der König eines langen Lebens erfreuen. Nun denn, einen einzigen Wunsch noch hegt mein Herz, und dieser wird mich, solange er unerfüllt bleibt, bis zu meiner Todesstunde verfolgen.« – »Und was ist dieser Wunsch?« fragte Hârith. »Selbst wenn du meine eigene Tochter zur Ehe begehrtest, würde ich sie dir geben.« – »Deine Tochter soll mir eine Mutter und Schwester sein«, antwortete Hâtim, »aber mein Wunsch geht auf etwas ganz anderes hinaus. Wenn der König mir versprechen will, ihn zu erfüllen, will ich ihn nennen.« – Hârith erwiderte: »Ich werde deinen Wunsch erfüllen«; und er schwor darauf beim heiligen Glauben. Da sprach Hâtim: »Mein Wunsch geht darauf hinaus, das Bad Bâdgerd zu sehen. Wenn du es mir erlaubst, will ich dorthin ziehen und das Bad untersuchen.«

Als der König diese Worte gehört hatte, blieb er lange schweigend und mit gesenktem Haupt dasitzen. »O König«, sagte Hâtim schließlich, »was sitzest du dort und grübelst?« – Hârith blickte auf und erwiderte: »Jüngling, gar mancherlei Gedanken ziehen mir durch den Sinn. Der erste ist der, daß ich gelobt und geschworen habe, keinem einzigen Menschen die Erlaubnis zu geben, nach Bâdgerd zu ziehen, und wenn ich es nun täte, würde ich damit mein Wort brechen. Der zweite Gedanke ist der, daß keiner, der dorthin gezogen ist, jemals zurückgekehrt ist, und daß es eine Schande wäre, wenn ich einen so schönen und edlen Jüngling nie wiedersehen sollte, denn, dachte ich weiter, seinesgleichen wird niemals wieder an meinen Hof kommen. Endlich erwog ich, daß ich, wenn ich dir die Erlaubnis, um die du mich batst, verweigerte, damit das Versprechen bräche, das ich dir im voraus gegeben hatte, und dann würde keiner in der Welt mehr auf mein Wort bauen können.« – »O König«, antwortete Hâtim, »ich werde, wenn Gott will, wohlbehalten wiederkehren und dir aufs neue meine Aufwartung machen; sei darum unbekümmert.« – Und dann erzählte er dem König, warum er ausgezogen war, das Rätsel des Bades Bâdgerd zu lösen, und nannte schließlich seinen Namen. Hârith erhob sich, schloß Hâtim in seine Arme und sagte: »Ja, königlicher Adel prägt deine Stirn, der Ruhm deines Edelmutes ist bekannt in Stadt und Land, und in kurzer Zeit ist dein Name ein leuchtendes Beispiel für alle Welt geworden.« – »Darauf gab er den Befehl, man solle ihm eine Vollmacht ausfertigen, die er Sâmân Idrak, dem Hüter des Bades Bâdgerd, vorzeigen solle. Außerdem gab er Hâtim einige Gefolgsmänner mit, und dann erhob er sich von seinem Throne, umarmte Hâtim noch einmal und nahm Abschied von ihm. Als er gegangen war, verließ der König den Thronsaal und zog sich mit tränenvollen Augen in die inneren Gemächer des Palastes zurück.

Hâtim verließ die Stadt und setzte seine Reise unter munteren Gesprächen mit seinen Begleitern fort. Nachdem sie fünfzehn Tage immerzu geritten waren, erblickten sie endlich ein Tor. Hâtim fragte: »Was ist das dort drüben, das wie der kuppelförmige Gipfel eines Berges aussieht?« – Seine Begleiter antworteten: »Das ist das Tor zum Bade Bâdgerd. Es ist noch eine Woche Reise entfernt; wenn wir sieben Tage und Nächte weitergeritten sind, haben wir es erreicht.«

Sie ritten weiter, und nach einer Woche waren sie da. Da sah Hâtim ein ungeheures Heer aufgestellt und sagte: »Was bedeutet diese Armee?« – Die Begleiter antworteten: »Sâmân Idrak, der Behüter Bâdgerds, ist mit einem gewaltigen Heer ins Feld gerückt. Er verweigert allen den Zutritt zum Bade, nur wenn man einen Befehl des Königs von Qat'ân vorweist, läßt er den Ankömmling passieren.«

Hâtim ging zu den Soldaten hin. Seine Begleiter aus Qat'ân waren gut mit ihnen bekannt, denn sie hatten viele Freunde unter ihnen. Sie begrüßten sich, und die Qat'âner sagten: »Hier kommt ein junger Mann aus Jemen, der eine Vollmacht des Königs Hârith bei sich hat, und der König hat uns als seine Gefolgsmänner mitgeschickt.« – Hâtim überreichte Sâmân Idrak die Vollmacht; dieser öffnete sie und las: »Diesen jungen Prinzen aus Jemen sollt ihr in das Bad Bâdgerd hineinlassen, da ich ihm mein Versprechen darauf gegeben habe. Aber wenn es euch irgendwie möglich ist, ihn zur Vernunft zu bringen, daß er zurückkehrt, so könnt ihr eurer Belohnung gewärtig sein.«

Als Sâmân Idrak dies gelesen hatte, erwies er Hâtim große Ehre, er ließ ihn auf dem Hochsitz Platz nehmen und behandelte ihn als seinen Gastfreund. Auf diese Weise behielt er ihn einige Tage als seinen Gast im Hause und gab ihm gute Ratschläge und Ermahnungen. Aber Hâtim bat ihn, sich keine Mühe zu geben, ihn von seinem Vorsatz abzubringen. Als Sâmân Idrak einsah, daß sich Hâtim nicht überreden ließ, schrieb er einen Brief mit folgendem Inhalt: »Dieser junge Mann, der mir eure Vollmacht überbracht hat, läßt sich nicht beeinflussen und verleiht unseren Worten kein Gehör. Wie lautet nun der Befehl des Königs, soll ich ihn in Bâdgerd hineinkommen lassen oder nicht?« – Hâtim versuchte inzwischen täglich, Sâmân zu überreden, ihn an das Ziel seiner Wünsche zu führen, und Sâmân seinerseits schob es von Tag zu Tag auf, bis der Befehl des Königs eintraf, Hâtim hineinzulassen. Da sprach Sâmân zu Hâtim: »Junger Mann, bist du des Lebens müde, da du meinen Vorstellungen nicht nachgeben willst? Noch ist es Zeit. Wenn du nun zurückkehrst, rettest du dein Leben, andernfalls gehst du deinem Untergang entgegen, und zu spät wirst du deine Hartnäckigkeit bereuen.« – Aber Hâtim bat ihn, er möge ihm verzeihen, daß er auf seinem Willen bestehe.

Sâmân, der nun einsah, daß nichts mehr mit ihm anzustellen war, führte ihn denn zu dem Bade. Hâtim betrachtete das gewaltige Tor, das hoch hinauf in die Wolken ragte. Eine so mächtig hohe Pforte hatte er sein Lebtag nicht gesehen. Vorn an der Pforte stand auf Syrisch geschrieben: »Dieser verwunschene Ort wurde zu König Gajômards Zeit errichtet, und er wird lange Zeiten hindurch als ein Zeichen bestehen[1]. Wer sich dem Zauber überläßt, wird ihm lebend nicht mehr entrinnen. Staunen und Entsetzen wird sein Los sein. Er wird hungern und dursten, und wohl wird er von den Früchten des Gartens essen können, solange er noch am Leben ist, und er wird schauen, was es an diesem Ort zu erschauen gibt, aber es wird ihm schwer fallen, wieder herauszukommen.«

Als Hâtim dies gelesen hatte, dachte er bei sich: »Diese Inschrift an der Pforte teilt mir ja eigentlich schon das Geheimnis des Bades mit. Zu welchem Zwecke sollte ich wohl noch hineingehen?« – Er stand schon im Begriff umzukehren; aber dann kam es ihm in den Sinn, daß er eine wirkliche Erklärung für das Rätsel des Bades noch nicht bekommen hatte. »Was geschehen muß, geschehe«, sagte er, »ich muß hinein.« – Damit nahm er Abschied von seinen Begleitern und ging einige Schritte weiter, durch die Pforte hindurch.

Als er nun zurückblickte, um zu sehen, ob seine Begleiter ihm folgten oder ob sie draußen geblieben seien, konnte er weder Menschen noch Pforte mehr erkennen, sondern nur eine endlose Wüste, so weit das Auge reichte. Da ging ihm die Bedeutung des Namens Bâdgerd[2] erst richtig auf; er verstand,

[1] Gajômard war der älteren Legende nach der erste Mensch, nach späteren Formen der Sage der erste König auf Erden. [2] »Bâdgerd« bedeutet »Windburg«, d. h. »Die Burg des Nichts«

daß der, der einmal seinen Fuß hinter die Pforte gesetzt hatte, der Vernichtung entgegengehe, und sagte sich selbst: »Ach, Hâtim, in dieser Wüste wirst du deine Gebeine zur Ruhe legen.«

Er sah sich nach allen Seiten um, aber überall war nichts als dieselbe Einöde. Da wanderte er einfach auf gut Glück drauflos, viele Tage, und als er so ein gutes Stück Weges zurückgelegt hatte, erblickte er in der Ferne eine menschliche Gestalt, die ihm entgegenkam. Als die Gestalt sich näherte, erkannte Hâtim in ihr einen jungen Mann, der einen Spiegel unterm Arm trug. Er begrüßte Hâtim und reichte ihm den Spiegel. Hâtim nahm ihn und spiegelte sein Gesicht darin, indem er sagte: »Kann man dieses Bad hier benutzen, und bist du der Barbier hier?«[1] – »Ja«, antwortete der andere. Hâtim fuhr fort: »Wo ist es denn?« – »Das Bad liegt noch ein Stück weiter«, antwortete die Gestalt. »Ist es jenes Bad, das man Bâdgerd nennt?« – »Eben jenes.« – Als Hâtim dies hörte, freute er sich und fragte weiter: »Warum hast du denn das Bad verlassen?« – »Es gehört mit zu meinem Gewerbe«, antwortete der Barbier, »daß ich den Fremden, die hierherkommen, entgegengehe, sie ins Bad führe und sie bediene und dann mein Trinkgeld bekomme. Wenn es dir angenehm ist, so folge mir nur ins Bad, ich hoffe, daß ein wenig von deinem Überfluß für mich abfallen wird.« – »Gut«, antwortete Hâtim, »ich komme gerade von einer weiten Reise und möchte heute gerne eine Reinigung vornehmen.«

Der Barbier ging voraus. Sie wanderten etwa eine Meile, bis sich vor ihren Augen eine Kuppel erhob, die bis in den Himmel hineinzuragen schien. Hâtim erkundigte sich, was das für ein Gebäude sei. »Das ist das Bad Bâdgerd«, erwiderte der Barbier. Als sie es erreicht hatten, ging der Barbier hinein und forderte Hâtim auf, ebenfalls einzutreten. Er gehorchte, aber als er die Tür hinter sich schließen wollte, sah er, daß sie schon

[1] Zu einem Bad gehört auch ein Barbier, der den männlichen Gästen den Kopf rasiert. Der Spiegel gehört zu seiner Ausstattung.

gleichsam zugemauert war. »Aus diesem Bad kommst du wohl niemals wieder heraus«, dachte er bei sich. Inzwischen hatte ihn der Barbier an das Badebassin herangeführt und sagte zu ihm: »Du kannst schon ruhig in das Bassin hineinsteigen, ich werde dir dann warmes Wasser bringen.« – »Aber«, wendete Hâtim ein, »ich kann doch nicht angekleidet in das Bassin steigen. Ich muß ein Lendentuch haben.« Der Barbier brachte ihm ein reines Lendentuch. Hâtim zog seine Kleider aus, setzte sich auf den Rand des Bassins und band das Lendentuch um. Dann ging er in das Bassin hinaus. Der Barbier reichte ihm eine Schale warmes Wasser, das er sich über den Kopf goß. Zweimal kam der Barbier mit der gefüllten Schale zurück, aber als Hâtim zum dritten Male das warme Wasser über seinen Kopf goß, erhob sich ein gewaltiges Getöse, und das ganze Bad verdunkelte sich. Eine Weile stand Hâtim verwirrt im Stockdunkeln da, aber langsam verzog sich die Finsternis wieder, und da waren sowohl Barbier als auch Bassin verschwunden, nur die Kuppel ragte empor wie das Gewölbe einer Felsenhöhle, und der ganze Raum war mit Wasser gefüllt, das ihm halb bis an die Waden reichte.

Voller Angst fragte sich Hâtim, was dieses Gaukelspiel wohl bedeute. Inzwischen stieg das Wasser. Jetzt reichte es ihm bis zu den Knien. Hâtim watete umher, um einen Ausgang zu finden. Er suchte in allen Richtungen, aber er fand keine Tür und keinen Weg hinaus. Bald ging ihm das Wasser bis an den Gürtel. Wieder sah er sich entsetzt nach allen Seiten um, aber er konnte keinen Ausschlupf finden. Das Wasser stieg ihm zum Halse. Hâtim hatte schwimmen gelernt, und damit hielt er sich über Wasser. Die ganze Zeit aber mußte er denken: »Dies ist also der Grund dafür, daß die Männer, die vor mir in dieses Bad hineingegangen, nicht wieder herausgekommen sind. In diesem Wasser sind sie ertrunken, und auch du, Hâtim, wirst noch deinen Tod in diesen Fluten hier finden. Ihnen zu entkommen ist unmöglich. König Hârith in Qat'ân setzte ja auch alles daran, mich von hier fernzuhalten. Wohlan denn, wenn der Mensch dem Tode gegenübersteht, soll er seinen Blick dem barmherzigen Gott zuwenden. Ich habe, o Herr, alle meine Kräfte in den Dienst des Guten gestellt – ich habe nur ein Leben, aber auch wenn ich ihrer tausend hätte, würde ich sie hingeben auf deinen Wegen. Dein Wille geschehe!«

Mit solchen Gedanken versuchte sich Hâtim zu trösten, während das Wasser stieg und stieg, schließlich so hoch, daß Hâtims Kopf den höchsten Gipfel der Kuppel berührte, die sich über der Mitte des Bades wölbte. Müde vom Schwimmen, klammerte sich Hâtim mit seinen Händen von innen an den Gipfel der Kuppel, um sich ein wenig auszuruhen. Aber im selben Augenblick, als er sie mit seinen Händen berührte, erdröhnte wiederum ein gewaltiger Donnerschlag, und auf einmal stand er draußen in der Wüste, wo, so weit das Auge reichte, nichts als eine endlose Öde zu sehen war. »Wenn ich den flutenden Wassern entkam«, dachte er, »werde ich wohl auch noch mit heiler Haut all diesem Zauberwerk entschlüpfen können.«

Drei Tage und Nächte wanderte er dahin, dann fiel sein Auge auf ein hohes Gebäude. In der Hoffnung, einen Bewohner darin zu finden, ging er darauf zu und sah, daß ein großer Garten um das Gebäude herumlag. Das Gartentor stand offen. Hâtim ging hindurch, aber plötzlich entzog sich der Garten seinen Blicken, und als er sich umwandte, um wieder hinauszugehen, war nicht die geringste Spur von einem Tor zu sehen. »Ach«, dachte er, »was sind denn das nun wieder für neue Qualen? Bin ich denn immer noch nicht dem Zauberkreis entkommen?« – Inzwischen war der Garten wieder für ihn sichtbar geworden, und da er sich genötigt sah, darin zu bleiben, spazierte er in diesem Schloßpark umher. Hier gab es Bäume, die voller Früchte hingen, und alle möglichen Blumen, die sich entfalteten und in den verschiedensten Farben erglühten. Er war hungrig und pflückte darum reichlich von den Früchten des Gartens und aß sie, aber soviel er auch davon aß, er wurde nicht satt. Nahezu die tausend Pfund nahm er zu sich, aber gleich hungrig blieb er. Er hatte sich jedoch wieder ein Herz gefaßt und setzte nun seine Wanderung getrost fort. Als er an das Schloß herankam, sah er eine große Menge Statuen, die alle aus Stein waren und wie Götzen rundherum auf dem Schloßplatze standen. Hâtim fragte sich verwundert, was diese Bildsäulen wohl bedeuten könnten, aber da war niemand, der ihm helfen konnte, den Knoten des Geheimnisses zu lösen.

Während er noch in Gedanken versunken dastand, ließ ein Papagei drinnen im Schlosse seine Stimme vernehmen: »Junger Mann, warum bleibst du dort stehen? Wie bist du hierhergekommen, und warum hast du schon deine Rechnung mit dem Leben abgeschlossen?« – Hâtim blickte auf und lauschte der Stimme. Da fiel sein Blick auf den Eingang des Schlosses, über dem folgende Inschrift stand:

»O du Diener Gottes, du wirst wohl kaum lebend das Bad Bâdgerd wieder verlassen. Über dieser Stätte weilt der Zauber Gajômards. Als Gajômard eines Tages auf einem Jagdausflug war, fand er einen Diamanten, der funkelte wie die strahlende Sonne und der schimmernde Mond. Er nahm ihn auf. Er war überaus schwer, denn er wog die dreihundert Mithqâl[1]. Voller Verwunderung fragte er seine Hofleute und weisen Männer, ob es einen Diamanten gäbe, der diesem gleiche. Sie antworteten ihm: ›Solange sich auch immer das Kuppelgewölbe des Himmels gedreht hat, hat keiner einen so großen und strahlenden Diamanten gesehen.‹ – Da sprach Gajômard: »Ich will ihn an einem Orte aufbewahren, wo kein Mensch ihn jemals erreichen kann.‹ – Und er ging hin und schuf zu seinem Schutze dieses Zauberwerk und baute das Bad Bâdgerd. Auch jener Papagei, der drinnen in seinem Käfig sitzt, gehört mit zu diesem Zauberwerk. O du Diener Gottes, drinnen in der Burg liegen Pfeil und Bogen auf einem Goldstuhl. Wenn du den Wunsch hegst, wieder von hier zu entkommen, mußt du Pfeil und Bogen nehmen und den Papa-

[1] siehe Seite 295

gei erschießen. Triffst du ihn, hast du den Zauber gebrochen, verfehlst du ihn, wirst du zu einer Statue aus Stein.«

Als Hâtim dies gelesen hatte, betrachtete er die Steinfiguren und sagte mit klagender Stimme: »Auf diese Weise also sind diese Bildsäulen entstanden, und auch du, Hâtim, wirst dein Leben in diesem gehirnverwirrenden Hexenkessel enden. Doch der Mensch denkt und Gott lenkt.«

Unter solchen Betrachtungen ging er in das Schloß hinein, nahm Bogen und Pfeile, die auf dem Goldstuhl lagen, legte einen Pfeil in den Bogenstrang und schoß nach dem Papagei. Der Vogel flog hinauf an die Decke, und der Pfeil verfehlte sein Ziel. Hâtims Beine wurden bis an die Knie zu Stein.

Der Papagei flog zurück und setzte sich an seinen vorigen Platz. »Geh doch deiner Wege, junger Mann«, spottete er, »dies hier ist kein Ort für dich.« – Hâtim tat mit Pfeil und Bogen in der Hand einen Sprung, mußte aber in hundert Schritt Abstand von dem Vogel stehenbleiben. Seine Füße waren ihm so schwer, daß er einfach nicht weiterkommen oder auch nur seine Füße vom Boden heben konnte. Die Tränen traten ihm in die Augen, als er zu sich selbst sagte: »Welch schrecklicher Gedanke, mehrere Tage hier in diesem elenden und jämmerlichen Zustand leben zu müssen! Dann schieße lieber noch einmal, Hâtim, damit du doch in dieselbe Verfassung wie diese Statuen kommen kannst.«

Er schoß den zweiten Pfeil ab und verfehlte abermals sein Ziel. Da wurde sein Unterleib zu Stein bis an den Nabel. Der Papagei war wieder an die Decke geflogen, und indem er wieder an seinen Platz zurückflog, sagte er wieder wie zuvor: »Geh doch deiner Wege, junger Mann, dies hier ist kein Ort für dich.« – Hâtim tat einen Sprung mit Pfeil und Bogen in der Hand, aber er mußte wieder in hundert Schritten Abstand vor dem Vogel stehenbleiben. Er weinte und sprach: »Möge niemand so das Ziel seines Lebens verfehlen wie ich.« – Nun besaß er nur noch einen Pfeil. Diesen legte er in den Bogen, befahl sich in den Schutz Gottes und zielte auf den Papagei.

»Gott ist groß!« rief er und schloß die Augen, als der Pfeil dem Bogenstrang entfloh. Und wider alle Erwartung traf der Pfeil den Vogel, so daß er aus dem Käfig herausfiel. Eine Staubwolke erhob sich, Donnerschläge erfüllten die Luft, und die Erde verdunkelte sich. Verwirrt von all diesem Getöse glaubte Hâtim, er sei dabei, in eine Statue verwandelt zu werden. Aber als die rollenden Donner sich verzogen und er seine Augen wieder öffnete, da waren Garten und Käfig, Goldstuhl und Pfeil und Bogen weg, statt dessen aber lag da der Diamant am Boden und blendete wie die strahlende Sonne. Hâtim ging hin und nahm ihn auf. Seine Beine waren nicht länger versteinert. Und alle Statuen waren wieder zu lebenden Menschen geworden. Als sie Hâtim erblickten, fragten sie ihn: »Junger Mann, wie ist es zugegangen, daß du am Leben bist? Wo ist der Garten?«

Hâtim erzählte ihnen alles, was sich zugetragen hatte. Da traten sie alle zu ihm hin, warfen sich ihm zu Füßen und gelobten ihm, ihm als seine Sklaven zu dienen. Hâtim gebot ihnen, ihm nach Qat'ân zu folgen, aber niemand wußte, in welcher Richtung man Qat'ân suchen sollte. Das Glück aber war mit ihnen, und so fanden sie dennoch den rechten Weg und erblickten nach einer Wanderung von mehreren Tagen die Pforte, durch welche sie in das Bad Bâdgerd gelangt waren. Jenseits der Pforte fanden sie Sâmân Idrak, den Hüter des Bades. Hâtim begrüßte ihn und erzählte ihm seine Erlebnisse. Sâmân Idrak bewirtete Hâtim und seine Genossen in seinem Hause und ließ sie dann weiterziehen. Nach einigen Tagesreisen kam Hâtim nach Qat'ân, wo er den König Hârith aufsuchte. Dieser ging ihm mit allen Ehrenbezeigungen entgegen, ließ ihn an seiner Seite Platz nehmen und erkundigte sich nach allem, was er erlebt hatte. Hâtim erstattete ihm ausführlich Bericht, worauf er den Diamanten hervorzog und ihn mit folgenden Worten vor den König legte: »Ich habe den Diamanten mitgenommen, auf daß du ihn sehen solltest, aber ich muß ihn der Königin Husn Bânû bringen.« – Dann fügte er hinzu:

»Gib diesen Männern, die mir hierher gefolgt sind, ein Pferd und Geld für die Reise und laß sie ziehen, jeden in sein Land.« – Dies geschah, und Hâtim und König Hârith nahmen Abschied von den Männern. Dann bat auch Hâtim um Erlaubnis, ziehen zu dürfen. Hârith gab ihm ein zahlreiches Gefolge mit, und Hâtim brach auf und kam nach einer langen Reise wieder nach Schâhâbâd zurück.

Husn Bânûs Leute erkannten ihn und führten ihn in den Palast der Königin. Sie empfing ihn in ihren inneren Gemächern, lauschte seiner Erzählung und betrachtete den Diamanten, den er einem Beutel entnahm und vor sich hinlegte. »Nun ist es an dir, dein Gelöbnis zu halten«, sprach Hâtim. Und sie hielt ihr Gelöbnis, und die Hochzeit der Königin Husn Bânû und des Prinzen Munîr wurde gefeiert. Nach dem Feste aber zog Hâtim heim nach Jemen, wo große Freude herrschte über seine Rückkehr. Sein Vater übergab ihm seinen Thron und das Reich Jemen als Erbe, und er lebte in Freude und Wonne alle Tage seines Lebens.

SCHWÄNKE

Die drei Kameraden

16 Es waren einmal drei Männer, die taten sich als Kameraden zusammen und beschlossen, irgendwo hinzugehen und sich durch Galgenstreiche das Nötige zum Leben zu verschaffen. Der eine war dünnbärtig, der andere kahlköpfig, und der dritte war dem Opium verfallen. Als sie nach Ispahan gekommen waren, warfen sie das Los, wer von ihnen zuerst seine Tüchtigkeit erproben sollte. Das Los fiel auf den Kahlköpfigen, und so sollte er also an diesem Tage auf Abenteuer ausziehen und sehen, mit welcher Beute er zurückkommen könnte.

Der Kahlkopf verließ also ihre gemeinsame Wohnung. Er blieb vor einem Speisehaus stehen und erwog seine Lage. Er hatte keinen Heller in der Tasche und sagte zu sich selbst: »Ich will hineingehen und mir den Wanst füllen. Das Schlimmste, was mir passieren kann, ist eine ordentliche Tracht Prügel.« – Er ging also geradewegs hinein, rief den Diener des Küchenmeisters und verlangte dieses und jenes, während er immer wieder dachte: »Sie verdreschen mir ja doch den Buckel, aber ganz egal, dann hab ich mich wenigstens sattgegessen.« – Er krempelte seine Ärmel auf, setzte sich gemächlich hin und aß drauflos. Als er fertig war, kam Meister Koch und verlangte Bezahlung für das Verzehrte. Der Kahlkopf sah sich nach allen Seiten um, da bemerkte er einen Geldschrein und sah, daß ein Goldstück darinlag. »Du, hör einmal«, sagte er, »hab ich dir nicht eben ein Goldstück gegeben? Mach nun schnell und gib mir mein Geld heraus! Oder hast du dir etwa gedacht, mich hier zu prellen?« Meister Koch sah gleich, daß hier eine schöne Geschichte kommen würde. Darum nahm er mit der einen Hand den Burschen beim Kragen und mit der anderen griff er ihn an der Kehle und stieß ihn gegen die Wand, und dann schlug er in einem fort den kahlen Schädel gegen die Wand, bis das Blut heraussprang. Als dies der Kahlkopf merkte, traktierte er den Koch mit allen möglichen Schimpfworten, und gleichzeitig rief und schrie er: »Hilfe! Hilfe! Raub und Mord!«

Nun traf es sich, daß der Polizeivogt der Stadt gerade vorbeikam. Als er sah, was da vor sich ging, fragte er: »Was soll denn das bedeuten? Was ist denn hier los?« – Der Kahlkopf drängte sich vor und rief: »Herr! Ich habe hier eine Mahlzeit eingenommen und sie mit einem Goldstück bezahlt, aber als ich Geld zurückverlangte, prügelte mich der Meister und zerschlug mir den Kopf. Das Goldstück liegt noch in der Kasse.« – Der Polizeivogt ergriff sofort den Küchenmeister, gab ihm eine schallende Ohrfeige und sagte zu ihm: »Du Hurensohn! Du nimmst also den Leuten Goldstücke ab und prügelst sie auch noch obendrein!« – Dann wandte er sich an den Kahlkopf und sagte: »Du brauchst für das Verzehrte nichts zu bezahlen. Das kann dann mit den Prügeln aufgehen. Hier ist das Goldstück, nimm es und scher dich deiner Wege.« – Der Kahlkopf schnappte das Goldstück und machte sich unsichtbar. Als er zu seinen Kameraden zurückkam, warf er das Goldstück auf die Erde und sagte: »Seht her, ihr Hundelümmel, hier ist meine Beute von heute! Morgen seid ihr an der Reihe, dann könnt ihr sehen, was für Galgenstreiche ihr aushecken könnt.«

Am nächsten Tag fiel das Los auf den Opiumesser. Er war auch bereit zu gehen und es mit irgendeinem Schelmenstück zu versuchen. Frühmorgens erwachte er. »Ach Gott«, dachte er, »wenn mir doch nur etwas Rechtes einfallen wollte, damit mich meine Kameraden nicht ausschimpfen!« – Er warf seinen Mantel über die Schulter und ging. Er trieb sich in den Straßen herum, bis er auf eine Frau stieß, die zu ihm sprach: »Heda, Mann, bist du ein Fremder hier?« – »Jawohl, Schwesterchen«, antwortete er, »ich bin ein Fremder und ganz unbekannt hier.« – Die Frau fuhr fort: »Willst du nicht mit mir zum Kadi gehen und mir eine Ehescheidung verschaffen[1]? Für deine Bemühung sollst du dann zehn Tomân bekommen!« – »Schwesterchen«, sagte er, »ich will dir in allen Dingen gehorchen. In Gottes Namen also, geh mir immer voraus, ich folge nach.« Und so ging er denn, um das Geld zu bekommen, mit der Frau zum Kadi.

Als sie zu der Wohnung des Richters kamen, sahen sie den Herrn Kadi mit einem dicken Bart und einem schwarzen Turban dasitzen und in einem Buche lesen. Der Opiumesser begrüßte ihn und sagte: »Lieber Kadi, die da ist meine Frau, ich mag sie nicht länger behalten, sei so freundlich und lies die Ehescheidungsformeln für mich.«

»Guter Freund«, sagte der Kadi, »warum willst du dich denn von deiner Frau scheiden lassen?« – Er antwortete: »Ich mache mir nichts mehr aus der Frau. Sie treibt sich ohne meine Erlaubnis herum, und eine Frau, die ohne die Erlaubnis ihres Mannes außer dem Hause verkehrt, ist zu nichts nütze.« – Der Kadi sah ein, daß hier nichts zu machen war, und sprach die Scheidung aus.

Als die Ehescheidungsangelegenheit vorbei war, nahm die Frau den Mann beiseite. Unter ihrem Obergewand hatte sie ein kleines Kind verborgen, welches sie nun hervornahm und sprach: »Halt mal eben das Kind, während ich hinausgehe, dann werde ich wiederkommen und dir das Geld bezahlen.« – Der Opiumesser nahm das Kind auf den Arm und ging damit auf die Straße, und dort blieb er stehen und wartete auf die Frau. Aber als die Frau immer noch nicht kommen wollte, um das Kind zu holen, ging er zu dem Kadi hinein und sagte: »Lieber Kadi, wo bleibt doch meine Frau, von der du mich geschieden hast?« – »Nun hör aber auf, lieber Freund«, sagte der Kadi, »deine Scheidung hab ich dir besorgt, aber woher in aller Welt soll ich wissen, wo deine Frau sich herumtreibt?

[1] Der Fremde soll vor dem Kadi als ihr Mann auftreten und erklären, daß er sich von ihr scheiden lassen will, damit sie nach gesetzmäßiger Scheidung eine neue Ehe eingehen kann.

Du mußt doch selber wissen, wo sie zu verkehren pflegt. Suche sie nur, dann wirst du sie schon finden.«

Da stand nun der Opiumesser mit dem Kind auf dem Arm. Er war hungrig – und das Kind war hungrig. Er ging durch die Straßen und sprach hin und wieder sachte mit dem Kind. »Wer ist wohl dein Vater?« fragte er manchmal, und dann wieder sagte er: »Wo deine Mutter wohl hingegangen sein mag, nachdem ich dich auf den Hals bekommen habe?« – Schließlich dachte er bei sich selbst: »Ich lege es einfach in eine Ecke und haue ab.« – In dieser Absicht ging er in eine verfallene Moschee hinein. Nun wollte es der Zufall, daß gerade am vorhergehenden Tage eine Person ein kleines Kind in diese Moschee hineingelegt hatte und verschwunden war, ohne daß sie bemerkt worden war, und darum war der Moscheediener auf seinem Posten. Plötzlich sah er einen, der langsam und vorsichtig daherkam, ein kleines Kind aus seinem Mantel wickelte, es von sich legte und sich in aller Eile entfernte. Der Moscheediener lief hinter ihm her und rief: »Heda, du Schlingel! Wo holst du alle diese elternlosen Kinder her, die du hierherlegst und dann davonläufst?« – Damit ergriff er ihn und prügelte ihn tüchtig durch, und dann legte er ihm beide Kinder, das vom vorhergehenden Tag und das andre, das der Opiumesser selber mitgebracht hatte, in die Arme, gab ihm noch ein paar Nackenstreiche und sagte: »Scher dich nun, du liederlicher Kerl, und laß dich hier nicht wieder blicken!«

Wieder ging der Opiumesser in den Straßen umher. Nun hatte er auf jedem Arm ein Kind. »Ihr verdammte Brut!« schimpfte er. »Warum müßt ihr mir auch gerade heute über den Weg laufen und Unglück über mein Haupt bringen?« – Als er an einem verfallenen Bad vorbeikam, legte er beide Kinder vor sich auf die Erde und nahm Reißaus. Aber ein Mann, der in einer Ecke des Bades stand, bemerkte ihn und rief: »Hundesohn! Hurenjunge! Wo hast du die Kindchen her, die du hier von dir wirfst?« – Der Opiumesser lief, und der Mann hinter ihm her. Und sie rannten, was das Zeug nur halten wollte. Auf einmal sah der Opiumesser eine offene Tür und stürzte sich Hals über Kopf hinein, um sich zu verbergen. Drinnen sah er eine Treppe, und in seiner Todesangst jagte er dieselbe hinauf und setzte sich auf die mittelste Stufe. »O Gott«, dachte er, »nun kommen sie und stopfen mir wieder beide Kinder in die Arme.« Da wurde an die Tür geklopft. » O Gott«, murmelte er, »da sind sie! Ich weiß nicht, in welches Mauseloch ich mich verkriechen oder wohin ich mich flüchten soll.« – Inzwischen sah er, wie eine Sklavin hinging und die Türe öffnete. Draußen stand ein geputzter junger Mann, der zu ihr sprach: »Geh hin und sage deiner Herrin, daß der, der mit ihr da und da zusammengewesen ist und sich mit ihr verabredet hat, da ist.« – Das Mädchen ging mit diesem Bescheid zu seiner Frau hinein, und die Frau sagte: »Laß ihn nur nach oben gehen, dann werde ich gleich kommen.« Das Mädchen kehrte zu dem jungen Mann zurück und sagte: »Bemühe dich, bitte, nach oben in die Stube, meine Herrin wird sofort erscheinen.«

Als der Opiumesser den jungen Mann die Treppe heraufkommen sah, lief er flugs hin und versteckte sich in einem Hinterzimmer, während der junge Mann nach oben ging. Ein paar Minuten später kam eine reichgeschmückte Dame und ging nach oben. Sie verschwanden zusammen in einem Zimmer, und hier umarmten und küßten sie sich. Bald wurde die Dame liebevoller, und die Begierde des jungen Mannes entflammte. Der Opiumesser saß gleich hinter der Tür und beobachtete alles.

Mitten im Spiel fand sich der Mann der Dame ein. Das Mädchen, das auf Posten stand, um ihre Frau zu warnen, wenn jemand kommen sollte, rannte die Treppe hinauf und rief: »Liebe Frau, jetzt wird's aber finster, der Herr ist da!« – Die Frau sprang auf. »Geliebter«, sprach sie, »geh in dieses Hinterzimmer und verstecke dich.« – Der Opiumesser, der es hörte, verbarg sich flugs in einem der beiden irdenen Kornbehälter, die dort im Hintergrund standen. Im nächsten Augenblick kam der Liebhaber der Frau herein und schlüpfte in den anderen Kornbehälter.

Der Ehemann trat ein. »Na, Frau«, sagte er, »was treibst du denn hier oben?« – »Ich fege und mache sauber«, antwortete sie, »es ist aber auch wirklich nötig, denn diese Dirn da macht ihre Sache nicht ordentlich.« – »Ach, lieber Herr«, begann die Sklavin, »du kannst dir überhaupt nicht vorstellen, wieviel Arbeit deine Frau auf sich nimmt und wie sie es sich sauer werden läßt.« – Da sagte der Hausherr: »Ich habe einige Säcke Mehl mitgebracht, schüttet sie in diesen Behälter dort.« – »Lieber nicht«, sagte die Frau, »dieser ist nämlich entzwei, und es liegt auch eine tote Maus darin. Schütte es lieber in den anderen dort.« Sie wußte nämlich, daß sich ihr Liebhaber in dem ersten versteckt hatte. Die Frau und das Mädchen nahmen nun die Mehlsäcke, schleppten sie an den anderen Kornbehälter heran und entleerten sie in diesen. Der Opiumesser hielt sich Nase und Mund zu und trampelte das Mehl unter sich. Genau so schnell, wie die Frauen es hineinschütteten, trampelte er es unter sich. Auf einmal ging der Kornbehälter entzwei, und der unglückliche Opiumesser kam zum Vorschein, über und über weiß, mitten in einem Mehlhaufen. Zuerst erschraken sie alle, da sie glaubten, er sei ein böser Geist. Aber dann rief der Ehemann: »Tölpel, wie bist du hierhergekommen? Was treibst du eigentlich hier?« – »Ich bin hier zusammen mit meinem Herrn«, antwortete der Strolch. »Und was für ein Hund ist denn dein Herr?« – »Er sitzt in dem Behälter dort«, sagte der Opiumesser.

Nun war es an der Hausfrau, große Augen zu machen. Der Ehemann nahm eine Maueraxt und tat damit einen Schlag in den Kornbehälter hinein, und da kam der andere Esel von einem Mannsbild zum Vorschein und krabbelte aus dem Behälter heraus. »Na, du da«, sagte der Ehemann, »wo kommst du nun her?« – Der Liebhaber fing an: »Ich hatte mich verirrt, und da kam ich hierher und trat in dieses Haus, um zu sehen, ob hier jemand wäre, der mir den Weg zeigen könnte.

Aber ihr kamt gleich hinter mir her, und da wurde ich bange und lief hier hinein und versteckte mich.«

Der Ehemann und der Liebhaber fuhren aufeinander los und kamen ins Handgemenge, und während dieses Spektakels benutzte der Opiumesser die Gelegenheit, das Weite zu suchen. Draußen vor dem Hause schüttelte er das Mehl ab und sagte dabei: »Lieber Gott im Himmel, das war doch eine sonderbare Art, mir mein täglich Brot zu geben.«

Wie er nun so die Straße entlangging, stieg ihm der Duft von süßen Kuchen in die Nase. Der Hunger plagte ihn, und er dachte im stillen: »Ich will in das Haus hineingehen. Wenn sie mir auch eine Tracht Prügel geben, will ich mir nicht die Spur daraus machen, die Hauptsache ist, ich bekomme etwas Brot zu essen.« – Er ging also in das Haus hinein. Dort saß eine Frau neben einem jungen Mann. Sie küßten und umarmten sich, und gleichzeitig mußte die Frau auf das Brot im Ofen aufpassen. »Hör, du Esel«, sagte der Liebhaber zum Opiumesser, »was fällt dir ein, so ohne weiteres in anderer Leute Haus zu gehen? Mach nur, daß du fortkommst, sonst könnte ich dir den Schädel einschlagen!« – Unterdessen kam der Ehemann herein. »Schau, schau«, sagte er, »das ist ja reizend! Habe ich nicht oft genug hören müssen, daß meine Frau eine Dirne sein? Ich hab's nicht glauben wollen, aber nun muß ich es mit eigenen Augen sehen. Du Dreckweib! Für wen backst du die Kuchen da? Es liegt ja klar auf der Hand, daß du dir Liebhaber hältst.« – Die Frau antwortete: »Ich backe ja nur für diese beiden unglücklichen Fremdlinge, die sich verirrt haben und hier überhaupt keine Angehörigen haben.«

Der Opiumesser hatte die ganze Zeit kein Auge von den Kuchen gewandt. »Herr«, sagte er zu dem Ehemann, »du hast ein selten gutes und edles Weib. Mögest du niemals den Kummer erleben, sie zu verlieren.« Und damit gab er sich daran, die Kuchen einzusammeln. Die Frau machte ihm heimliche Zeichen: »Wo gehst du damit hin?« – Der Opiumesser antwortete ebenfalls mit Zeichen: »Sei nur still, ich werde sie schon aufbewahren, bis dein Mann gegangen ist.« – Dann nahm er beide Arme voll Kuchen und zog sich ganz vorsichtig zurück, bis er die Tür erreichte, und weg war er.

Ein wenig später trat er vor seine Kameraden und sagte: »Seht her, ihr Schlingel, und was für Mühe habe ich gehabt, um diese Kuchen hier zu schaffen! Aber morgen ist der Dünnbart an der Reihe.« – »Gut«, sagte der Dünnbart, »diese Nacht will ich schlafen, und morgen will ich euch dann erzählen, welches Schelmenstück ich aufführen will.«

Am nächsten Morgen stand der Dünnbart auf und sagte zu seinen Kameraden: »Bringt mich ins Takht-i-Fûlâd-Quartier, legt mich in einen Sarg und verdeckt mein Gesicht mit einem Stück Stoff. Dann setzt ihr euch hin, einer zu meinen Häupten, der andere zu meinen Füßen, schlagt euch ins Angesicht und jammert: ›Ach, armer Vater, o unglücklicher Vater!‹ Ein jeder, der vorbeigeht, wird sich verpflichtet fühlen, euch eine Kleinigkeit zu geben.« – Die Kameraden taten, wie er gesagt hatte, und nach nicht allzulanger Zeit hatten sie schon ganz nett eingesammelt.

Nun trug es sich zu, daß ein Beamter des Staates seines Weges daherkam. Der sah dem Spielchen aufmerksam zu und beobachtete, wie der Tote im Sarge das Geld nachzählte, und wie er sagte: »Ihr Hundesöhne! Wieviel Geld ist bis jetzt eingekommen?« – Der Beamte dachte bei sich: »Schau, schau, du Lump! Aber ich will kein Mann sein, wenn ich dich nicht lebendig ins Grab besorge.« – Dann trat er hinzu und sagte: »Es ist mir von der Regierung übertragen worden, jeden Fremden, der hier stirbt, eigenhändig zu waschen, zu bekleiden und zu begraben.« Und indem er sich an seine Leute wandte, sagte er: »Na, Jungens, nehmt nun den Sarg auf den Rükken.« – Der Kahlkopf und der Opiumesser baten und flehten ihn an und sprachen: »Väterchen, wir haben ein wenig Geld zusammenbekommen und wollen ihn gerne selber begraben. Spart euch darum nur eure Mühe.« – Aber der Beamte hörte gar nicht darauf, was sie sagten, sondern ließ den Sarg in ein

Leichenhaus bringen, und dort verabschiedete er seine Leute. Dann legte er die Leiche auf ein Brett, das man bei der Waschung der Leichen zu benutzen pflegte. Und während er ihn wusch, gab er ihm ordentlich ein paar Rippenstöße, indem er sagte: »Du Hurenbrut, was bist du doch für eine Leiche, die das eingekommene Geld nachrechnet?« – Aber der Dünnbart fand sich in alle Püffe und Stöße und muckte und rührte sich nicht.

Inzwischen waren der Kahlkopf und der Opiumesser an die Türe des Leichenhauses herangekommen, wo sie sich ans Rufen gaben: »Väterchen, was macht ihr doch mit unserm toten Mann? Wir wollen so gerne selber die Leiche anziehen und für das Begräbnis sorgen.« – Der Beamte kehrte sich um, um ihnen die Tür vor der Nase zuzumachen. Der Dünnbart aber, als er sah, daß jener ihm den Rücken zuwandte, streckte flugs seine Hand in eine Schüssel mit Halvâ [1], die neben dem Sarge stand, nahm eine Handvoll davon, steckte alles auf einmal in den Mund und verschlang es. Der Beamte sah sofort, daß der Tote von dem Halvâ gegessen hatte. »Schön«, sagte er, »du Teufelsbrut, dir werde ich schon geben, was dir gut tut.« – Dann nahm er ihn und tauchte ihn in ein Bassin, das sich dort im Leichenhaus befand, und hielt ihn ein Weilchen unter Wasser. Der Dünnbart nahm die Gelegenheit wahr, seinen Durst mit einigen Schlücken Wasser zu löschen, und verhielt sich im übrigen ruhig wie eine richtige Leiche. Dem Beamten fing die Sache schon an, weniger amüsant zu sein. Er gab dem Dünnbart noch ein paar Faustschläge und Rippenstöße und sagte: »Du Sohn eines Dreckweibs! Was bist du doch für eine sonderbare Leiche? Du hast Halvâ gegessen und du hast auch von diesem stinkenden Wasser getrunken.«

Währenddessen war es dunkel geworden. Der Beamte, der seine Leute fortgeschickt hatte, wußte nicht, was er tun sollte. Da hörte er, wie es hinter der Mauer flüsterte. Er spitzte die Ohren und hörte, wie jemand sagte: »Laß uns ins Leichenhaus

[1] siehe Seite 81, Anm. 2

hineingehen, dort ist es stille, und da können wir unsere Beute teilen.« Da war kein Zweifel, hier war eine Räuberbande, die eine Karawane ausgeplündert und sich ihrer Wertsachen bemächtigt hatte. Der Beamte fürchtete für sein Leben und legte sich darum neben den Dünnbart in den Sarg. Die Räuber traten ein. Sie sahen die beiden Leichen dort liegen, stießen sie zur Seite und setzten sich hin. Unter den geraubten Sachen war auch ein Schwert. Einer von ihnen sagte: »Dieses Schwert gehört mir.« – Aber ein anderer entgegnete: »Der, der diese Leiche mit dem Schwert mitten durchhauen kann, soll das Schwert haben.« – Da erhob sich ein dritter, krempelte die Ärmel auf und sagte: »Das hier ist gerade was für mich. Mit einem einzigen Streich will ich euch beide Leichen spalten.« – Der Beamte flüsterte dem Dünnbart, der neben ihm im Sarge lag, ganz leise zu: »Kamerad! Willst du dich und mich hier totschlagen lassen? Fällt dir denn gar nichts ein?« – Plötzlich erhob sich der Dünnbart von seinem Waschbrett, klatschte in die Hände und rief: »Erhebet euch, ihr Toten, und ergreifet die Lebenden!« Der Beamte sprang sofort aus dem Sarg und rief: »Ergreifet sie und würgt sie!«

Als die Räuber sahen, daß die Toten aufstanden, machten sie sich aus dem Staube und ließen die Beute im Stich. Hinterher aber sagten die Räuber zueinander: »Die Toten nehmen unsere Beute nicht. Einer von uns muß hingehen und sehen, wie die Sache steht.« – Da trat einer hervor und sagte: »Ich will hingehen und sehen, ob die Toten ihrer Wege gegangen sind oder nicht.« – Aber der Dünnbart war auf seinem Posten. Einen der Räuber kommen sehen und sich hinter der Tür verstecken war eins. Sobald der Räuber seinen Kopf zur Türe hereinsteckte, um zu sehen, ob die Toten noch da seien, schnappte der Dünnbart seine Mütze und rief zu einer der Leichen: »Hier, laß dies als dein Anteil von sieben Hellern gelten.« – Da nahm der Räuber die Beine unter die Arme und kehrte zu seinen Kameraden zurück. – »Freunde«, sagte er, »da hinten sind so viele Tote versammelt, daß aus unserer Beute nur sieben Heller für jeden dabei herauskommen können. Da war sogar einer, der sein Anteil noch nicht bekommen hatte, und darum nahmen sie statt dessen meine Mütze.« – Da schlichen sich alle Räuber davon.

Am anderen Morgen sagte der Dünnbart zu dem Beamten: »Komm, laß uns Freunde sein und die Diebesbeute teilen.« – Und dann nahm der Dünnbart sein Teil und ging damit zu seinen Kameraden und erzählte ihnen, wie das Ganze sich abgewickelt hatte.

Leb wohl! Vielen Dank! Aus ist mein Schwank!

Die gekochten Eier

17 Ein Reisender kam in ein Dorf, das drei Meilen von der Stadt entfernt lag, in der er zu Hause war. Am Abend kaufte er sich bei dem Verwalter der Karawanserei zehn gekochte Eier und aß sie. Am nächsten Morgen sagte er: »Ich habe kein Geld bei mir. Wenn ich in die Stadt komme, werde ich dir das Geld für die Eier senden.« – Dann reiste er nach Hause, aber vergaß, dem Besitzer der Karawanserei das Geld zu senden.

Ein Jahr später erhielt er von dem Verwalter der Karawanserei einen Brief, in dem folgendes stand: »Sende mir 150 Tômân für die zehn Eier, die du voriges Jahr bei mir kauftest und nicht bezahltest. Wenn ich hätte ein Huhn diese zehn Eier ausbrüten lassen, würde ich nach Verlauf des ersten Monats zehn Hühner haben. Im zweiten Monat würde ich jedes Huhn zwanzig Eier ausbrüten lassen. Zwanzig mal zwanzig macht vierhundert Hühner[1]. Im dritten Monat würde ich jedes der vierhundert Hühner zwanzig Eier ausbrüten lassen, und zwanzig mal vierhundert macht achttausend Hühner. Auf dieselbe Weise würde der vierte und fünfte Monat vergehen.

[1] Der Mann muß offenbar zehn Hühner im voraus besessen haben. Aber davon steht nichts in der Geschichte.

Nun, wo bereits zwölf Monate verlaufen sind, beläuft sich der Preis für die Hühner, die aus diesen zehn Eiern hätten ausgebrütet werden können, alles in allem auf 150 Tômân, welche du hiermit zu bezahlen hast.«

Der unglückliche Reisende sandte folgende Botschaft zurück: »Gib mir drei Tage Zeit, daß ich mir die Sache überlegen kann. Dann werde ich dir die Antwort auf deinen Brief geben.« Am folgenden Tage ging er hin zu einem Mîrzâ[1] und legte ihm die Sache vor. Der Mîrzâ sprach: »Gib mir fünf Tômân, dann werde ich die Sache schon mit ihm ins reine bringen.« – Darauf ging der Reisende ein. Dann schrieb der Mîrzâ an den Verwalter der Karawanserei: »Morgen werde ich in dein Dorf kommen und dir die Antwort auf dein Schreiben überbringen.« Der nächste Tag kam, aber der Mîrzâ kam nicht. Zwei Tage später schrieb der Verwalter der Karawanserei: »Ich erwarte dich. Warum kommst du nicht?« – Der Mîrzâ schrieb zurück: »Du mußt schon entschuldigen, aber ich war so sehr in Anspruch genommen. Ich sollte nämlich zehn Scheffel gekochte Erbsen säen. Wenn Gott will, komme ich, wenn ich die gekochten Erbsen gesät habe, aber wenn ich sie nicht gleich in die Erde lege, werden sie mir noch verderben.«

Als der Verwalter der Karawanserei diesen Brief gelesen hatte, schickte er folgende Antwort zurück: »Wenn die Erbsen, die du gesät hast, gekocht waren, wie kannst du da glauben, daß sie jemals keimen werden! Gekochte Erbsen können doch keine Frucht treiben.«

Der Mîrzâ las diesen Brief und antwortete: »Wenn dies der Fall ist, können auch keine Hühner aus gekochten Eiern kommen.«

[1] Ein Mann mit einer gewissen Schulbildung. Diese Bedeutung hat das Wort Mîrzâ, wenn es vor einem Personennamen steht. Hinter den Namen gesetzt bedeutet es dagegen: Prinz.

Der Bauer und die drei Schelme

18 Ein Bauer kam in die Stadt. Er ritt auf einem Esel und hatte eine Ziege mit. Die Ziege hatte eine Glocke um den Hals, und der Bauer zog sie an einem Strick hinter sich her. So lange, wie er die Glocke läuten hörte, konnte er ja sicher sein, daß die Ziege da war. Da kamen drei Tagediebe. Als sie den Bauer sahen, sagte der eine: »Ich will ihm die Ziege stehlen.« Der andere sagte: »Ich will den Esel stehlen, auf dem er sitzt.« Der dritte aber sagte: »Und ich will ihm die Kleider stehlen, die er auf dem Leibe hat.«

Der erste Dieb schlich sich vorsichtig heran, löste die Glocke vom Halse der Ziege und band sie dem Esel an den Schwanz, und dann nahm er die Ziege und zog sie mit sich fort in eine andere Straße. Der Bauer, der immer noch den Klang der Glocke hörte, glaubte nicht anders, als daß die Ziege auch immer noch da hinten sei, und sah sich nicht um. Nun ging der zweite Dieb zu ihm hin und sagte: »Du da, bist du verrückt geworden? Andere Leute binden eine Glocke um den Hals des Esels, aber du hast sie ja an den Schwanz des Tieres gebunden. Was soll das bedeuten?« – Der Bauer sah sich um und entdeckte, daß die Ziege gestohlen war. »Ich hatte die Glocke meiner Ziege um den Hals gehängt«, sagte er, »aber jetzt ist einer mit der Ziege davongelaufen.« – »Richtig«, sagte der Dieb, »ich sah, wie jemand mit einer Ziege in der Straße dort verschwand. Wenn du dich ein wenig beeilst, kannst du ihn noch einholen und ihm die Ziege wieder abnehmen.« »Um Gottes willen«, rief der Bauer, »paß auf meinen Esel auf, während ich laufe, um die Ziege zu finden.« – Dazu war der Dieb gern bereit und ergriff den Esel. Der Bauer rannte die Straße hinab, die ihm der Dieb gezeigt hatte, und unterdessen machte sich der Dieb mit dem Esel durch eine andere Straße davon. Der Bauer suchte die Straßen auf und ab, aber fand natürlich seine Ziege nicht, und als er zurückkam, zeigte es sich, daß der Esel auch verschwunden war.

Ganz wirr im Kopf lief der Bauer durch die Gassen, bis er den dritten Dieb traf, der am Rande eines Brunnens saß und weinte. »Du da«, sagte der Bauer, »warum weinst du?« Der Dieb antwortete: »Ich hatte ein Kästchen mit Edelsteinen, die ihre zehntausend Tômân wert waren, und nun habe ich das Kästchen in diesen Brunnen fallen lassen.« Da wurde der Bauer gleich besserer Laune, indem er dachte: »Der Mann hier ist noch schlimmer daran als ich, denn mein Esel und meine Ziege waren zusammen nur fünf Tômân wert, er aber hat zehntausend Tômân verloren.« – »Hör einmal«, sagte der Dieb, »wenn du in den Brunnen hinabsteigen und mir das Kästchen heraufholen willst, will ich dir fünfzig Tômân geben.« Das ließ sich der Bauer nicht zweimal sagen. Er zog seine Kleider aus und bat den Dieb, sie im Auge zu behalten, während er in den Brunnen hinabstieg. Unten im Brunnen kehrte er das Unterste zuoberst, aber konnte nichts anderes als Steine und Erde finden, und während er suchte, machte sich der Dieb mit seinen Kleidern davon.

Nun fing der Bauer an zu rufen, aber da war keiner, der ihm antwortete. Mit Mühe und Not kam er endlich aus dem Brunnen heraus und sah, daß seine Kleider weg waren, und der Mann war auch weg und hatte nur seinen Stock hinterlassen. Der Bauer nahm den Stock und lief splitternackt zum Basar. Wenn er Leute erblickte, drohte er mit dem Stock und rief: »Kommt mir nicht zu nahe, sonst schlage ich!« Schließlich war da einer, der sagte: »Was machst du denn für Dummheiten? Bist du denn ganz verrückt geworden?« – »Nein«, antwortete der Bauer, »ich bin nicht verrückt, aber ich bin bange, daß man mich am Ende selbst noch stehlen wird.«

Die kostbaren Vögel

19 Ein Mann ging mit einem Papagei in den Laden eines Vogelhändlers, um seinen Vogel feilzubieten. »Was willst du für den Papagei haben?« fragte der Vogelhändler. »Hundert Tômân«, antwortete er. »Was!« rief der Händler. »Wie kannst du hundert Tômân für so einen kleinen Vogel verlangen?« – »Doch«, antwortete der Besitzer des Papageis, »er ist nämlich ein besonders tüchtiger Vogel, er kann sprechen.« – Der Vogelhändler wollte ihn aber dennoch nicht kaufen, er meinte, er wäre viel zu teuer.

Während des Gespräches bemerkte der Besitzer des Papageis einen Truthahn dort im Laden. »Was soll der Truthahn kosten?« fragte er. »Hundert Tômân.« – »Willst du wirklich hundert Tômân dafür haben?« fragte der Mann zurück. – »Warum nicht? Wenn dein Vogel sprechen kann, dann kann mein Vogel denken.«

Der Diener mit den zehn Schafen

20 Ein Europäer, der in Iran wohnte, befahl seinem Diener, einem seiner europäischen Freunde zehn Schafe zu überbringen. Der Diener schaffte eins von den Schafen für sich selbst auf die Seite und brachte die übrigen neun zu dem Freunde seines Herrn zusammen mit einem Brief, in dem der Herr geschrieben hatte, daß er zehn Schafe sende, die er von seinem Diener entgegennehmen solle. Der andere Europäer las den Brief und sah, daß die Rede von zehn Schafen war; aber als er die Schafe zählte, waren es nur neun. Da sagte er zu dem Diener: »Es sollten doch zehn Schafe sein, wie ist es zugegangen, daß hier nur neun sind. Wo ist das zehnte?« – Der Diener antwortete: »Was soll ich sagen? Hier ist alles, was ich mithabe.« – »Ja, aber da stehen doch zehn Schafe im Brief, und du hast nur neun mitgebracht.« – »Was soll ich sagen, Herr, ich

habe neun mitgebracht, mein Fehler ist es nicht, daß zehn im Briefe stehen.«

Der Herr glaubte, der Diener wisse vielleicht nicht, wieviel neun und wieviel zehn ist. Er rief zehn von seinen eigenen Dienern herbei und sagte zu dem Diener, der die Schafe gebracht hatte: »Zähle nun meine Diener.« – Er zählte sie und sagte: »Es sind zehn Personen!« – Darauf sagte der Herr zu seinen Dienern: »Nun nimmt sich jeder von euch ein Schaf.« Da nahm jeder sein Schaf, aber für den zehnten war kein Schaf da. – »Kannst du nun sehen«, sagte der Herr zu dem fremden Diener, »daß die neun Personen jeder ein Schaf bekommen haben, während der zehnte dagegen keines hat?« – »Ja«, antwortete er, »was soll ich sagen, Herr. Da kann ich doch nichts dran machen. Die neun Personen sind geschwinde gewesen und haben darum jeder sein Schaf bekommen, aber der zehnte war eben ein Trödelmeier, und darum hat er nichts bekommen. Das ist doch nicht meine Schuld.«

Das Testament des Hundes

21 Ein Mann hatte einen Hund, der ihm viele Jahre hindurch das Haus treu und redlich bewacht hatte. Der Hund wurde alt, und zuletzt starb er. Der Mann legte ihn in einen Sarg, trug ihn auf die Begräbnisstätte der Mohammedaner und begrub ihn dort. Aber da gingen einige Leute zum Kadi und beklagten sich darüber, daß der Mann seinen Hund in der geweihten Erde der Gläubigen begraben hatte. Der Kadi ließ den Mann zu sich rufen und sprach zu ihm voller Entrüstung und Erbitterung: »Warum hast du diese schändliche Tat begangen? Ich werde dich zum Tode verurteilen.« – »Ehrwürdiger Richter«, sagte der Mann, »erlaubt mir, euch die Sache zu schildern. Wenn dies geschehen ist, möget ihr ganz nach eurem Gutdünken handeln. Dieser Hund ist viele Jahre hindurch in meinem Hause gewesen und hat mir Tag und

Nacht gedient, wofür er denn auch jeden Monat seinen festen Lohn von mir erhielt. Ich gab ihm fünf män Brot, ein män Butter, fünfzig Eier und vier män Fleisch. Auf seinem Todeslager machte er ein Testament und sagte: Was ich bisher an Lohn bezogen, sollst du hiernach dem Kadi geben.« – Da zog der Kadi sein Taschentuch hervor und fing an zu weinen, indem er sagte: »Gott sei seiner Seele gnädig! ... Was bestimmte er sonst noch in seinem Testamente?« –

Der Taube

22 Ein tauber Mann besuchte einen Kranken. Er dachte bei sich: »Hören kann ich zwar nicht, aber ich kann zwei gegen eins wetten, daß, wenn ich den Kranken frage, wie es ihm gehe, er mir antworten wird: Gut, Gott sei Dank! Wenn ich ihn dann frage, wer denn sein Arzt sei, wird er mir den Namen irgendeines Arztes sagen. Und wenn ich ihn schließlich frage, welche Medizin er heute genommen habe, wird er sagen, er habe dieses oder jenes Mittel eingenommen.«

Er trat also bei dem Kranken ein und fragte: »Wie geht es dir?« – »Sehr schlecht«, antwortete der Patient, »ich glaube, ich muß sterben.« – »Gott sei gelobt und gepriesen!« sagte der Taube. Und dann fragte er weiter: »Wer ist denn dein Arzt?« »Der Todesengel«, antwortete der Kranke. »Ja, er ist ein sehr tüchtiger Arzt, und er bringt Segen, wohin er kommt. Welche Medizin hast du denn heute genommen?« – »Gift und Galle!« »Möge sie dir wohlbekommen!« sagte der Taube. »Das ist gerade die rechte Medizin für dich, du hättest überhaupt keine bessere bekommen können!«

23 Ein Arzt hatte die Gewohnheit, seinen Sohn mitzunehmen, wenn er seine Kranken besuchte. So machte er sich eines Tages, begleitet von seinem Sohne, auf, um nach einem Patienten zu sehen. Er fühlte dem Kranken den Puls und sagte: »Der Patient hat ja Granatäpfel gegessen.« – »Ja, ganz recht«, sagten die Angehörigen, »gestern gaben wir ihm ein Stückchen.« »Und dann hat er auch dicke Milch gegessen«, fuhr der Arzt fort. »Ja, davon hat er auch ein wenig mitbekommen.«

Als sie fortgingen, fragte der Sohn seinen Vater, woher er denn wisse, daß der Kranke dicke Milch und Granatäpfel gegessen habe. »Nichts einfacher als das«, sagte der Arzt, »ich sah einige Granatäpfelschalen in einer Ecke liegen, und ich bemerkte, daß noch ein wenig dicke Milch im Schnurrbart des Mannes saß. Und ich weiß ja, daß, wenn man in einem Hause, wo sich ein Patient befindet, irgend etwas ißt, man dem Kranken gerne etwas mitgibt.«

Am anderen Tage ging nun der Sohn des Arztes auf Krankenbesuch. Er fühlte dem Kranken den Puls und sagte: »Der Patient hat ja Eselfleisch gegessen.« – »Nein«, sagte die Leute, »das hat er bestimmt nicht.« Der junge Mann ging nach Hause zu seinem Vater und erzählte ihm, wie es ihm ergangen war. Der Vater fragte ihn: »Woraus konntest du denn schließen, daß der Patient Eselfleisch gegessen hatte?« – »Doch, als ich eintrat, sah ich, daß da ein Sattel für einen Esel lag, aber der Esel selbst war nicht da, und da war ich überzeugt, daß die Leute im Hause den Esel gegessen und dem Patienten etwas davon mitgegeben hatten.«

Das sichere Pfand

24 Ein Kaufmann hatte ein auswärtiges Geschäft zu ordnen, weshalb er zu seinem Lehrling sagte: »Du darfst mir keinem Käufer Kredit geben.« Da kam ein Spitzbube, kaufte für tausend Tômân Ware und sagte: »Ich werde das Ganze morgen bezahlen.« Der Lehrling sagte: »Ich kenne dich ja nicht. Nimm darum diesen Ring, der dem Kaufmann gehört, und stecke ihn an deinen Finger, damit ich dich, wenn ich dich sehe, wiedererkennen kann.« Der Ring war viel Geld wert. Der Kunde steckte den Ring an den Finger, und der Lehrling sah ihn niemals wieder.

Der Mann, der vertauscht wurde

25 Ein Mann bat in einer Mühle um ein Nachtlager. Er sagte zu dem Müller: »Wecke mich morgen in der Frühe.« Als er in Schlaf gefallen war, zog ihm der Müller seine Mütze ab und setzte ihm statt dessen seine eigene Mütze auf. Beim Tagesgrauen erwachte der Fremde und ging. Als er ein Weilchen gewandert und es ganz hell geworden war, kam er an einen Bach. Er erblickte sein Spiegelbild im Wasser, aber als er sah, daß er die Mütze des Müllers auf dem Kopfe hatte, dachte er bei sich: »Ich bat ihn doch, daß er mich wecken sollte, und nun hat der Dummkopf sich selber geweckt.« Und damit machte er kehrt und schimpfte den Müller aus: »Warum hast du mich nicht geweckt, wie ich dir gesagt hatte?«

26 Ein Reiter kam des Weges daher. Da traf er drei Akhûnde[1], die gerade durch Unterrichten von Kindern ihren Lebensunterhalt verdienten, grüßte zu ihnen hinüber und ritt weiter. »Mich hat er gegrüßt«, sagten sie alle drei, und da sie sich nicht darüber einigen konnten, wem von ihnen der Gruß des Reiters gegolten hatte, gerieten sie in einen Wortstreit, und zuletzt beschlossen sie, ihn selber zu fragen. Sie setzten also im Laufschritt hinter dem Reiter her und riefen ihm nach, bis er sein Pferd anhielt. Als sie ihn erreicht hatten, fragten sie ihn: »Wen von uns hast du gegrüßt?« – Er antwortete: »Ich grüßte den Dümmsten von euch.« Nun wollte jeder von den drei Lehrern der Dümmste sein. Das beste war wohl, daß jeder von ihnen eine seiner Torheiten erzählte, damit sie sich klar darüber werden konnten, wer von ihnen der Dümmste sei.

Der erste erzählte: »Eines Tages, als ich mit meinen Kindern rund um mich herum in der Schule saß und sie gerade ihre Aufgaben durchgingen, geschah es, daß ein Huhn in den Brunnen fiel. Ich band mir ein Seil um den Leib und ließ mich daran in den Brunnen hinab, während die Kinder das Ende des Seiles festhielten. Als ich halbwegs in den Brunnen hinabgekommen war, mußte eins der Kinder niesen, aber die anderen unterließen es, in die Hände zu klatschen[2]. Da wurde ich böse, und während ich so mitten im Brunnen hing, rief ich: ›Warum klatscht ihr nicht in die Hände?‹ Sofort ließen die Kinder das Seil los und klatschten in die Hände, und ich fiel auf den Grund des Brunnens und brach mir das Bein, so daß ich seit dieser Zeit hinken muß. Kann man sich wohl eine größere Dummheit vorstellen?«

»Das ist doch gar nichts«, sagte der zweite, »aber nun sollt

[1] Ein Akhûnd ist ein Mann, der studiert hat, insbesondere Theologie. Das Wort wird oft geringschätzig für einen Pedanten gebraucht.
[2] In der Schule bestand die Sitte, daß, wenn eines nieste, die anderen in die Hände klatschten und riefen: »Gott verzeih dir!« oder »Wohl bekomms!«

ihr bloß mal hören: Eines Sonnabends fing ich die Schule wieder an. Die Kinder, die am vorhergehenden Tage freigehabt hatten[1], hatten miteinander verabredet: Morgen wollen wir alle einer nach dem anderen dem Lehrer sagen, er sei krank. Der erste Schüler trat also ein, grüßte und setzte sich, indem er sagte: ›Herr Lehrer, was ist denn mit Ihnen, Sie sind ja so bleich. Sie sind sicher krank.‹ Dann kam der zweite herein und sagte: ›Wie kommt es doch, daß Sie so hohläugig sind?‹ Und der dritte sagte: ›Ihre Nase ist wirklich lang geworden. Was fehlt Ihnen doch?‹ Da war ich überzeugt, daß ich krank sein müsse. Ich gab den Kindern frei und ging nach Hause und sagte zu meiner Frau, sie solle hingehen und einen Arzt holen. Sie ging, und da ich inzwischen hungrig geworden war, stand ich auf und öffnete die Tür zur Speisekammer. Da lagen vom vorhergehenden Tage einige Klöße aus Fleisch und Reis. Ich fing an zu essen und hatte gerade einen Kloß in den Mund gesteckt, als der Arzt hereintrat, ehe ich den Kloß hatte kauen können. Da stand ich nun mit dem Kloß im Munde und konnte ihn nicht herunterkriegen. Der Arzt untersuchte mich und glaubte, mein Gesicht sei geschwollen. ›Wir müssen einen Einschnitt vornehmen‹, sagte er, und hast du nicht gesehen, zog er seine Lanzette hervor und schnitt mir die Wange auf. Als er die Lanzette herauszog, saß dort ein Korn des gekochten Reises auf der Spitze. ›Das ist ein kleiner Wurm‹, sagte er zu meiner Frau, ›kannst du sehen, wie fein ich ihn herausgezogen habe? Wenn ich das nicht getan hätte, wäre dein Mann jetzt tot.‹ Der Arzt bekam sein Honorar, und ich mußte mehrere Tage das Bett hüten, bis die Wunde geheilt war, während die Kinder Ferien hatten und nach Herzenslust spielten. Ich kann mir nicht denken, daß sich irgendeine andere Dummheit mit der meinigen messen kann.«

»Das ist doch nicht der Rede wert«, sagte der dritte Lehrer. »Ich glaube doch, das ich der größte Dummkopf bin. Hört nur her: Eines Morgens ging ich zum Wasserbassin hinaus, um

[1] Der Freitag ist der wöchentliche Ruhetag der Mohammedaner.

meine Waschung vorzunehmen. Als ich mein Spiegelbild im Wasser gewahr wurde, glaubte ich, es sei ein Dieb, der sich im Bassin versteckt hatte, und da rief ich die Kinder herbei. Sie kamen gelaufen, und ich gab jedem von ihnen einen Stock in die Hand und sagte: ›Da ist ein Dieb im Bassin. Nun gehe ich in das Wasser hinab. Ihr steht alle auf eurem Posten, und wenn einer aus dem Wasser heraufkommt, dann ist es der Dieb, und dann müßt ihr alle auf ihn losschlagen.‹ Ich ging also in das Bassin und tauchte unter, aber so sehr ich auch suchte, konnte ich doch keinen dort unten finden. Ich mußte wohl oder übel den Kopf aus dem Wasser herausstrecken, aber die Kinder glaubten ja nicht anders, als daß es der Dieb sei, der sich zeige, und sie schlugen mir mit ihren Stöcken den Kopf und das Gesicht, so daß ich den Kopf wieder unter Wasser stecken mußte. So ging das eine ganze Zeit. Ich hielt mich unter Wasser, solange ich konnte, aber jedesmal, wenn sich mein Kopf über der Oberfläche zeigte, schlugen die Kinder drauflos. Ich rief ihnen zu, daß ich der Lehrer und nicht der Dieb sei, aber das störte sie nicht. Zuletzt kam meine Frau und befreite mich.«

Der Reiter betrachtete die drei Lehrer, und dann sagte er: »Ich grüßte euch alle drei.«

Wer zuerst spricht ...

27 In einem Dörfchen in Iran mit Namen Khâbdschân wohnte ein Hâdschî[1]. Eines Tages trat er in sein Haus und sah seine Frau bei ihrer Arbeit sitzen. »Frau«, sagte er, »geh hinaus und gib den Schafen Wasser.« – »Hast du keine Augen im Kopf«, fragte die Frau, »kannst du nicht sehen, daß ich hier sitze und nähe?« Der Mann wurde hitzig. Er hatte einen Stock in der Hand. Den warf er der Frau an den Kopf. Sie nahm eine Schaufel, die sonst zum Schneeschaufeln gebraucht wurde,

[1] Hâdschî nennt man den, der die Pilgrimsfahrt nach Mekka unternommen hat

und warf sie nach dem Mann. Dann sagte sie: »Hör nun einmal her, Mann, setz dich ruhig hin, und der von uns beiden, der zuerst spricht, muß hinausgehen und den Schafen Wasser geben.« Und damit setzten sie sich hin. Aber das Stillschweigen fing bald an, der Frau langweilig zu werden, und sie dachte im stillen: »Ich will nebenan zur Nachbarin gehen und sehen, ob wir nicht die Zeit ein wenig verschwatzen können. Wenn ich dann zurückkomme, kann ich vielleicht meinen Mann dazu kriegen, etwas zu sagen.« – Sie zog ihren Schleier an und ging an ihrem Mann vorbei, um zu sehen, ob er sie nicht fragen wolle, wo sie hinginge. Aber er sagte nichts, und sie ging zur Nachbarin auf Besuch.

Auch der Mann wurde des Alleinseins bald überdrüssig. Er stand auf und setzte sich in die Tür. Da kam einer vorbei und sagte guten Tag. Er antwortete mit einem Nicken aus lauter Furcht, die Frau könnte ihn hören, wenn er etwas sagte. Ein wenig später kam ein anderer und sagte guten Tag. Der Mann beantwortete den Gruß mit flüsternder Stimme, denn es könnte ja sein, daß die Frau hinter der Tür oder oben auf dem flachen Dach stände und lauschte.

Kurz darauf kam ein Barbier. Er blieb stehen und reichte dem Hâdschî einen Spiegel. Der Hâdschî besah sich im Spiegel und reichte ihn zurück. »Soll ich dir den Kopf rasieren?« fragte der Barbier. Der Hâdschî antwortete nicht. Er konnte ja nicht wissen, ob die Frau auf der Lauer stand. Der Barbier meinte, das Schweigen wäre so gut wie »Ja«, und band dem Hâdschî eine Serviette um den Hals. Der Hâdschî dachte bei sich: »Wenn ich jetzt die Serviette abnehme und sage, daß ich den Kopf nicht rasiert haben will, hört meine Frau es natürlich, und dann kommt sie her und sagt, ich soll hinausgehen und den Schafen Wasser geben. Nein, lieber halte ich meinen Mund.« – Der Barbier rasierte ihm also den Kopf, nahm alsdann eine Schere hervor und stutzte dem Hâdschî den Bart. Nun waren da zwei Männer, die drüben an der Straßenecke einen Streit anfingen. Der Bartputzer wollte nun unbedingt sehen, was bei dem Geschimpfe herauskäme, und während er ganz davon in Anspruch genommen war, stutzte er immer weiter. Als er dann seine Aufmerksamkeit wieder auf den Hâdschî wandte, sah er, daß er die eine Seite seines Bartes ganz abgefitschelt hatte. Daß er ihn mit seiner Zange nicht wieder langziehen konnte, war ihm vollständig klar, also schnitt er auch die andere Seite ab. Er besah sich den Hâdschî, der entsetzlich zugerichtet war, aber immer noch nichts sagte. Was sollte der Barbier anfangen? Er weichte den Bart des Hâdschî in Wasser auf und rasierte ihn vollständig ab. Dann nahm er ein Stückchen Holzkohle, spitzte es auf der Steinbank zu und brachte damit drei Schönheitsflecken im Gesicht des Hâdschî an, und dann reichte er ihm den Spiegel. Der Hâdschî guckte hinein und mußte sich sagen, daß der Barbier seine Sache gründlich gemacht hatte. Aber er dachte nur: »Wenn ich auch Himmel und Erde in Bewegung setze, kommt der Bart deshalb doch nicht wieder zurück, und wenn ich zu diesem Bartschneider rede, steckt meine Frau bestimmt gleich ihre Nase aus irgendeiner Ecke heraus und sagt, daß ich hinausgehen und den Schafen Wasser geben soll. Dann lieber schweigen.« – Damit gab er dem Barbier den Spiegel zurück. »Gib mir nun den Lohn für meine Arbeit«, sagte der Barbier. Aber der Hâdschî antwortete nicht. »Er ist sicher stumm«, dachte der Barbier, »dann muß ich doch lieber ins Haus gehen und der Frau sagen, daß ich ihren Mann rasiert habe und bezahlt werden soll.« – Gedacht, getan. Er ging durch die Tür und rief: »Heda, ihr da drinnen!« – Aber niemand antwortete. Da trat er in die Stube und sah sich um. Da hingen an einem Nagel Schmuckstücke von Gold und Silber im Werte von 500 Tômân. »Das beste ist«, dachte er, »ich rette diese Sachen.« – Er nahm die Schmuckstücke, band sie in seine Serviette und ging hinaus. Der Hâdschî glaubte, es sei ein wenig Brennholz oder ähnliches, das er mitgenommen habe, und sagte nichts, aus Furcht davor, die Frau könne sich versteckt haben und dann herauskommen und sagen: »Du hast zuerst gesprochen, du gehst und gibst den Schafen Wasser.«

Der Barbier war kaum um die Ecke, als die Frau zurückkam und drinnen in der Stube ein Weib in Männerkleidern sitzen sah. Verwundert trat sie näher und besah sich die Person. Da war es ihr Mann, der da ohne Bart und mit Schönheitspflästerchen auf den Wangen saß. Die Frau brach in ein Gelächter aus und sagte: »Aber Mann Gottes, wer hat dich denn so aufgedonnert!« – Der Mann sprang auf, lachte und tanzte und klatschte in die Hände. »Du hast gesprochen«, sagte er, »sei nun so freundlich und gib den Schafen Wasser!«

Die Toren

28 Zwei Toren gingen miteinander. Der eine sagte zu dem andern: »Ach, wenn mich doch Gott der Erhabene zum Besitzer von tausend Stück Kleinvieh machen wollte, damit ich aus der Wolle und der Milch und auch aus den Zicklein und Lämmern Ertrag ziehen und trotz aller Neider einen guten Verdienst genießen könnte.« – Der andere sprach: »Möge mir Gott – er sei gepriesen – tausend wilde Wölfe schenken! Dann würde ich sie alle auf deine Herde jagen, so daß sie, allen Geizhälsen zum Trotz, deine Schafe und Ziegen eins nach dem andern zerreißen und alle auffressen könnten.« – »Schämst du dich nicht vor Gott«, erhitzte sich der Mann mit dem Kleinvieh, »daß du alle deine Wölfe auf meine Schafherde loslassen und sie mir nicht dir nichts zerstören willst! Eine solche Unmenschlichkeit schreit ja gegen alle Freundschaft und Billigkeit.« – »Schämst du dich nicht vor Gott«, nahm der Mann mit den Wölfen das Wort, »daß du allein die ganze Einnahme von all der Milch und all deinen Kitzlein und Lämmlein genießen willst, ohne mir auch nur etwas davon zu gönnen!« – »Deine Freundschaft«, antwortete der Mann mit dem Kleinvieh, »auf die verzichte ich. Wenn ich meiner Familie, meinen Kindern und andern Verwandten nichts davon schenke, warum sollte ich einem Fremden gegenüber die offene Hand zei-

gen?« – »Ja«, sagte der andere, »wenn du mich wie einen Fremden behandelst, werde ich auch künftig keine Rücksicht mehr auf dich nehmen.«

Diese Unterredung artete in einen heftigen Streit aus. Die beiden Männer gerieten einander in die Haare, zerkratzten sich gegenseitig die Gesichter und warfen sich gegenseitig Staub und Schmutz in Augen und Mund. Da kam ein alter Mann daher mit einem Ledersack voll feinen Honigs auf dem Rükken. Als er sah, daß sich die beiden gegenseitig so aufs Korn genommen hatten, fragte er, was denn los sei. Sie erzählten ihm den Hergang. Da wurde der Alte so wütend über die Dummheit der beiden Männer, daß er sein Messer zog und seinen Ledersack von oben bis unten aufschlitzte, so daß der Honig auf die Erde floß, und sagte: »Möge mein Blut wie dieser Honig fließen, wenn ihr nicht ein paar große Schafsköpfe seid.«

Schildbürgergeschichten von den Leuten aus Kazvin und Mazenderan

29 Ein Mann aus Kazvin ging zu einem Arzt und erzählte ihm, daß er krank sei. Der Arzt sagte: »Bring mir morgen ein Glas Urin, dann werde ich dir eine Medizin verschreiben.« – In der Nacht wurde die Frau des Kazviners ebenfalls krank, und da dachte er im stillen: »Ich will zwei Fliegen mit einer Klappe schlagen.« Also goß er den Urin seiner Frau und seinen eigenen in dasselbe Glas. Am folgenden Morgen ging er zum Arzt und sagte: »Das, was zuoberst im Glase ist, ist mein Urin, das unterste ist der meiner Frau.«

Ein anderer Kazviner, der dabeistand, sagte: »Wenn man sich so dumm benimmt, ist es natürlich kein Wunder, daß die Leute von den Torheiten der Kazviner reden. Du hättest ganz einfach ein Stückchen Schnur in der Mitte des Glases anbringen sollen, dann hätte man doch sehen können, was das eine und was das andere ist.«

Eine Schar Kazviner zog gegen die Ketzer in den Krieg. Als sie zurückkehrten, trug jeder von ihnen den Kopf eines erschlagenen Ketzers auf einer Stange. Nur einer von ihnen trug auf seiner Stange den Fuß eines getöteten Feindes. Man fragte ihn: »Wer hat diesen Mann erschlagen?« – »Ich!« – Warum hast du denn nicht seinen Kopf mitgebracht?« – »Weil der schon weg war, als ich kam.«

Ein Mazenderaner ging in den Laden eines Zimmermanns und sagte: »Mach mir eine Tür.« – »Ja«, sagte der Zimmermann, »aber dann mußt du mir zuerst ein Maß für die Tür bringen.« – Der Mann ging nach Hause, maß die Tür mit den Armen und begab sich mit ausgebreiteten Armen in den Laden des Zimmermanns zurück, indem er immerzu rief: »Stoßt mich nicht, damit ich das Maß nicht verliere.« Plötzlich lief ihn ein Esel an, daß er umfiel und mit ausgebreiteten Armen liegenblieb. Als die Leute herbeieilten, um ihm wieder auf die Beine zu helfen, sagte er: »Zieht mich an meinem Bart auf, denn wenn ihr mich bei den Armen nehmt, verliere ich das Maß.«

Einem Mazenderaner war ein Geldstück in das Wasserbassin seines Hofes gefallen. Er nahm seinen Stock und stocherte damit in dem Wasser herum in der Meinung, die Münze könnte daran hängenbleiben, so daß er sie auf diese Weise wiederbekommen könnte. Da sagte ein anderer Mazenderaner zu ihm: »Du bist mir aber ein furchtbarer Schafskopf! Ein trockener Gegenstand kann doch niemals an einem anderen trockenen Gegenstand hängenbleiben. Du mußt erst das Ende des Stockes mit Spucke befeuchten, damit die Münze daran festkleben kann, und dann erst kannst du sie herausziehen.«

Ein Mann aus Mazenderan zog in die heilige Stadt Mashhad[1] und beschäftigte sich dort einige Jahre mit theologischen Stu-

[1] Die Stadt Mashhad mit der Grabmoschee über dem 8. Imâm, Imâm Rîzâ, ist das berühmteste Heiligtum Irans. Tausende wallfahrten jährlich zu dem Grab des Heiligen.

dien. Nachdem er sein Zeugnis dafür erhalten hatte, daß seine Lehrzeit beendet war, kaufte er sich einen Esel, lud seine Bücher auf dessen Rücken und zog davon, um in seine Heimatstadt zurückzukehren. Unterwegs kam er in ein Dorf, aber als er sich von dort aus weiter in das nächste Dorf begeben wollte, sagten die Leute zu ihm: »Reiset dort nicht hin, Herr, denn es sind Räuber auf jenem Wege.« – »Was wollen die Räuber denn?« fragte er. – »Sie werden dir deine Kleider, deinen Esel und deine Bücher nehmen.« – »Aber«, wandte der Mazenderaner ein, »stützen sie denn eine solche Handlungsweise auf ein Argument oder haben sie kein Argument?« – Die Bauern verstanden nicht, was er meinte; sie sagten nur: »So reise denn, wenn du Lust hast.«

Der Mazenderaner machte sich auf den Weg. Als er in ein Tal zwischen den Bergen hineinritt, kamen die Räuber angestiegen und sagten: »Spring von deinem Esel herab, Meister Theologe, und ziehe deine Kleider aus.« – Der Theologe fragte: »Auf welches Argument stützt ihr ein solches Verlangen?« – Da gab einer der Räuber dem Theologen einen ordentlichen Nackenstreich mit einem dicken Stock, den er in der Hand hatte. Augenblicklich stieg der Theologe von seinem Esel herab, zog seine Kleider aus und händigte sie den Räubern mitsamt seinem Esel und seinen Büchern aus.

Nackend trottelte er in das Dorf zurück. Die Bauern standen schon auf dem Ausguck nach ihm. Als sie ihn in dieser Verfassung ankommen sahen, fragten sie ihn: »Wo ist dein Esel und wo sind deine Bücher und deine Kleider?« – »Die haben die Räuber genommen«, erwiderte er. Die Bauern fragten weiter: »Hatten sie ein Argument?« – »Ja«, antwortete der Theologe, »sie hatten ein Argument, so solid und schlagend, daß ich mein Lebtag seinesgleichen nicht getroffen habe.«

LITERARISCHE FABELN UND MÄRCHEN

Die Gazelle und die Maus

30 Ein Jäger hatte sein Netz in der Ebene ausgespannt. Eine Gazelle mit Namen »Güldenohr« kam dort vorbei. Das mißhellige Geschick brachte sie in die Falle, und das Unglück warf sie in das Flechtwerk des Netzes. Die anderen Gazellen, die Zeugen dieses traurigen Geschehnisses waren, überließen sie ihrem Verderben.

Unterdessen kam eine Maus aus ihrem Loch heraus. Die betrübte Gazelle bat sie um Hilfe und flehte sie an, ihr die Pforte der Freiheit zu öffnen, aber die Maus antwortete: »Freiwillig sein freies Haupt in Fesseln und Banden legen lassen, das wäre ja der Torheit Höhepunkt und der Dummheit Übermaß. Wenn ich darauf erpicht wäre, die Knoten deines Netzes zu zerreißen, könnte ich mir ja die Zähne zerbrechen, und Plage und Verdruß, Schaden und Verlust würden mein Los sein. Schon nahet sich der Jäger, und wenn ich dir nun hälfe aus Gefängnis und Gefahr und mich dabei selbst an die Wand drängen ließe, würde mir der Jäger voller Groll und Ärger Heim und Herd vernichten, mich zugrunde richten und mich bringen in Unglücks Schoß, und Unrecht leiden würde mein Los. Du bist mir weder Freund noch Feind.« – Die Gazelle sagte: »Obgleich du mich nicht kennst, mich deinen Freund nicht nennst, so muß dein Edelmut verlangen, du sollst die Freiheit mir erlangen.« Aber die Maus wandte wiederum ein: »Wenn deine Befreiung nicht kostete tausend Nöte und nicht dein Glück mir selber zu leiden geböte, würde ich, um dich zu erfreuen, nicht die größte Mühe scheuen.« – »Aber«, sagte die Gazelle, »für den, der aus edlem Geschlecht und vornehmem Geblüt ist, ist es eine natürliche Sache, Leiden zu erdulden, um einem anderen zu nutzen.

Mannesruhm im Nachruf stets gewinnet,
Ehre, dem, des edler Tat man sich entsinnet.

So haben die Alten gesprochen, daß der, der ein lebendes Wesen von Schaden und Plagen befreit und einem Verirrten den Weg zum Ziele zeigt, der soll nicht beschämt dastehen, der soll der Höllenqual entgehen.«

Die Maus machte sich aber gar nichts aus diesen Worten und wollte sich gerade wieder dahin zurückziehen, woher sie gekommen war, als eine Weihe sie mit ihren Krallen packte. Und da kam auch der Jäger. Er sah, wie schön die Gazelle war, und sagte: »Ich will sie lieber lebend verkaufen.« – Da kam just ein Mann vorbei, der war in Gottesfurcht geübt und von Falschheit ungetrübt, er ging im Gewand des Frommen, und Demut prägte sein Kommen. Er fragte den Jäger nach dem Preis der Gazelle. »Sie kostet ein Goldstück«, antwortete der Jäger. Der fromme Diener des Herrn sagte: »Der, der einen Unglücklichen vom Tode errettet, wird selbst dem Verderben entgehen.« Und dann kaufte er die Gazelle und ließ sie laufen.

Der Kamelreiter und die Schlange

31 Ein Kamelreiter kam auf seiner Fahrt an einen Ort, wo einige Karawanenreisende ein Feuer gemacht hatten. Der Wind hatte, nachdem sie weitergezogen waren, das Feuer wieder angefacht und einen allgemeinen Brand verursacht. Die Funken waren in allen Richtungen auf der Steppe umhergestoben, und das vertrocknete Buschwerk hatte überall Feuer gefangen, so daß die Wüste einem Tulpenbeet glich. Mitten in den Flammen lag eine große Schlange, der nun alle Wege gesperrt waren und die nach keiner Seite hin entschlüpfen konnte, sondern nahe daran war, wie ein Fisch in der Pfanne oder wie ein Rebhuhn am Spieß gebraten zu werden. Das Blut tropfte aus ihren giftgeschwollenen Augen, und als sie den Kamelreiter erblickte, rief sie ihn um Hilfe an und sagte:

»Willst du nicht barmherzig sein?
Hilf mir doch aus meiner Pein!«

Der Kamelreiter war ein gottesfürchtiger und wohlmeinender Mann, und als er die Schlange klagen hörte und sie in ihrer Qual und Hilflosigkeit sah, dachte er bei sich: »Ganz sicher ist die Schlange ein Feind der Menschen. Aber nun befindet sich diese Schlange in Not und Gefahr. Ich kann darum nichts Besseres tun, als ihr Barmherzigkeit erweisen und in den Boden der Tat die Saat des Edelmuts säen, deren Früchte nur Glück bringen können in dieser Welt und Seligkeit in der anderen.« – Und damit befestigte er seine Jagdtasche an der Spitze seiner Lanze und streckte diese aus. Die Schlange nahm die Gelegenheit wahr und schlüpfte in die Jagdtasche hinein, und der Jäger zog sie aus dem Feuer heraus, nichts anderes glaubend, als daß er eine gute Tat begangen habe. Dann öffnete er die Tasche und sagte zu der Schlange: »Krieche nun wohin du willst und zeige deine Dankbarkeit für deine Rettung aus dieser Gefahr dadurch, daß du dich in die Einsamkeit zurückziehst und den Menschen künftig keinen Schaden mehr zufügst, denn den, der Unrecht tut, wird man in dieser Welt schmähen, und über sein Los in der kommenden werden seine Feinde sich freuen.

Fürchte Gott, sei gut dein' Lebetage,
Daß der Tod dir keine Furcht einjage.«

»Hör doch auf mit deinem Gerede«, sagte die Schlange, »ich verlasse diesen Ort nicht, ehe ich dich und dein Kamel gebissen habe.« – »Was?« fragte der Reiter. »Habe ich dir nicht eine Wohltat erwiesen und dich aus dem Feuer gerettet? Soll das der Lohn dafür sein, und meinst du etwa, daß das recht und billig sei?

Ich wies dir Freundschaft, hörte auf dein Flehn,
Soll bitter Unrecht mir dafür geschehn?«

»Ja«, antwortete die Schlange, »du hast mir zwar eine Wohltat erwiesen ,aber sie war schlecht angebracht. Du hast Mitleid gehabt, aber für jemand, der kein Mitleid verdient. Du wußtest sehr genau, daß ich ein Geschöpf bin, das schädlich ist, und daß die Menschen von meiner Seite nichts Gutes erwarten können. Nun, wo du dir die Mühe gegeben hast, mich zu retten und damit jemandem Gutes erwiesen, den du hättest schlecht behandeln sollen, so ist jedenfalls Leiden nichts als die gerechte Vergeltung für deine Handlungsweise, denn gut gegen Böse zu sein ist dasselbe, wie schlecht zu handeln gegen Gute.

Vernunft und Glauben in heiligem Bund
verbieten, die Guten und Edlen zu kränken,
doch auch, den Bösen Gutes zu tun,
die nur an Verderben und Untat denken.«

Der Reiter ergriff nun wieder das Wort: »Sei billig und recht. Welche Religion erlaubt, Gutes mit Bösem zu vergelten – und welche Moral ist der Ansicht, daß man die Reinheit der Wohltat mit dem Mist der Übeltat vergelten darf?« – »So ist es bei euch, den Menschen, Sitte«, antwortete die Schlange, »und nun will ich nach euren Grundsätzen handeln und euch die Ware verkaufen, die ich auf eurem Gerechtigkeitsbasar eingehandelt habe.

Gewinne für eine Stunde, was du verkaufst das ganze Jahr.«

Alle Einwendungen des Mannes konnten nichts nützen. Die Schlange sagte nur: »Bestimme nur geschwind, ob ich dich oder dein Kamel zuerst beißen soll.« – »Gib doch diesen widersinnigen Gedanken auf«, sagte der Mann, »Gutes mit Bösem zu vergelten kann doch nie und nimmer Glück bringen.« – Aber die Schlange blieb dabei: »So ist es Sitte bei den Menschen, und ich will der Handlungsweise der Menschenwelt folgen.« – Der Reiter stritt der Schlange die Richtigkeit ihrer Behauptung ab und sagte: »Wenn du mir beweisen und Zeugen dafür bringen kannst, daß es bei den Menschen Brauch ist, auf diese Weise Vergeltung zu üben, will ich gerne mein Leben unter deinem Biß lassen und ohne Widerstand in den Tod gehen.«

Die Schlange sah sich um und erblickte eine Büffelkuh, die auf der Steppe weidete. »Komm«, sagte sie, »und laß uns durch den Büffel die Wahrheit erfahren.« – Die Schlange und der Kamelreiter näherten sich der Büffelkuh, und die Schlange ergriff das Wort: »Du, Büffelkuh, was ist des Guten Lohn?« – »Wenn du wissen willst, wie es sich bei den Menschen damit verhält«, antwortete die Büffelkuh, »so lohnt man Gutes mit Bösem. Hör nur her: Ich hatte eine Zeitlang mein Heim bei einem Menschen. Jedes Jahr schenkte ich ihm ein Kalb, und ich füllte sein Haus mit Milch und Butter, und auf mir beruhte sein ganzer Haushalt und sein tägliches Leben. Als ich dann alt geworden war und nicht mehr kalben konnte, wollte er mich nicht länger pflegen und jagte mich aus dem Hause in die Steppe hinaus. Als ich nun eine Zeitlang hier auf der Steppe geweidet hatte, ohne arbeiten zu müssen, und nach und nach wieder fett geworden war, kam eines Tages mein Herr hier heraus, und da er meinte, ich sei nun fett genug geworden, holte er einen Schlächter und verkaufte mich an ihn, und heute kommen sie und bringen mich ins Schlachthaus, um mich totzuschlagen. Das ist der Lohn für all das Gute, das ich ihnen getan.

So ist mein Los, wem soll mein Leid ich klagen?«

»Da kannst du es selber hören«, sagte die Schlange zu dem Reiter, »mache dich nun geschwind bereit, meinen Biß zu empfangen.« – Aber der Kamelreiter machte Einwendungen. »Dem Gesetze nach kann man auf eine einzige Zeugenaussage hin kein Urteil fällen. Bringe einen zweiten Zeugen, und dann kannst du handeln, wie du es für gut befindest.«

Da sah sich die Schlange noch einmal um, und ihr Auge fiel auf einen Baum. »Komm«, sagte sie, »und laß uns diesen Baum befragen.« Damit war der Reiter einverstanden. Sie gingen hin zu dem Baume, und die Schlange fragte ihn: »Was ist der Lohn für das Gute?« – Der Baum antwortete: »Nach den Grundsätzen der Menschen lohnt man Gutes mit Bösem und Nutzen mit Schaden, und das kann ich beweisen: Ich bin ein Baum, der hier in der Steppe aufwächst. Ich stehe auf einem Bein, um den Kommenden und Gehenden zu dienen. Wenn ein Mensch hier durch die Einöde dahergewandert kommt und von Hitze und Müdigkeit geplagt wird, läßt er sich gern für ein Weilchen in meinem Schatten zur Ruhe nieder und erholt sich ein wenig, und wenn er dann seine Augen aufschlägt, denkt er bei sich: ›Dieser Zweig dort paßt gerade gut zu einem Schaft an meiner Axt, und das Stück da ist wie geschaffen für einen Spaten. Aus dem Stamm könnte man ein fabelhaftes Brett oder auch eine feine Tür machen.‹ Und wenn er dann eine Säge oder eine Axt bei sich hat, nimmt er sich, was ihm gefällt von meinen Zweigen und meinem Stamm, und zum Lohn für die Rast, die ich ihm gewährt, fügt er mir dann all diese Schmerzen zu.

Ich mühe mich ab, ihm Schatten zu geben,
Doch herzlos nimmt er zum Lohn mir das Leben.«

»Wohlan«, sagte die Schlange zu dem Reiter, »nun sind dir also zwei Zeugen vorgeführt worden, gib nun dein Leben preis und laß mich dich beißen.« – »Das Leben ist ein so kostbar Ding«, sagte der Mann, »und es ist hart, sein Herz vom Guten dieses Lebens loszureißen, solange noch ein Fünkchen Hoffnung besteht. Wenn noch ein dritter Zeuge sich auf dieselbe Weise in dieser Sache ausspricht, will ich ohne Weigerung mein Leben opfern und mich dem Willen Gottes ergeben.«

Die Fügung des Schicksals wollte nun, daß ein Fuchs dort in der Nähe gestanden und beobachtet hatte, was sich zwischen ihnen zutrug, und er hatte aufmerksam ihren Gesprächen gelauscht. »Gut«, sagte die Schlange, »laßt uns den Fuchs dort fragen und hören, was er uns zu sagen hat.« – Aber noch ehe ihn der Reiter gefragt hatte, erhob der Fuchs seine Stimme und sagte: »Wie, weißt du nicht, daß Gutes mit Bösem vergolten wird? Was Gutes hast du dieser Schlange getan, wenn du Strafe verdient hast?« – Der Mann erzählte ihm den Zusammenhang. Da sagte der Fuchs: »Du machst ja sonst den Eindruck eines vernünftigen Menschen. Warum erzählst du aber dann diese Lügengeschichten?

Ich glaubte stets, der Kluge rede recht,
Vom Mund des Weisen klingt die Lüge schlecht.«

»Er spricht die Wahrheit«, ergriff die Schlange das Wort; »sieh, dort am Sattelriemen hängt noch die Jagdtasche, in der er mich aus dem Feuer zog.« Aber der Fuchs ereiferte sich: »Nun höre sich einer an, als ob so eine große Schlange in dieser kleinen Tasche liegen könnte!« – »Wenn du es nicht glauben willst«, sagte die Schlange, »dann will ich gern noch einmal in die Tasche hineinkriechen, damit du es mit deinen eigenen Augen sehen kannst.« – »Ja, wenn ich es mit meinen eigenen Augen sehen kann«, antwortete der Fuchs, »so daß ich weiß, daß eure Behauptung wahr ist, dann will ich ein gerechtes Urteil zwischen euch fällen, ohne jeglichen Betrug und Eigennutz.« – Der Mann öffnete die Jagdtasche, und die Schlange, die sich von den Worten des Fuchses betören ließ, schlüpfte hinein. Da sagte der Fuchs: »Junger Mann, wenn du deinen Feind in deiner Gewalt hast, schone ihn nicht.

Ist dein Feind in deine Hand gegeben,
Sei nur klug und schone nicht sein Leben.«

Der Mann folgte dem Rat, schloß die Jagdtasche zu und schlug sie so lange gegen den Boden, bis die Schlange getötet war und die Funken ihrer Bosheit verlöschten, so daß alle Geschöpfe vor ihrer Begier, Schaden zu stiften, sicher sein konnten.

Wohl getötet, wer schlecht gelebt.
Wohl tut, wer tötet, was zum Bösen dient.

32 Ein Weib, das lange gelebt, aber dabei kaum zum Leben hatte, besaß eine Tochter mit Namen Mähästî. Der Vollmond war neidisch ob ihrer Wangen strahlendem Glanz, und die welterleuchtende Sonne saß schweißtriefend vor Scham ob ihres herzberaubenden Antlitzes Widerschein.

Ein süßes Wort von ihr, und die Vernunft muß schweigen,
Der Zuckerbäcker muß beschämt sich vor ihr neigen,
Ein Lächeln – und der Tod rast durch das Land,
Ein zarter Blick – so steht die Welt in Brand.

Plötzlich traf des unglücksschwangeren Schicksals böser Blick die rosenwangige Zypresse. Ihr Haupt sank zurück auf das Polster des Krankenlagers, und statt der roten Rosen schoß gelber Krokus auf im Blumenbeet ihrer Schönheit. Die Frische ihres Antlitzes, jungem Jasmin gleich, verging unter der Glut des Fiebers, und der Hyazinthlocken wogende Fülle verlor ihren Glanz im Brande der Krankheit.

Ach, des Jugendlenzes Fülle bar,
Ward sie hager wie ein Moschus-Haar. –

Das alte Weib wich nicht vom Lager ihrer Tochter, und mit Augen so naß wie eine Frühlingswolke jammerte und klagte sie: »O du, die du das Leben deiner Mutter bist, daß doch deine Mutter ihr Leben für dich opfern könnte! O daß ich doch, die ich in der elenden Hütte der Leiden zerschunden und zerschlissen worden bin, der Staub unter deinen Füßen sein könnte! O wie gern möchte ich mich selbst als Almosen für dein Wohl verschenken und die Hälfte meines Lebens, das ich noch mit mir herumschleppe, hingeben, auf daß du leben könntest!« – Jeden Morgen sprach sie unter Seufzern und Klagen: »O Gott, sei diesem jungen Wesen gnädig, das noch nichts von der Welt gesehen, und nimm mich alte, hinfällige und lebensmüde Frau an ihrer Statt.

O nimm die Tage, die mir zugedachten
Und lege sie zu ihrem Lebensjahr.
Wenn Leiden aus mir einen Schatten machten,
So krümme doch auf ihrem Haupt kein Haar!«

Kurz, die Alte war so erfüllt von mütterlicher Liebe und mütterlichem Mitgefühl, daß sie Tag und Nacht in eifrigem Gebet und tiefer Klage verbrachte und gerne mit ihrem eigenen Leben die Tochter vom Tode losgekauft hätte.

Nun geschah es eines Tages, daß eine Kuh, die der Alten gehörte, vom Felde zurückkehrte und in die Küche spazierte. Angezogen vom Dufte der Suppe, steckte sie ihren Kopf in den Suppentopf und schlürfte den ganzen Inhalt in sich hinein. Als sie aber ihren Kopf wieder zurückziehen wollte, konnte sie ihn nicht mehr aus dem Topf herausbekommen. Wütend fuhr sie mit dem Topf auf dem Kopf kreuz und quer in der Küche umher. Die alte Frau war gerade nicht zu Hause und wußte darum nicht, was hier vor sich ging, und als sie nun zurückkehrte und ein Wesen von so sonderbarem Aussehen in ihrem Hause herumlaufen sah, dachte sie nicht anders, als daß es der Todesengel sei, der Mähästîs Seele mit sich nehmen wolle. In ihrer Angst stieß sie einen Schrei aus und rief:

»Todesfürst! Ich bin Mähästî nicht!
Bin nur ein elend, altes Weib.
Wenn du die Mädchenseele meinst,
Dort in der Kammer liegt ihr Leib!
Entführ Mähästî, die du suchst,
Und laß mich hier in Frieden sein.«

Ja, wenn Gefahr dem Menschen droht,
Zuerst denkt er an sich allein.

33 In der Stadt Audschîn[1] lebte ein Kaufmann mit Namen 'Azîz. Der Becher seines Lebens war gefüllt mit dem Weine des Glücks, und die Schale seines Daseins floß über vom Rebensaft des Reichtums. In reichem Maße genoß er seine irdische Macht, und der Güter dieser Welt besaß er die Fülle. Das Schlafgemach seiner Erwartungen erstrahlte im Kerzenlicht erfüllter Wünsche, und sein Leben duftete von der Würze des Glückes. Der Mantelzipfel seines Herzens war wie die Quelle des Sonnenlichts frei vom Staube irdischer Leiden, und der Spiegel seiner Seele war wie die schimmernde Fläche des Mondes frei vom Rost des launischen Geschicks. Der Himmel hatte den Teppich des Wohlstands ausgebreitet im Lusthaus der Sorglosigkeit, und in der Werkstatt seines Glücks ward aller Reichtum der Welt verwandelt in Armut. Auf dem sandelduftenden Tuch der Erde gab es nicht eine Herrlichkeit, die nicht auch den Tisch seiner erfüllten Wünsche zierte, und der smaragdgrüne[2] Bogen des Himmels bot keine Sternenkonstellation, die sich nicht seinem Willen beugte. Die Zeit floß ihm hin mit Saitenspiel und Becherklang, während er sich streckte auf den Polstern des Genusses, mit der Braut der Lust an seinem Busen. Die duftenden Blumen seines Gemüts gewannen an Frische in den Parkanlagen des Frohsinns, und der Zephir des Glücks ließ die Rosenknospen seines Herzens lächeln unter der sanften Brise auf den Wiesen des Paradieses.

Ihm fehlte nicht Sänger, nicht Mundschenk, nicht Wein,
Bis spät erst und sanft fand der Schlaf sich ein.
Nur Freude das Netz seines Lebens spann,
Kein Menschenkind herrlicher leben kann.

Eines Tages hatte er wieder den Teppich der Lustbarkeiten ausgebreitet und gab eine Gelage voll Freuden und Gesellig-

[1] In der Nähe von Agra in Indien [2] Die Perser bezeichnen den Himmel oft als grün

keit, und im Vereine mit Freunden trank er die reine, in der Glut des Abendrots strahlende Traube aus Bechern von wasserklarem Kristall, und ergriffen von berauschender Wonne schien es ihm, als ob des Himmels azurblaue Schale und der Sonne goldner Pokal bis zum Rande kredenzt seien mit dem Wein seiner Wünsche.

Als sich der sanfte Lenz der Munterkeit gerade am besten entfaltete, zeigte sich ein Fremdling am Horizonte seines Schicksals. Der Unbekannte nahm Platz auf einer Ecke seines Teppichs, und indem er sich setzte, warf er einen Blick, verschleiert von Schmerz, auf die versammelte Schar, und aus den Schmuckkästen seiner Augen fielen feine Tränenperlen in die Mantelzipfel seiner Wangen. Bei seinem kalten Seufzer ward den lustigen Gästen jäh der Spiegel der Freuden überzogen mit dem Rost der Besorgnis, und ein Schrei der Angst fuhr durch die Seelen der Tischgenossen. Auch 'Azîz verlor die Zügel der Selbstbeherrschung aus seiner Hand und fing an, den Fremden auszuforschen, aber wie sehr er auch den Fremdling mit seinen Fragen bedrängte, verblieb er nur stumm und ließ keinen Laut über seine Lippen kommen. Dieses Benehmen ließ 'Azîz' Erstaunen wachsen und stürzte ihn in den Strudel der Ungeduld. Und mit der Nachforschung Hand faßte er den Mantelzipfel des jungen Mannes und plagte ihn mit auf die äußerste Spitze getriebener Aufdringlichkeit, daß er offenbare das Geheimnis seiner Seele, die schuld sei an dem Sturz der Stimmung in der Gesellschaft. Als der fremde Jüngling einsah, daß die Begierde 'Azîz nach dem köstlichen Geheimnis alle Grenzen überschritt, öffnete er widerstrebend seinen Mund zur Antwort und sprach:

»Obgleich die Sache, nach der du mich fragst, eine Ware ist, die man auf Erden nicht feilbietet, und ein Edelstein, den man nicht in der Minengrube der Rede gewinnt, und obgleich ich weiß, daß ihre Kenntnis dir keinen Nutzen bringen wird, so gibt es für mich nun, da deine zudringliche Wißbegierde in diesem Punkt jegliches Maß übersteigt, keinen andern Ausweg, als dir ein wenig von der Sache zu offenbaren und dir einige Andeutungen und Winke zu geben.

Wisse denn, daß die Fülle meines Reichtums und die Macht meines Überflusses so groß waren, daß kundige Rechenmeister der Intelligenz vergebens versuchten, sie zu verstehen und zu fassen.

Einst sammelte ich, wie es so Sitte der Kaufleute ist, eine große Menge Waren, und in Erwartung von Vorteil und Gewinn zog ich nach Qanûdsch[1] und nahm alle Beschwerlichkeiten des Reiselebens auf mich. Viele vornehme Kaufleute, die es als eine Ehre betrachteten, unter meiner Karawanenführung zu stehen, schlossen sich mir an. Nun begab es sich, da wir etwa vier Tagesreisen von Qanûdsch entfernt waren, daß ich den Anschluß an die Karawane und ihre Ladungen und Waren verlor und mich in einer Einöde befand, in der sich kein Hauch menschlichen Daseins regte. So furchtbar war diese Wüste, die sich meinen Blicken bot, daß die Kette des Lebensmutes nahezu in mir zerbrach. Und es erging mir nicht anders, als daß ich, wie sehr ich auch von der einen Seite zur anderen eilte und vom Morgengrauen bis zum späten Abend in allen Richtungen umherirrte, dennoch nicht dieser Stätte entrinnen konnte. Jeden Augenblick bohrten sich grauenerweckende Laute in meine Ohren, bei denen mir die Galle zu Wasser ward, und immer wieder tauchten seltsame Gestalten vor meinen Blicken auf, so daß ich vor Furcht erbebte wie die Nadeln der Pinie. Als die Sonne untergegangen war und das Dunkel der Nacht begann, sich über die Erde zu breiten, ward die Steppe vor den Augen meiner Phantasie zu einem wogenden Meer, das die Fische des Himmels[2] zu verschlingen drohte. Die Zweige des Wüstengestrüpps bogen sich unter dem peitschenden Sturm tief hinab zur Erde, und die Gewalt der Windstöße setzte den Sand der Erde in Bewegung, so daß er den Schlangen Pharaos glich, die seine Zauberer hervorgezaubert und die aussahen, als wollten sie die ganze Welt ver-

[1] Eine Stadt im nördlichen Indien [2] Das Sternenbild der Fische

schlingen. Unter dem Zwang der Notwendigkeit legte ich mein Herz in die Hand der Vernichtung und die Kette des Schicksals um meinen Hals und ließ mich, den Tod erwartend, unter einem Busche nieder, aber von Furcht und Entsetzen besessen kam es mir vor, als ob sich meine Glieder voneinander lösten und meine Gebeine und Sehnen voneinanderfielen.

Plötzlich brachte mir der Wind das Geräusch ferner Schritte ans Ohr, und als ich mit spähenden Blicken um mich sah, zeigte sich mir in der Ferne eine Person, die mit hastigen Schritten auf mich zukam und auf den Schwingen der Eile im Fluge sich nahte. Das Dasein eines menschlichen Wesens erschien mir in dieser todesschwangeren Öde als ein Ding der Unmöglichkeit, und ich hielt es für einen Dîw, der mir nach dem Leben strebte, oder für einen Ghûl, der mich zu töten kam. Blitzschnell kroch ich in ein Loch im Erdreich und verbarg mich hinter dornigem Gestrüpp wie ein dem Tode geweihter Vogel, den der schnellflügige Königsfalke verfolgt, und flehte Gott um Schutz an. Aber ohne die geringste Untersuchung oder Nachforschung anzustellen, kam die Person gerade auf mich zu und rief mit fürchterlicher Stimme: ›Wer bist du und was tust du allein in dieser von Grauen überströmenden Wüste? Bist du ein Dîw oder ein Ghûl, der die Menschen in sein Garn lockt und sie in diese einsame Wüste führt, um sie unter vielfachen Qualen zu töten?‹

Ich war so entsetzt, daß mir die Worte im Halse steckenblieben und die Zähne im Munde klapperten, und gleich einem Körper ohne Seele besaß ich nicht die Kraft, zu fühlen oder mich zu bewegen. Mein Schweigen entfachte seinen Zorn in höchstem Grade, eine rasende Erbitterung furchte seine Stirn, und mit größter Heftigkeit stieß er hervor: ›Sprich sofort, wie es sich mit dir verhält, oder mein bluttrinkendes Schwert wird deinen Kopf von der Schulter springen lehren!‹ – In meiner furchtbaren Angst versuchte ich zu antworten und sagte: ›Junger Mann, laß deinen Zorn fahren! Ich bin ein Mensch, und durch die Fügung des Himmels bin ich abseits von meinem Lager geraten und habe mich in dieser lebenraubenden Wüste verirrt. Ich bin hilflos und kann nicht zurückfinden auf die Landstraße der Hoffnung. Hab um Gottes willen Mitleid mit meiner verlassenen Lage und reiche mir hilfreich deine Hand, wie es edler Männer Sitte ist. Sei mir gleich Khizr[1] ein Führer auf meinen Pfaden, daß ich heimfinden kann zu meinen Genossen und zurückkehren zu meinem Volk und meinen Zelten.‹

Als der junge Mann die Wahrheit über meinen elenden Zustand erfuhr, zerstreuten sich die Wolken des Zorns, die sich auf seiner Stirne gesammelt, und das Blut des Wohlwollens strömte wieder durch seine Adern, als er sagte: ›Fasse nun wieder dein von Furcht zerstreutes Gemüt, denn nun bist du erlöst vom Ort der Gefahren, und aus dem Strudel der Vernichtung hast du dich emporgeschwungen an die Küste der Befreiung. Hier in der Nähe liegt eine überaus herrliche Stadt. Ihre Umgebung ist so wunderbar, daß sie, dem Garten Eden gleich, dir alle Sorgen aus dem Herzen verjagen wird, und ihre Bewohner gleichen denen des Paradieses. Hinreißend ist diese Stadt. In ihren Straßen bieten sich tausendfältige Herrlichkeiten dem Ankommenden dar, und die Häuser der Stadt sind, wie die Tiefe des Spiegels, lauter Reinheit. Die Wohnung Mânîs[2] ist nur ein Beispiel ihrer bildreichen Stätten, und die Werkstatt Färvärdins[3] ist nur eine Probe ihrer lenzfrischen Natur.

[1] Khizr war ein Prophet, der von der Quelle des Lebens getrunken hatte und dadurch unsterblich geworden war und der Alexander den Großen auf seiner Suche nach der Quelle des Lebens begleitete. Er ist eine uralte mythische Gestalt in islamischer Umformung. [2] Mânî, der Stifter der manichäischen Religion, war der Legende nach ein unübertroffener Maler. [3] Im altpersischen Jahr ist Färvärdin der erste Monat, und da das Jahr mit dem Tage der Frühlingstagundnachtgleiche beginnt, ist Färvärdin der eigentliche Frühlingsmonat. Persien hat übrigens die alten Monatsbezeichnungen an Stelle der arabischen, die man früher im amtlichen Kalender benutzte, wieder aufgenommen.

Ein Eden umkränzet das schöne Land,
Das saftig sich dehnt um Käwzärs Strand[1].
Die Erde bietet nur Frieden dort,
Und frei von Schmutz ist der herrliche Ort.
Wo immerdar grüner Pflanzen Duft weht
Und Freude und Wohlstand ewig besteht,
Ein Fluß von Gold seine Felder begießt,
Das Erdreich von Safran überfließt.

Von alters her trug die Stadt den Namen Lu'bätbâz[2]. Mich hat man beehrt mit der Stelle des Torwächters in dieser Stadt, die Iräms[3] Argwohn erweckt und das Paradies neidisch macht mit ihren herzerquickenden Schlössern und ihren bezaubernden Häusern, mit ihren Bewohnern, die den Huris Edens nicht nachstehn, und mit ihren lustvollen paradiesischen Gärten, und man nennt mich den Rizvân von Lu'bätbâz[4]. Wohlan, spute dich, mit Windeseile laß uns dieser gefährlichen Öde entrinnen und hinstreben zu jener in himmlischer Pracht erstrahlenden Stadt, wo du dich rasten kannst auf den Polstern des Wohlergehens.‹

Als ich sah, daß er ein Mann war von herzgewinnendem Benehmen und entzückender Liebenswürdigkeit, sprach ich Worte des Segens über ihn aus, und Worte des Dankes richtete ich an Gott, und dann folgte ich ihm wie sein Schatten, bis wir die Tore der Stadt ereichten. Beim Anblick der Umgebung der Stadt ward ich zur höchsten Bewunderung hingerissen und glaubte nicht anders, als das Himmelreich selbst offenbare sich mir...«

Der junge Fremdling war gerade zu diesem Punkt in seiner Erzählung gekommen, als plötzlich zwei Katzen, die sich in der Raserei des Kampfes ineinander verbissen hatten, vom flachen Dach herab mitten in die Gesellschaft hineinplumpsten.

[1] Käwzär ist ein Fluß im Paradies [2] »Die Zauberin«, »Gauklerin« [3] siehe S. 117 Anm. 1 [4] Rizvân ist der Name des Engels, der die Pforte des Paradieses bewacht

Ohne an die tückischen Schabernacke des Schicksals zu denken, saßen die Gäste da und lauschten gespannt der Erzählung des Fremden. Sie sprangen auf und liefen davon, erschreckt wie die Hühner, wenn die Katze faucht und miaut, und der Fremdling benutzte die Gelegenheit, sich unter der allgemeinen Verwirrung davonzuschleichen.

Als sich 'Azîz von seinem Schrecken erholt hatte, war er über die Flucht des jungen Mannes, der ihn des Schlusses der Geschichte beraubt hatte, so niedergeschlagen, daß seine Gesundheit davon bedroht wurde. Er schickte seine Leute nach allen Richtungen aus, um nach dem Verschwundenen zu suchen, aber sie fanden nicht die geringste Spur von ihm. Er war verschwunden wie der Vogel Phönix. Die Begierde 'Azî', den Rest der Geschichte zu erfahren und zu hören, wie die Sache verlaufen war, überstieg bald jegliches Maß, und an seinem Herzen nagte eine so gewaltige Sehnsucht, daß er es vorzog, sich der ruhigen Bande des Lebens zu befreien und sich statt dessen selbst an die Fesseln der Rastlosigkeit zu schmieden, und er beschloß, sich für eine Reise nach Qanûdsch vorzubereiten. Obgleich Verwandte und Bekannte die Perlen der Ermahnung vor ihm ausstreuten, fand ihr Glanz dennoch kein Blick des Beifalls. 'Azîz legte ohne alle Umschweife das blanke Geld seines Abschieds in die Hände der Freunde und richtete seinen Kurs auf das offene Land, indem er nur einige wenige treue Diener und zuverlässige Sklaven und ein paar Warenballen mitnahm.

In seiner rastlosen Ungeduld ließ er das eine Nachtlager nach dem andern am Wege liegen und kam, ohne irgendwo Aufenthalt zu nehmen, bald nach Qanûdsch, wo er sich sofort auf die Suche nach der Stadt Lu'bätbâz begab. Aber er fand nicht die geringste Spur von Lu'bätbâz. Die Flammen seiner Sehnsucht loderten von Tag zu Tag gewaltiger aus der Esse seines Herzens, und das Feuer des Wahnsinns verzehrte ihn so ganz und gar, daß er bald nur noch verglühender Asche glich. Zuletzt waren alle seine mitgenommenen Mittel durch das beständige Suchen aufgezehrt, seine Diener hatten ihren Sinn von ihm gewandt und sich seiner Gesellschaft entzogen und waren, jeder seines Wegs, davongezogen, und er selbst hatte seine Herrenmacht verloren, und eingehüllt in das Gewand des Bettlers, war er von der fetten Ackerfurche der Geselligkeit in die Einöde der Einsamkeit verpflanzt worden.

Er wußte nicht, wohin den Schritt zu lenken, und mochte auch nicht an die Heimkehr denken. – Ob er wollte oder nicht, er mußte sich in seine Armut finden und schleppte sich nun, einsam und verlassen, auf den Pfaden des Forschens dahin, indem er wie ein Besessener auf gut Glück umherwanderte, bald durch Städte, bald durch Länder, und in wahnsinnigem Suchen trabte er über Berge und durch Wüsten. Er verschwendete das Kapital seines Lebens an die leere Hoffnung auf Gewinst – und gewann keinen Nutzen dabei. Zuzeiten, wenn er seiner Familie gedachte, steckte der Funke der Verzweiflung die Ernte seiner Hoffnung in Brand, und wiederum zu andern Zeiten, wenn er das Ziel seines Herzens nicht erreichen konnte, ließ er in seinem Kummer sein Herz dahinfließen wie ein Regen, Tropfen für Tropfen, vom Himmel seiner Augen auf den Marktplatz der Wangen herab.

Eines Tages, als er wieder einmal draußen in der Wüste wanderte und tausend schmerzliche Seufzer und herzzerreißende Klagerufe ausstieß, begegnete er plötzlich einem Manne von edler Haltung, der den Strahlenkranz der Güte auf der Stirne trug und dessen Angesicht vom Licht der Barmherzigkeit leuchtete. Der Fremde fragte ihn nach dem Grund seines Kummers und seines verwirrten Zustandes, und 'Azîz stellte ihm in schönen und ausgewählten Worten seine Erlebnisse dar und rief den Unbekannten, der ihm wie ein Khizr erschien, um Hilfe und Beistand an. Der junge Mann antwortete: »O du, dessen Verstand vom Unglück getroffen ist und dessen Urteilskraft Schaden erlitten hat, in welches Elend hast du dich selbst gestürzt? Unsinnig ist es, sich selbst durch Wüstenwanderungen zugrunde zu richten und Wind in seine Hände zu fangen, nur weil man von einer unbekannten Person eine Geschichte gehört hat, ohne überhaupt den Wert seiner Rede untersucht zu haben. Die Aufgabe, die du dir selbst auferlegt hast, läßt sich nicht lösen. Schlage darum möglichst bald einen Weg ein, auf dem mehr Nutzen für dich zu gewinnen ist.« – »Junger Mann«, sagte 'Azîz, »da ich nun einmal von meiner Familie getrennt bin und diesen Weg eingeschlagen habe, der nirgendwo hinführt, wie könnte doch meine Seele mir dazu raten, auf halbem Wege umzukehren, ohne daß ich die Früchte meines Suchens gewonnen habe? Strenge dich doch um Gottes willen an und gib mir eine Handreichung, soweit es in deiner Macht steht.« – »O du starrköpfiger und unvernünftiger 'Azîz«, antwortete der andere, »wenn man auch ein ganzes Leben lang unverdrossen suchen wollte, so würde man dennoch nicht die Perlen des Seins vom Meeresgrunde des Nichtseins heraufholen können. Nirgendwo auf der ganzen Oberfläche der Erde gibt es eine Stadt Lu'bätbâz. Wie könntest du also durch meine Hilfe dorthin finden? Wenn du dich nun einmal selbst mit deiner Hacke in den Fuß gehauen hast, mußt du doch wenigstens dafür sorgen, daß sich die Wunde nicht zu einem unheilbaren kalten Brand entwickelt. Fasse darum einen schnellen Entschluß, während du noch dazu imstande bist, die Karawane des Lebens einzuholen, und sorge dafür, daß du in der Karawanserei der Erlösung unter Dach kommst.«

»Du, junger Mann, der so gute Ratschläge geben kann«, sagte 'Azîz, »weißt du nicht, daß das köstliche Juwel der Ermahnung für einen armen Wandersmann auf den Pfaden des Forschens wertlos ist? Bezeige mir um Gottes willen ein wenig mehr Freundlichkeit und laß mich Unglücklichen nicht, solange der Sonnenschein der Milde von deinem Antlitz erstrahlt, wie eine Fledermaus durch die Gassen der Enttäuschung flattern und mitten im finstern Staub der Hoffnungslosigkeit verzweifeln.« Da sagte der Fremde: »O du Unverständiger, folge mir eiligst nach, auf daß ich dich auf jenen Pfad geleiten kann, der dich zu deinem Ziele führen soll.« –

'Azîz folgte seinem Führer und wanderte mit ihm von dannen. Als sie eine Weile gegangen waren, kamen sie an einen Baum; hier machten sie halt, und indem der Fremde ihm die Richtung zeigte, der er folgen sollte, sprach er: »Eile nun auf jenem Wege dahin, den ich dir gewiesen habe, und du wirst dein Ziel nicht verfehlen, wenn du nur immer in dieser Richtung weitergehst, wirst du dein Glück finden.« Und während er ihm ein Elfenbeinschwert in einer Scheide aus gewebter Seide überreichte, sprach er zu ihm: »Wenn deine Glieder von der langen Wanderung ermüden und du nicht mehr gehen kannst und dich nach Ruhe sehnest, dann sollst du dieses Schwert aus der Scheide ziehen und es vor dich hinhalten; sobald du aber weiterzugehen wünschst, stecke es wieder in die Scheide.« – Mit diesen Worten verschwand er ihm aus den Augen.

'Azîz folgte dem Rat, den ihm der junge Mann gegeben hatte, und marschierte getrost weiter, indem er sich, so sehr er konnte, anstrengte, vorwärtszukommen. Nun machte er sich nichts mehr daraus, ob der Weg auf- oder abwärts ging, ob durch Dornengestrüpp oder Steinfelder, sondern nahm froh und munter die Beschwerden des Weges auf sich, bis der weltumkränzende Bote der Sonne seine Reise durch das Weltenall unterbrach und im Nachtquartier des Westens zur Ruhe ging. Dann machte auch 'Azîz halt, zog den Worten des jungen Mannes gemäß sein Elfenbeinschwert aus der Scheide und hielt es vor sich hin, und sogleich zeigte sich mitten in der menschenverzehrenden Wüste eine große Stadt vor ihm, die so schön war, daß der Sendbote der Phantasie nicht Worte hat, sie zu beschreiben. Dort kehrte 'Azîz in einer Fremdenherberge ein, wählte sich ein Schlafgemach, wo er sich zur Ruhe niederließ, aß und trank, soviel es ihn gelüstete, und legte sein Haupt auf dem Kissen des Schlafes zur Ruhe nieder. Beim Hahnenschrei steckte er sein Schwert wiederum in die Scheide, die Stadt verschwand, und er setzte wie am vorhergehenden Tage seine Wüstenwanderung fort.

Um kurz zu sein, auf diese Weise setzte er immer wieder

seine Reise fort, und nachdem er so lange Zeit hindurch gewandert war, kam er an das Gestade eines Sees. Mit dem Wasser des Sees wollte er seinen brennenden Durst löschen, aber während er trank, sprang der Gürtel, an dem das Elfenbeinschwert befestigt war, entzwei; das Schwert fiel ins Wasser und versank, und 'Azîz war nicht imstande, es wiederzuerlangen. Der Kummer bemächtigte sich seiner Sinne, und in tiefster Betrübnis und Verwirrung ließ er sich am Ufer nieder, und die Burg seines Gehirns war in ihren Grundmauern erschüttert. Aber dann nahm er sich zusammen und ging weiter des Weges, den ihm der junge Mann angewiesen hatte, und ward so aufs neue ein Wandersmann in der Wüste des Kummers. Nach vielen Tagen kam er an ein Saatfeld. An dessen Rande saß ein Landmann und tat sich gütlich mit einem Becher Weines, indes sein Weib in der Nähe stand und Saatkörner über die Erde streute. 'Azîz bekam Lust, ein wenig mit dem Bauern zu schwatzen. Er ging mit einladender Gebärde auf ihn zu, indem er erwartete, daß der Bauer der Sitte der Höflichkeit und guter Lebensart folgen werde, und sprach ihn an. Der Bauer sah ihm auch wirklich mit freundlichem Blick entgegen und erkundigte sich nach seinen Verhältnissen. 'Azîz erzählte ihm die Ereignisse seines Lebens und offenbarte ihm den Wunsch seines Herzens.

»Schöner, junger Mann«, sagte der Bauer, »was ist das doch für eine verderbliche Idee und für ein widersinniger Gedanke! Geh nicht auf so törichte Weise deinem Untergang entgegen, sondern gib deinen widersinnigen Plan auf, denn es geht doch über alle Grenzen der Möglichkeit, daß ein Mann wie du ein solches Unternehmen glücklich zu Ende führen könnte. Wenn dein Stern dir günstig ist, laß dich bei uns nieder und verweile ein wenig in meiner Gesellschaft, daß du sicher sein kannst vor den Quälereien des Schicksals.«

'Azîz nahm das Angebot an und ruhte im Schatten der ländlichen Gastfreiheit aus von der Qual seines erfolglosen Suchens. Nun begab sich indessen auf dem Grund des Bauern die Merkwürdigkeit, daß sich an jedem Tag, sobald die Morgenbrise wehte und die ersten Strahlen der Sonne durchbrachen, ein Nebel zeigte, der sich nach und nach wie ein Teppich über einen bestimmten Baum an der Feldscheide herabsenkte und dessen Blätter und Zweige einhüllte, indes ein Lichtglanz den Nebel durchstrahlte gleich dem brennenden Dornbusch Moses'; alsdann erschien aus den Nebelfluten eine Hand, die Jesu weißer Hand an Schönheit glich und mit einem solchen Glanz leuchtete, daß die welterleuchtende Sonne ihren Schimmer von ihr hätte entleihen können. Der Bauer pflegte dann zu dem Baume hinzugehen und wie ein gewandter Mundschenk der Hand einen Becher ungemischten Weines zu reichen, worauf die Hand verschwand, um alsbald wieder zu erscheinen, um dem Bauern den geleerten Becher wieder zurückzugeben. Diese Zeremonie wiederholte sich, bis der Bauer vierzig Becher Wein geschenkt hatte. Dann verschwand die Hand ganz, und der Nebel fing an, sich zu lichten und in die Wolken emporzugleiten, und nach kaum einer Stunde hatte er sich so vollständig zerteilt, daß nichts mehr von ihm zu sehen war.

Nun wollte es das Schicksal, daß der Bauer aus irgendeinem Grunde eine Reise unternehmen mußte. Er überließ darum Haus und Hof der Obhut seines Gastes 'Azîz und zog davon. Beim Abschied legte er 'Azîz ans Herz, er möge ja sorgsam auf die vorgeschriebene Weise den Becher mit dem rosenfarbenen Wein jener Hand aus der unsichtbaren Welt reichen. Als 'Azîz auf diese Weise alle häuslichen Geschäfte während der Abwesenheit des Hausherrn auf sich genommen hatte, erfüllte er auch mit allem Eifer seine Pflicht und kredenzte, der Anweisung des Bauern folgend, den Wein jener Hand, die aus dem in Nebel gehüllten Baume erschien, und war besorgt, diesen Auftrag aufs beste zu erfüllen. Aber nach einigen Tagen fiel ihn eine unbezwingbare Lust an, die Mauer dieses beschwerlichen Geheimnisses zu durchbrechen und durch nähere Untersuchung Klarheit über den Zusammenhang der Sache zu erhalten. Zuletzt überwältigte ihn diese unsinnige

Begierde ganz und gar, und als er eines Tages den Becher darreichte, schob er plötzlich in seiner Verwegenheit alle Rücksicht zur Seite und ergriff mit einer raschen Wendung die Hand, gerade als sie aus dem Nebel tauchte, um den Weinbecher zu nehmen. Im selben Augenblick erklang ein so entsetzlicher Schrei, daß die Galle eines Löwen bei diesem Laut hätte zu Wasser werden können, und ein gewaltiger Vogel mit starken Klauen streckte seinen Schnabel aus dem Nebelvorhang heraus, ergriff 'Azîz, als ob er ein elender Spatz wäre, und schwang sich mit ihm hoch in die Wolken empor. Dann senkte er wieder seinen Flug und strich von der Zinne des Himmels hinab auf die Erde und setzte sich ruhig auf die Spitze eines Kuppelgebäudes. Hier ließ er 'Azîz aus seinem Schnabel gleiten, und wie ein Ball rollte er über die Kuppel hinab und landete in einer Tiefe, die so dunkel war, daß die schwarze Nacht ihre Finsternis hätte von ihr entleihen können. Wie sehr er sich auch anstrengte, wieder heraufzukommen, so konnte er doch die Straße der Hoffnung nicht finden, und hilflos lag er da, harrend an der Pforte des Todes und bereit, die Reise in das Land der Ewigkeit anzutreten.

Da fiel sein Auge auf einen Lichtschein. Durch ein Loch, nicht größer als ein Geldstück, blitzte ein Sonnenstrahl hindurch. 'Azîz kratzte mit den Nägeln um das Loch herum und erweiterte es um so viel, daß er mit dem einen Auge hindurchschauen konnte. Die Not verlieh ihm Kräfte, so daß es ihm mit der größten Anstrengung gelang, die Öffnung so groß zu machen, daß sich ein Mensch, wenn auch nur mit Mühe, hindurchzwängen konnte; und nach tausend Schwierigkeiten konnte er sich endlich aus dieser gedankenverzehrenden Enge herausreißen.

Nun war gerade an dieser Stelle ein sehr starkes Netz ausgespannt. 'Azîz fiel auch sogleich hinein, und das Netz schnürte sich um seinen Hals zusammen. Je mehr er, in der Hoffnung, sich zu befreien, um sich schlug und an dem Netze zerrte, um so fester schnürten sich die Stricke des Netzes um alle seine

Glieder. Aber da kam auch schon ein Jäger, der bemerkt hatte, was geschehen war, in aller Eile dahergelaufen. Er zog 'Azîz aus dem Netz heraus, band ein Seil um seinen Hals und ein anderes um sein Bein und zog etwa ein paar Meilen Weges mit ihm davon, bis sie an einen Palast kamen, der hinreißend anzuschauen war wie die Burg des Himmels. Eine junge Frau, über alle Beschreibung herrlich und schön, steckte ihren Kopf aus einem Fenster des Palastes heraus, betrachtete 'Azîz und sagte: »Heute ist die Beute mager. Laß ihn so lange liegen, bis er in einen solchen Zustand kommt, daß wir ihn empfangen können.« – Der Jäger löste sofort die Bande, die um seinen Hals und sein Bein gebunden waren, und ließ ihn frei, und 'Azîz, der an die Fesseln der Bekümmernis geschmiedet war, fühlte sich so unglücklich und elend, daß er nicht die Kraft hatte, sich zu bewegen, sondern sich augenblicklich im Schatten des Palastes niederlegte, die Augen schloß und das blanke Geld des Wachseins dem Straßenräuber des Schlafes überließ.

Als er sein Haupt wieder vom Kissen des Schlummers erhob, sah er sich in einer Wüste liegen, die sich, so weit das Auge reichte nach allen Seiten erstreckte. Von Schrecken ergriffen, bebte er wie Espenlaub und fing an, auf gut Glück in dieser schrecklichen Wüstengegend herumzujagen. Der Durst verzehrte ihn, und er sah jeden Augenblick in einer Fata Morgana die Quelle des Lebens und eilte bald in der einen, bald in der anderen Richtung, um sie zu erreichen, bis er zuletzt an einer Erhöhung des Terrains haltmachte und sich, ermattet von seinem anstrengenden Suchen, zur Ruhe niederlegte. Denn so heißt es ja:

Dort, wo der Müde rastet, hat er sein Vaterland.

Verweilend an diesem hoffnungsverbrennenden Orte, erwartete er den liebevollen Blick des Todes, da er glaubte, daß es für ihn keinen anderen Weg zur Befreiung aus der Drangsal des Leides gebe als den, das Reisegut des Daseins aus den Wohnstätten des Lebens zu schaffen. In diesem Augenblick kam ein alter Mann auf einem Pferde hinter dem Hügel hervorgeritten. Er ritt auf ihn zu und fragte ihn, warum er da in diesem hilflosen Zustand liege und warum er alle Hoffnungen des Lebens aufgegeben habe. Als er die nötigen Aufschlüsse erhalten hatte, schenkte er, gleich einem Khizr oder Messias, dem Verdurstenden das Wasser des Lebens und führte ihn aus der Wüste der Verzweiflung an die Quelle der Hoffnung. Er zeigte ihm den Weg zur Befreiung und lenkte seine Schritte vom Kreuzweg der Verwirrung auf die breite Landstraße der Wunscherfüllung.

'Azîz dankte dem ehrwürdigen Greise und schlug die Richtung ein, die jener Wegkundige ihn gewiesen hatte, und eilte trotz seiner Schwäche mit der Schnelligkeit des Ostwindes dahin. Indem er sich die Geschwindigkeit der leichten Brise verlieh, wanderte er die ganze Nacht hindurch, um den Rosenhain der Sicherheit zu erreichen. Gerade als die Rose des Morgens durch die Brise der Dämmerung lächelte, kam er an eine Stadt, die so herrlich war, daß der Beschauer beim freudevollen Anblick ihrer Häuser mit aufgesperrten Augen wie eine blühende Narzisse stehenbleiben mußte. Ihre Umgebung war dem Garten Eden gleich in ihrer Fülle an Freude und Augenlust, und ihre Luft war wie die Luft des Himmels eine Herzensfreude für den Himmelspförtner und die Huris. Nach allen Seiten flossen herrliche Ströme wie die Quellbäche des ewigen Paradieses zwischen schönduftenden, azurblauen Blumen dahin. Auf den Zweigen der Bäume saßen Vögel und sangen und zwitscherten Bârbäds Melodien [1]. An allen Bächen entlang wuchsen Seite an Seite mit Zypressen und Platanen Apfelbäume und Granatapfelbäume, die sich unter der schweren Last der Früchte bogen, und smaragdbeschwingte Papageien bohrten ihren Schnabel in die süßen Früchte des Mangobaumes, kleinen Kindlein gleich, die Milch saugen an der Brust ihrer Mutter. In der würzigen Luft schwollen die Trauben

[1] Bârbäd war ein berühmter Musiker aus der Zeit des Sassanidenkönigs Khusrav II. (590–628 n. Chr.)

von den labenden Säften des Lebens wie der im Fasse gärende Wein, und berauscht umarmten die Bäume einander mit ihren Zweigen wie Liebende, die Busen an Busen in süßer Umarmung einander begegnen.

Vom Schoße der Erde schwillt Ambra-Duft,
Auf prallen Früchten perlt himmlische Luft.
Die fruchtschweren Zweige zu Boden sich biegen,
Wie demutsvoll andächtig betend sie liegen.
Und keck wie ein Prahlhans die Traube sich bläht:
Kein Volk auf der Welt meine Herrschaft verschmäht.

Bei der Augenweide aller dieser wunderbaren Dinge verlor 'Azîz einen Augenblick das Bewußtsein und stand da, sprachlos und bewegungslos wie eine Bildsäule. Als er wieder zu sich gekommen war, lenkte er seine Schritte auf die Stadt zu. Bald hatte er das Tor erreicht und sah, daß beide Torflügel mit funkelnden Edelsteinen besetzt waren. Das Erdreich duftete wie Moschus, und das Pflaster der Straße war aus Achat von Jemen, und es sah aus, als ob der Himmel sein Siebengestirn und die Wiesen ihre wilden Rosen darübergestreut hätten. 'Azîz trat durch das Tor und befand sich auf dem Basar, wo die hochgeschwungenen Gewölbe sich zu beiden Seiten bogen wie die Augenbrauen der Schönen, und sie waren geschmückt mit tausend anmutigen Gemälden und bezaubernden Bildern, die beim Beschauer den Rausch der Bewunderung hervorriefen. Das Erdreich der Stadt war von allem Gedörn und Unkraut gereinigt wie die Herzen der Frommen vom Schmutz der Falschheit. Ihre Atmosphäre erquickte wie die Harmonien des Gesangs das bekümmerte Herz. Wie Wein stimmten ihre Straßen das Gemüt zur Freude, und die Bevölkerung war munter und vergnügt wie die Bewohner des Paradieses.

'Azîz stand benommen, gleichsam ertrunken im Meer des Erstaunens, beim Anblick dieses wundervollen Ortes, und er dachte bei sich: »Soviel Schönheit kann es nur im Garten Eden oder im Wunderland Iräm geben.« – Unterdessen kamen zwei frische Jünglinge daher, die ausgestattet waren mit mancherlei offenbarer und verborgener Schönheit, Zypressen gleich im Wuchs, mit Wangen wie Rosen und einem Antlitz, dessen leuchtender Glanz mit dem Gold der Sonne und dem Silber des Mondes wetteiferte. Mit solcher Eile kamen sie daher, daß die heftige Bewegung im Verein mit der Hitze der Sonne den Schweiß auf ihren strahlenden Gesichtern perlen ließ wie Tautropfen auf den Blättern des Jasmin. Sie ergriffen jeder von seiner Seite 'Azîz beim Ärmel und führten ihn mit Windeseile mit sich davon. 'Azîz erschrak sehr über das Gebaren der jungen Männer und rief und flehte sie an, ihn loszulassen, aber die beiden eiligen Wegweiser hörten nicht auf ihn, sondern zogen ihn mit zu einem Schloß, das so prächtig war, daß eine Ecke seines Bogengewölbes allein alle die neun Himmel überstrahlte. Die Würdenträger des Reiches und die Stützen des Staates waren alle in diesem himmlischen Schlosse versammelt. Ein Vezier, der Asaf glich[1] und am Fuße des Salomonischen Thrones saß, gab dem Diener Befehl, den ob all der majestätischen Pracht erzitternden 'Azîz ins Bad zu führen. Man wusch ihn und reinigte seinen Leib vom Schmutz der Reise, legte ihm ein königliches Gewand an und salbte ihn mit wohlriechenden Ölen, worauf man ihm eine Königskrone aufs Haupt setzte und ihn wie einen großmächtigen Herrscher auf den juwelenbesetzten Königsthron hob. Die Edlen des Königtumes und die Würdenträger des Reiches versammelten sich als seine Diener um seinen Thron, sie warfen sich der guten Hofsitte gemäß vor ihm nieder und küßten die Erde und ließen ihr »Es lebe der König!« hoch in die Wolken hinauf erschallen. –

Als 'Azîz dies alles sah, blieb er sprachlos wie die gewebte Figur eines Teppichs oder wie ein Wandgemälde sitzen, und für eine Weile tauchte er hinab in das Meer der Besinnung und in die Tiefe des Grübelns, indem er sich selber fragte: »Wer bin ich und was ist das für eine sinnverwirrende Gesellschaft,

[1] nach der arabischen Sage der Vezier des Königs Salomon

in der ich mich befinde? Wenn sich all diese Herrlichkeit mir nur im Traumland erschließt, warum doch sollten dann meiner Augen Narzissen noch einmal wieder das Rosenbeet des Wachseins schauen?« – Der kluge Minister fand durch das klare Licht seines Verstandes und unter der kundigen Führung seiner Einsicht den Weg in die Straße seines Zustandes und las die Schrift des Erstaunens auf der Buchseite seiner Stirn, und dieser weise Mann küßte den Fuß des Thrones mit den Lippen der Sittsamkeit und sagte: »Diese Stadt, die eine Welt voll Schönheit ist, deren Wege Tausende von Paradiesesströmen und Himmelsborne beleben und deren Bewohner schön sind und rank wie Zypressen und Pinien, heißt Lu'bätbâz. Der Herrscher unserer Stätte paradiesischer Freuden mußte nach dem ewigen Gesetz dieser Welt des Werdens und des Sterbens das Reisegut seines Daseins in die Welt der Ewigkeit befördern, und da er weder Kinder noch sonstige Nachkommen hinterließ, bestimmte er in der Stunde, in der er von den heiteren Wohnungen dieser Welt Abschied nahm, daß der, der am nächsten Morgen, wenn die welterwärmende Sonne hinter der Pforte des Sonnenaufganges auftauchte, vor allen anderen in dieser Stadt ankomme, und sei es auch der armseligste Bettler, die Königsmacht besitzen und eingesetzt werden solle auf dem hohen Throne, und die Zügel der Herrschaft solle man in seine starken Hände legen. Zugleich ist ihm vorbehalten am Firmament des Königtums ein verschleierter Mond, eine einsame Perle im Schmuckschrein der fürstlichen Herrlichkeit, ein Mädchen so schön, daß die welterleuchtende Sonne ihr wunderschimmerndes Antlitz nicht schauen kann, es sei denn durch den Vorhang des Schleiers, und die stolze Zypresse vermag nicht, wenn sie ihrer herzenbezwingenden Schlankheit gegenübersteht, sich von den Fesseln des Zaubers zu befreien, und der Vollmond schwindet dahin und wird zu einem Mondsegel aus Sehnsucht danach, ihre Füße zu küssen. Niemals verläßt die Keuschheit ihr Herz, so wie das Spiegelbild nie aus dem Rahmen des Spiegels heraustritt. Darum lautet der Befehl also: Wenn ein Mensch durch die Macht des Schicksals und den Beistand seines Glückssternes auf dem Throne der Weltherrschaft Platz genommen hat, dann soll die heimlichste Kammer seines Lebens im Kerzenlicht der Wangen dieses himmlischen Mondes erstrahlen; aber nicht das fernste Verlangen nach der unantastbaren Fürstenbraut darf er im Herzen hegen, sondern von der Fruchternte im Harem des Weltenherrschers soll er die Hand der Begierde fernhalten. Doch nun, da der Stern deines Glücks im Zenit steht, und nun, da er dich vom Dunkel des Darbens an die Lichtquelle der Königswürde geführt hat, welchen Grund solltest du haben, zu zittern wie der federnde Pfeil und zu schweigen wie eine Bildsäule, stumm und steif, ohne Wort und Werk? Erhebe dein Haupt von der Brustfalte der Bekümmernis, erschließe das Auge der Hoffnung dem Anblick deines Glückes und genieße in vollen Zügen die Lust dieser Welt.«

Beim Anhören dieser Rede wurde 'Azîz von einer Wonne und Freude erfüllt, die aller Beschreibung spottet. Nach so vielen Beschwerden und gefahrvollen Fahrten saß er nun hier in der Stadt Lu'bätbâz auf dem Throne der Herrschermacht und hatte das Banner des Glücks auf dem Lagerplatz des Königtums geheißt. Nachtigallengesang der Glückwünsche erscholl von groß und klein, ja die Engel des Himmels erreichte er, und die Rufe der Huldigungen von den Zungen Hoher und Niedriger klangen wider von der türkisfarbenen Kuppel des Himmels.

Nach der öffentlichen Audienz führte der weise Vezier 'Azîz in die inneren Gemächer, und hier, wo alle Unruhe und Störung ausgeschlossen war, entwickelte er vor ihm auf dem Weg der Belehrung die Sitten der Herrschergewalt und die Regeln der Staatsführung, erklärte ihm die Formeln der Machtausübung und die Methoden der Eroberungspolitik, die Arten des Zwangs und den Ausdruck des Willens und die Art und Weise, Gericht zu halten und Gerechtigkeit walten zu lassen.

Am folgenden Tage, als der König der Himmelskörper seinen Hochsitz auf des Himmels grünem Gewölbe eingenommen und sein Licht über den Audienzsaal der Welt ergossen hatte, bestieg auch 'Azîz den Thron seines Reiches, und mit dem Einverständnis des Ministers gab er den Befehl, alles zur Hochzeit zu richten. Die Freudebereiter und Lustbarkeitsverbreiter ordneten alles an, was zu einem heiteren und festlichen Gastmahl gehört. Da frischte die Brise improvisierter Gesänge im Rosengarten der schönen Erwartungen auf, und der Wind der Munterkeit fächelte den Nasen der Wünsche den Wohlgeruch der Erfüllung zu. Der goldene Wein, der in Silberkristallbechern schäumte, lud die Genossen des Glücks zum Fest der Sorglosen ein. Und mit der Traube reinem Naß wuschen die sonnenäugigen Keltrer des Weins den Staub des Kummers von menschlichen Herzen, und sonnenwangige Sänger fegten im Sturmwind der Melodien das Unkraut der Trübsal aus dem Sinn der Geschöpfe. Der Wonneruf froher Berauschter ließ auf den Wiesen des Himmels den Venusstern tanzen.

Als die welterleuchtende Sonnenbraut in der Brautkammer des Westens zur Ruhe ging und die hellwangige Mondherrscherin den Thron des Himmels bestieg, ward der juwelenbesetzte Thronsitz unter günstigen Vorzeichen auf azurfarbenen Beinen ins Geheimgemach des Glücks getragen, und hier schmückte man nun die schöne Feentochter, die wie die Sonne auf dem Hochsitz des Weltenraums strahlte. Eine Fülle von Rosen ergoß sich über Haupt und Busen, und ein Übermaß von Rubinen und Perlen ward ihr über Haupt und Füße gestreut. In solcher Pracht prangten die Blumen an diesem Fest, daß sie in den Läden des Frühlingsmonats Mißgunst weckten, und die Menge von Perlen und Edelsteinen machte selbst die Meerestiefe und die edelsteinbergenden Minen neidisch.

Zu der Zeit, da der König das Brautgemach betreten sollte, stellten sich rosenwangige Mädchen behend in ihren feinen Gewändern in Reih und Glied von der Türe des inneren Gemachs bis zum öffentlichen Audienzsaale auf. In das Netz ihrer ambraduftenden Locken fingen sie das Wild der Herzen, und wie muntere Pfaue entfalteten sie ihre Schönheit unter tausend koketten Spielen, wie die Blumen auf dem Anger und die Kerzen in festlicher Versammlung.

So lustig spielten sie den Abend lang,
Bald selbst bezaubernd, bald mit Zaubersang.
Von welligen Locken um ihre Stirn ein Kranz,
Sie klatschten die Händchen zart zum leichten Zehentanz.

Der König trat ein, voll Stolz und Spannkraft, gleich dem Mond in die Versammlung der Sterne oder dem Lenz auf weiter Flur. Wie eine Rose entfaltete sich sein Antlitz beim Anblick der schönen Mädchen, und er eilte hin in die Brautkammer der Mondschönen. Die ganze Welt legte er diesem am Firmament erstrahlenden Himmelskörper als Brautgeschenk zu Füßen, und Freude durchdrang sein Wesen beim Anblick des Rosenhaines ihrer Schönheit. Als diese beiden erhabenen Menschen auf dem Hochsitz der Freundschaft Platz genommen hatten, auf einem Throne vereint, hätte man glauben können, zwei Zypressen zu sehen, die aus demselben Rasengrund emporragten, oder Sonne und Mond, die ihr Licht in einem einzigen Himmelszeichen verschmolzen. Der Thron erglühte in tausendfältigem Glanz wie der feurige Himmel selbst, während die Mädchen wie Sterne den Kreis um den Königssitz schlossen. Wie Quellwasser sprudelte die Freude aus den Gängen des Palastes, und wie Regen aus den Wolken tropfte die Lustigkeit von den Pfeilern des Palastes herab.

Beim bloßen Anblick dieser in heidnischer Schönheit strahlenden Zauberin hatte 'Azîz das Vermögen seines Herzens und Glaubens verspielt. Hier saß er bei ihr in der Kammer; wie einen Blumenkranz legte er sie um seinen Hals, und wie in einem Mantel barg er sich in ihrer Umarmung. Bald küßte er ihr Mondgesicht und bald die sonnenverdunkelnden Wangen, bald vergaß er sich selbst beim Schmachten ihres halbtrunknen Anemonenblicks, bald saugte er Wein des Lebens aus dem Becher ihres süßen Rubinmunds, und bald band er ihren

Leib wie Jasmin im duftenden Strauß der Umarmung, bis die Brise der Begierde durch das Ventil seiner Wünsche zu wehen begann und Funken aus der Esse seines Herzens schlugen und ihn gelüstete, vom Rosenbusch der Hoffnung die Rose seines Willens zu pflücken.

Die schöne Gärtnerin fürchtete, daß er die verborgene Blumenknospe bräche, und sann auf Auswege, auf daß der spitze Schnabel der Nachtigall das zarte Jasminblatt nicht zerfetze. Der König selbst war außerstande, seine Leidenschaft zu beherrschen und versuchte, sein Ziel mit Hilfe des Bechers zu erreichen. Er nahm den Pokal mit Wein aus des Mundschenks Hand in der Absicht, die Fee mit dessen Hilfe gefügig zu machen und den Vogel Phönix in seine Falle zu locken. Und die Fee, die im Klima des Weins und Gesangs herangewachsen, ließ sich locken vom lieblichen Trank. Im Rausche der Heiterkeit bog sie sich auf und ab wie die schlanke Zypresse. Hingerissen vom festlichen Treiben sprang sie hervor, wie Gesang aus dem Teppich der Tonarten springt; ihrer Locken moschusduftende Ketten schlangen sich wie Schriftzeichen über die Buchseiten der mondhellen Wangen; ein ambraduftender Lichtkranz umwogte ihr Sonnengesicht. Erfahren in List, füllte sie mit eigener Hand den goldeingelegten Becher mit edlem, lebenspendendem Wein. Rosenwasser mischte sich dann in den männerfällenden Trank, den sie wie ein Liebespfand dem König reichte. Der König, den der Rausch aller Einsicht beraubt hatte, nahm wie eine Nachtigall den Becher aus der Hand der Rose und ließ keinen Tropfen übrig. Mit hinterlistiger Lustigkeit ließ sie nun ihrerseits den süßen Wein seinen Geist berauben und die Vernunft seinem Gehirn entschlüpfen. Sie gab den sonnenwangigen Spaßmachern und den feenhaften Zofen Befehl, herbeizueilen und den Festsaal mit Tanz und Saitenspiel zu beleben und die Lampe der Musik mit der Flamme ihrer Stimme anzuzünden. Die eine schlug Rad um die feuerwangigen Schönheiten mit solcher Behendigkeit, daß das Himmelsrad in schauender Verwunderung einhielt und unbeweglich verharrte wie der Polarstern; eine andere schwang sich merkwürdig leicht und geschickt in die Luft, wo sie schwebend wie eine Fee mit Händen und Füßen auf einmal klappte. Eine andere wiederum ließ mit dem taktfesten Rhythmus ihrer klatschenden Hände den Vogel Vernunft aus dem Horst des Herzens in den Luftraum der Verblüffung entfliegen, und eine andere gab das Warenlager des Glaubens und Herzens der Plünderung preis durch zauberhafte Modulationen und rauschende Töne des Gesangs.

Ein Weltraum wie der Träume lichter Sitz,
Lockender Phantasie Gedankenblitz.
Wie Gartentulpen jede Lippe rot
Frank wie der Lenz in Khûzistan[1] sich bot.
Und vom Zenit bis zum Nadir so lustig klang
Zauberhell der klaren Mädchenstimmen Sang.

Der König war vom Anblick der schönen jungen Mädchen so benommen, daß er sich auf dem Wege seines Willens verirrte, der Weinrausch übermannte ihn schließlich ganz, er legte sein Haupt auf das Polster des Schlafes und ließ die Blütenknospe seiner Wünsche unentfaltet am Anger der Hoffnung stehen.

Da die Braut des Morgens dem Ehebett der Nacht entstiegen und im azurfarbenen Weinhaus des Himmels ihren Morgenwein aus dem Becher der Sonne getrunken, ward 'Azîz, dessen Glücksstern verdunkelt, von der Brise des Morgengrauens aus dem Schlummer der Sorglosigkeit geweckt und sah sich nach allen Seiten um. Er fand nicht mehr seine strahlende Sonne und nicht die Spur vom frohen Fest der Nacht, sondern wie früher fand er sich in grauenhafter Wüste liegend, bedroht von Gefahren der Einsamkeit und gefangen im Netzwerk der Armut. Der Geliebten gedenkend und des Glücks, das ihm bereitet war, und des schönen abendlichen Festes, streute er Asche auf sein Haupt, wie es unglücklicher Menschen

[1] Khûzistan, das Susiana des Altertums, hat ein warmes Klima, das den Zuckeranbau ermöglicht

Brauch ist. Dann fing er unwillkürlich an weiterzuwandern in der Hoffnung, daß das entronnene Wasser wiederum das Flußbett des Glücks füllen werde. Er war noch keine Meile gegangen, als er plötzlich die Mauern seiner Vaterstadt Audjîn erblickte. Dieser Anblick warf ihn in die Meerestiefe des Erstaunens, doch mischte sich Kummer in seine Verwunderung, und Arme voller frischer Perlen, ja Ozeane undurchbohrter Perlen holte er aus den Muschelschalen seiner Augen hervor und goß sie über seine Wangen herab.

Da ihm nichts anderes zu tun übrigblieb, kehrte er in sein Haus zurück, verteilte den Rest seine Habe und Werte unter die Notleidenden und stellte seinen Sklaven und Sklavinnen Freibriefe aus. Dann verließ er seine Familie, hüllte sich in der Taube aschfarbene Tracht, nahm wie Madschnûn [1] ein Fell über die Schultern und schloß sich dem Kreis der Irren an, indem er seinen Wohnsitz in einer Wüste aufschlug, die niemals eines Menschen Fuß betreten, und trank den Rest seines Lebens hindurch das Gift des Leides aus dem Becher der Liebe, bohrte sich tief den Diamantsplitter der Trübsal ins Herz und wälzte sich auf dem Lager des Kummers. Mit gequältem Gemüt und von Weinen halb erblindet, lebte er sein Leben in der Gesellschaft wilder Tiere dahin bis zu seiner letzten Stunde, da er in der Bitterkeit des Todeskampfes, den Namen der Geliebten auf den Lippen, die letzten Pfennige seines Lebens dem Schuldenforderer Tod übergab.

Der Hund mit dem Rubinhalsband

34 Azâdbakht, König von Konstantinopel, erzählte einmal folgendes: Durch die Gnade und Hilfe Gottes, den ich preise, bestieg ich in meiner frühesten Jugend den Thron der Königsmacht und den Hochsitz des Glückes nach dem

[1] Die Liebe zwischen Madschnûn (»dem Verrückten«) und Leila ist eins der beliebtesten Motive in der arabischen und persischen Dichtung

Fortgang meines Vaters aus dieser vergänglichen Welt in das ewige Reich, und das Königreich Rûm [1] war wie Wachs unter meinem Siegelring.

Kurze Zeit nach meiner Thronbesteigung kam ein Kaufmann von Badakhshân [2] in mein Land und brachte Werte ohne Zahl und Edelsteine und Stoffe in ungemessenen Mengen mit. Als das Gerücht seiner Ankunft sich über das Land verbreitete und auch mir zu Ohren kam, befahl ich, daß man ihn vor mich hinführen solle. Ich wollte durch seinen Mund vom Tun und Treiben der Könige in den verschiedenen Ländern erfahren und von der Lebensweise und den Eigenschaften der mächtigen Sultane und hervorragenden und glücksbegnadeten Häuptlinge. Dieser erfahrene Mann fand sich nun ein; als mein demütiger Diener überreichte er mir ein Kästchen als Geschenk, und als ich das Kästchen öffnete, fand ich darin einen Rubin vom reinsten Wasser und vom Gewicht eines Mithkâls [3]. Weder in der Schatzkammer meines Vaters hatte ich seinesgleichen gesehen, noch hatte ich jemals von einem solchen Stein reden hören; darum ward ich überaus erfreut und sah das Geschenk als ein gutes Zeichen an, und ich erwies dem Mann hohes Ansehen, gab ihm Ehrengeschenke und verlieh ihm ein Ehrenkleid. Außerdem gab ich ihm einen Freipaß, wodurch er aller Steuern und Abgaben innerhalb der Grenzen meines Reiches enthoben war.

Eine Zeitlang verblieb er in meinem Dienste. Er war ein welterfahrener Mann, der die guten und schlechten Seiten der Menschen kennengelernt hatte. Dabei war er sehr redegewandt und erfahren in Sitten und Gebräuchen, und ich gewann aus seiner Gesellschaft all den Nutzen, den ich mir erwartet hatte.

Um kurz zu sein, ich schätzte meinen Rubin so sehr und betrachtete ihn als ein unvergleichliches Kleinod, so daß ich ihn fast jeden Tag, wenn ich Audienz erteilte, zur Anschauung für

[1] Ost-Rom, das byzantinische, später osmanische Reich [2] Ein wegen seiner Rubine und anderer Edelsteine berühmtes Land in Pamir am oberen Lauf des Oxusflusses (Amu Darjas) [3] siehe Seite 295 oben

hoch und niedrig holen ließ. Dort saß ich dann und spielte mit ihm, und alle Leute, die ich um mich sah, mußten ihn preisen. Eines Tages hatte sich eine große Zahl Gesandter aus allen Ländern an meinem Hofe eingefunden, um mir ihre Aufwartung zu machen, und ich hatte eine festliche Audienz veranstaltet. Die Emire des Reiches und alle die übrigen Würdenträger hatten ihre Plätze eingenommen, und meine ganze Dienerschaft und alles Gefolge von nah und fern standen in Reihen aufgestellt. Ich hatte ein königliches Festmahl bereiten lassen und die Pforten des Lebensgenusses geöffnet, und meiner Gewohnheit gemäß schickte ich nach dem Rubin, um ihn bewundern zu lassen. Der Gesandte der Franken lächelte, als er meinen Eifer sah.

Ich hatte einen Vezier, einen gar klugen Mann, der schon unter meinem Vater das Amt des Veziers versehen hatte und jetzt mit aller Tüchtigkeit dieselbe Stelle bei mir ausfüllte. Dieser ergriff nun das Wort und sagte nach den gewöhnlichen lobpreisenden Einleitungsworten: »Ich möchte gerne einige Bemerkungen einfügen, die die Situation verlangt, wenn es dir gefällt, mir die Erlaubnis dazu zu geben.« – »Sprich«, sagte ich. – »Es geziemt sich nur sehr wenig einem der mächtigsten Könige, der über die Menschen der Welt regiert«, fuhr der Vezier fort, »daß er auf diese Weise Bekannten und Fremden gegenüber mit einem Stück Stein prahlt, so unvergleichlich es auch sein mag. Welchen Wert dieser Stein in Wirklichkeit hat, dürfte vielleicht aus der Tatsache hervorgehen, daß ein Kaufmann in der Stadt Nischapur in Khorasan zwölf solcher Rubine, von denen jeder seine sieben Mithkâl wiegt, in das Halsband eines Hundes hat einsetzen lassen.«

Bei seinen harten Worten flammte das Feuer meines Zornes auf. Ich glaubte nicht, was er über den Kaufmann in Khorasan gesagte hatte, und in meinem Grimm befahl ich, daß man den Vezier mit dem Tode bestrafen und sein Eigentum der Plünderung preisgeben sollte. Der Gesandte des fränkischen Königs erhob sich indessen, um Fürbitte für ihn einzulegen, und sagte: »Ich möchte dich bitten, mächtiger König, sage mir, welches Verbrechen hat dieser alte Mann begangen?« – »Welches Verbrechen ist wohl häßlicher als eine freche Lüge?« sagte ich. »O König«, fuhr er fort, »woher kannst du wissen, daß seine Worte Lüge sind?« – Ich erwiderte: »Wie kann ein vernünftiger Mensch glauben, daß ein Kaufmann, der um des Geldgewinnens willen sein Leben aufs Spiel setzt, indem er Gebirge und Wüsten durchwandert und das Rote Meer und den Oman befährt, zwölf Rubine, jeder sieben Mithkâl schwer, um den Hals eines Hundes hängen sollte?« Der Gesandte küßte die Erde und ergriff wiederum das Wort: »O König, möge das Reich ewig in deiner Hand verbleiben! Launenhaft ist das Schicksal, und auf und ab geht das Leben vom Tag zur Nacht, und der Wechsel der Zeiten ist ohne Grenzen. Ein jeder Bericht, den du hörst, kann wahr oder falsch sein. Beide Möglichkeiten bestehen. Vielleicht ist die Erzählung des Veziers wahr, obschon sie unwahrscheinlich klingt. Und sollte er wirklich aus irgendeiner guten Absicht heraus gelogen haben, so bedenke, daß

der König denkt, was sich im Worte der Veziere spiegelt,
und was sie raten, Weltgeschehn besiegelt.

Es könnte die Zeit kommen, in der alle Edlen beklagen müßten, daß Seine Majestät einen alten und wohlmeinenden Diener um eines Wortes willen töten ließ, dessen Unlauterkeit nicht bewiesen war, und dabei vergaß, was er den langjährigen Diensten dieses Mannes schuldete. Frühere Könige ließen Gefängnisse bauen, auf daß sie, wenn ihr Zorn auf den einen oder anderen gefallen war oder sie Mißtrauen gegen ihn hegten, ihn für einige Tage einsperren konnten, bis ihr Zorn wider ihn sich gelegt hatte oder seine Unschuld an den Tag gebracht war, so daß das Blut eines unschuldigen Menschen nicht über das Haupt des Königs kommen konnte.«

Also suchte der weise Gesandte mit klugen Worten und auf alle mögliche Weise meinen Zorn zu dämpfen und hielt mich davon ab, den Vezier zu töten. »Gut«, sagte ich, »vorläufig will ich seine Hinrichtung hinausschieben. Ich will ihn auf deine Fürbitte hin ins Gefängnis werfen und ihm eine Jahresfrist schenken; wenn bis zu der Zeit die Wahrheit seiner Worte bewiesen ist, will ich ihm das Leben schenken, andernfalls weiß ich, wie ich ihn zu behandeln gedenke.« – Der Gesandte küßte den Boden und gab sich damit zufrieden. Der Vezier wurde ins Gefängnis geführt.

Als die Kunde davon in das Haus des Veziers drang, brach sein ganzer Hausstand in ein lautes Jammergeschrei aus. Nun hatte der Vezier eine Tochter, ein kluges und verständiges Mädchen, das nun siebzehn Jahre zählte. Sie hatte Lesen und Schreiben gelernt und besaß gute Fähigkeiten und eine natürliche Begabung. Der Vezier hatte neben seinem Harem eigens eine Wohnung für sie einrichten lassen, ihr schöne Mädchen zur Gesellschaft und Aufwartung verschafft, dafür gesorgt, daß ihr alles, was zu einer üppigen Lebensführung gehört, zur Verfügung stand, und ihr alle Geräte zu Spiel und Zeitvertreib gegeben; und so verbrachte dieses schöne, junge Mädchen zusammen mit den andern Emirtöchtern Tag und Nacht beim Becherklang. Auch an diesem Tage war die Schönste der Schönen ihrer Zeit vom Genuß des Lebens und seiner Freuden umfangen, als plötzlich ihre Mutter mit flatternden Haaren, mit blutigen Tränen in den Augen, entblößten Hauptes und auf nackten Füßen zu ihr hereinstürzte und sich vor die Brust schlug. Mit beiden Fäusten schlug sie ihre Tochter mehrmals ins Antlitz und rief: »O Gott, o daß doch nie und nimmer Töchter geboren würden, und wenn sie geboren sind, daß ihnen kein langes Leben beschieden wäre! O wie wohl wäre mir, wenn ich jetzt statt deiner einen Sohn hätte, und wenn er auch blind wäre, dann brauchte ich nicht zu trauern, denn er würde bestimmt in dieser Stunde den Rost des Leides vom Spiegel meines Zustands entfernt und den Knoten gelöst haben, den die Hand des Schicksals geschlungen.«

Die Tochter versuchte mit liebevollen Worten die Mutter

zu beruhigen und fragte: »Was ist denn geschehen? Was ist der Grund deiner Verzweiflung und dieses maßlosen Jammers? Und wie könntest du von einem blinden Sohne einen Nutzen haben, den du nicht in mir haben kannst?«

»Staub und Asche auf dein Haupt!« erwiderte die Mutter. »Welches Unglück kann schlimmer sein als dies, daß der König deinen Vater hat ins Gefängnis werfen lassen? Und dies nur, weil dein Vater gesagt hat, daß sich da in Nischapur in Khorasan ein Kaufmann befindet, der zwölf Rubine, von denen jeder seine sieben Mithkâlen wiegt, um den Hals seines Hundes gehängt hat. Der König sah diese Behauptung für eine Lüge an und gab stehenden Fußes den Befehl für die Hinrichtung deines Vaters, aber nachdem der Gesandte der Franken Fürbitte für ihn eingelegt hatte, ließ ihn der König ins Gefängnis werfen und gab ihm ein Jahr Frist, auf daß die Wahrheit seiner Worte an den Tag gebracht werde; im entgegengesetzten Falle soll die Todesstrafe vollzogen werden. Wenn du nun ein Sohn gewesen wärest, würdest du ohne Zögern in jenes Land gezogen sein und den betreffenden Kaufmann vor den König geführt haben, so daß dein alter Vater wieder auf freien Fuß kommen könnte.«

»Mit aller Ehrerbietung vor deinen Worten«, sagte die Tochter, »läßt sich an der göttlichen Vorausbestimmung nichts ändern. In der Stunde der Heimsuchung möge man sich in der Geduld und in der Ergebung in den Willen Gottes üben, auf daß einem der Tag glücklich verlaufe. Dies dein Weinen und Klagen kann uns keinen Nutzen bringen; wer weiß, ob nicht unsere Feinde dem König auf eine solche Weise Kunde davon bringen, die mit ihren Plänen übereinstimmt, daß dein Benehmen in noch höherem Grade den Zorn des Königs wecken könnte. Nein, den Schlägen des Schicksals gegenüber gibt es kein anderes Mittel als die Geduld, wie es ja auch in einer Überlieferung des Propheten heißt: ›Geduld ist der Schlüssel zur Freude.‹ Was die Befreiung meines unglücklichen alten Vaters betrifft, so müssen wir unser Vertrauen auf Gott setzen, denn wir alle sind seine Sklaven und Kinder seiner Sklaven, und was der Herr auch befehlen mag, das Recht ist immer in seiner Hand.«

Auf diese Weise brachte das kluge Mädchen durch guten Rat und herzgewinnende Ermahnungen seine Mutter wieder zur Vernunft. Sie selber rollte das Tuch des Lebensgenusses zusammen und zog sich in den Winkel der Unbeachtetheit zurück. Aber zur Nachtzeit rief sie ihre Amme, die ihre Vertraute und Helferin in wichtigen Angelegenheiten war und die Aufsicht über ihren ganzen Hausstand führte, unter vier Augen zu sich, sprach sie mit süßen und lockenden Worten an und gab ihr allerlei Versprechen und Zusagen, worauf sie sie in ihre heimlichen Pläne einweihte: »Um meinen Vater zu befreien und um der Schmach willen, die meine Mutter getroffen hat, will ich mit Gottes Hilfe und Beistand und in deiner Begleitung in das Land Iran ziehen; mit liebevoller Hilfe der Leute in Khorasan und hervorragender Männer in Nischapur will ich eine zuverlässige Darstellung der Sache zuwege bringen und meinen Vater von Gefängnis und Tod erretten.«

Die Amme weigerte sich lange. Aber als sie einsah, daß das junge Mädchen fest entschlossen war, seinen Plan durchzuführen, überlegte sie die Sache mit ihr, und sie beschlossen, daß die Amme in aller Heimlichkeit Waren zusammentragen sollte, die sich für Persien und Khorasan eigneten, sowie kostbare Edelsteine und Dinge aller Art, und daß sie Sklaven und Leute in genügender Anzahl anschaffen und alles vorbereiten sollte, was sonst noch zu einer Reise gehört. Und nachdem die besprochenen Dinge durch die wirksamen Anstrengungen der Amme zuwege gebracht worden waren, zog das kluge junge Mädchen Männerkleider an, nahm Edelsteine und kostbare Waren mit, so viel, daß ein Mensch sein ganzes Leben lang daran hätte zusammentragen können, und mit ihren zuverlässigen Leuten und wohlbeladenen Kamelen verließ sie im Dunkel der Nacht zur festgesetzten Frist ihr Haus, ohne daß jemand etwas davon erfuhr. Auf Befehl des vermeintlichen

Kaufmanns setzte sich die Karawane in Bewegung und machte sich mit allen ihren Warenballen auf nach Persien.

Als die Mutter des jungen Mädchens erfuhr, was geschehen war, hielt sie aus Furcht vor der Schande die Flucht ihrer Tochter geheim.

Indessen kam der vermeintliche Kaufmannssohn, vom Glücke begünstigt, nach einer längeren Reise frisch und gesund in der Stadt Nischapur an und bezog mit seinen Reisegenossen die Karawanserei der Kaufleute, wo sie einen Tag und eine Nacht der Ruhe pflegten. Am nächsten Morgen ging das verkleidete junge Mädchen ins Bad und schrubbte sich tüchtig sauber, zog darauf ihre Männerkleider wieder an, und mit einem Antlitz, das wie die Sonne strahlte, und einem Herzen voller Hoffnungen begab sie sich auf den Basar von Nischapur. Während sie so edlen Ganges zwischen den Buden des Basars einherging, erblickte sie den Laden eines Juwelenhändlers, in dem alle Sorten Edelsteine in ungezählten Mengen in einem Haufen ausgeschüttet dalagen, als ob es Korn wäre. Dort drinnen saß ein Mann, der etwa vierzig Jahre alt sein mochte und die Miene eines würdigen Hausvaters trug, angetan mit einem prächtigen Gewand, zurückgelehnt in seine brokatnen Polster. Eine große Schar von Sklaven und Dienern mit vergoldeten Hauben und juwelengeschmückten Gürteln waren in Reih und Glied aufgestellt, und vor dem Geschäft saßen einige vornehme Männer auf Stühlen und sprachen mit dem Besitzer.

Der angebliche junge Mann verwunderte sich und dachte im stillen: »Das ist bestimmt der Kaufmann, von dem mein Vater gesprochen hat.« – Und während sie zu Gott betete, daß er ihr gnädig Gelegenheit geben möge, die Wahrheit der Worte ihres Vaters zu beweisen, sah sie sich um und gewahrte einen anderen Laden gleich daneben. Hier gab es weder Waren noch Gebrauchsgegenstände, sondern zwei stählerne Käfige, und in einem jeden saß da ein Mann gefangen in Kerkers Zangen. Haar und Bart reichte den beiden Männern bis an den Gürtel, und ihre Nägel waren so lang wie die Krallen des Raubtiers. Dort saßen sie mit Staub im Haar, aller Rührung bar, die hohlen Wangen voller Graun, nur Haut und Knochen anzuschaun. Nie zuvor hatte des grimmigen Schicksals Auge Ähnliches auf der Oberfläche der Erde gesehen oder der eifernde Himmel gehört, daß einer so grausam gelitten wie diese beiden. Die Türen der Käfige waren verriegelt, und zwei wilde Negersklaven hielten Wacht davor.

Verwundert und gedankenvoll sprach sie diese Worte aus: »Es gibt keine Macht und keine Stärke außer bei Gott[1].« – Und wie sie nun ihren Blick auf die andere Seite richtete, sah sie wiederum einen Geschäftsraum, dessen Boden mit einem Seidenteppich belegt war; dort stand ein juwelengeschmückter Stuhl, mit einer Decke und einer goldenen Kette versehen, auf der Decke lag ein Hund mit edelsteinprangendem Halsband und mit der Goldkette an den Stuhl gebunden. Eine Schale mit Wasser stand zu Füßen des Stuhles, und zwei fränkische Sklavenknaben, schön wie der Mond, standen dabei und hatten den Gürtel der Aufwartung um ihre Lenden geschnallt; der eine hielt in Händen eine goldne Fliegenklappe, der andere trocknete mit golddurchwirktem Tuch den Staub vom Kopfe des Hundes. Der vermeintliche Kaufmannssohn sah näher zu und bemerkte die besprochenen Rubine am Halsband des Hundes. Sie dankte Gott und begann zu überlegen, wie sie wohl am besten den Stuhl in seiner ganzen Herrlichkeit nach Rûm bringen könnte, so daß man dort den Beweis in die Hände bekäme und ihr Vater wieder auf freien Fuß gesetzt werden könnte.

Indessen fiel den Leuten, die auf dem Basar einhergingen, die Gestalt des vermeintlichen Kaufmannssohnes auf, und Herz und Seele entflammten sich ihnen beim Anblick der leuchtenden Schönheit seiner Rosenwangen. Ein jeder, dessen Blick auf die sonnengleiche Schönheit dieses unter einem glücklichen

[1] Eine Formel, die die Mohammedaner unter drohenden Gefahren und Schrecken auszusprechen pflegen

Sternbild geborenen Wesens fiel, blieb verwirrt und sprachlos stehen, voll Sehnsucht nach der Begegnung mit solchem Mondesangesicht, und alle waren so erfüllt vom Anblick des Blumenbeetes dieser Tulpenwangen, daß die Menge der Schauenden den Strom der Kommenden und Gehenden ins Stocken brachte. Als der Kaufmann bemerkte, daß sich die Leute auf dem Basar wie der Schenkel des Zirkels nur immer um dieses eine Zentrum drehten, sandte er einen seiner Sklaven aus, daß er den Fremden bäte, näherzutreten, und kaum hatte der Schönheitsglanz des angeblichen Kaufmannssohnes das Auge des Kaufmanns mit seinem Strahl getroffen, als auch der Pfeil der Sympathie dem Augenbrauenbogen des Fremden entflog und das Herz des Kaufmanns traf. Sie näherte sich, um die Hand des Kaufmanns zu küssen, und dieser öffnete ihr seine Arme und drückte sie als einen lieben Freund an sich, küßte ihr väterlich die Stirn und ließ sie an seiner Seite Platz nehmen. Nach den gewöhnlichen Höflichkeitsbezeigungen fragte er sie: »Junge Rose, aus welchem Rosengarten stammst du? Und wohin ist dein Sinn gerichtet?«

»Ich bin in Konstantinopel geboren«, erwiderte sie, »mein Vater trieb in seiner Jugend Handelsgeschäfte, aber jetzt, wo er siebzig Jahre alt geworden ist und seine Augen schwach geworden sind, muß er sich in seinen vier Wänden halten und kann keine Reisen mehr unternehmen. Darum hat er mich ausgesandt, und da ich die Beschwerden einer Seereise fürchtete, zog ich nach Persien. Nach meiner Ankunft in diesem Lande hörte ich gar viel des Lobes über deinen guten Lebenswandel und deinen edlen Charakter und fühlte Lust, deine persönliche Bekanntschaft zu machen. So kam ich denn nach Khorasan und preise Gott, daß ich, nachdem ich mein Ziel erreicht habe, nun deine Hände küssen darf.«

Auf diese Weise sprach sie den Kaufmann mit herzgewinnenden Worten an, und dieser erwiderte bewegt: »Das war freundlich von dir gehandelt. Viel Mühe hast du ausgestanden. So sei denn willkommen. Ich bin deines Kommens froh.

Doch, sag an, mein Sohn, wo befinden sich deine Leute? Tu mir den Gefallen und laß sie übersiedeln in mein geringes Haus. Es gefällt mir nicht, daß du und deine Diener in einer Fremdenherberge wohnt. Ich genieße, Gott sei es gedankt, ein gewisses Ansehen hier, und durch meine Wohltaten habe ich, obgleich ich nur ein geringes Staubkorn bin, einen gewissen Schutz erhalten, so daß meine Verwandten und Bekannten von den Eingriffen der königlichen Obrigkeiten und den Plagereien der Leute befreit und gegen die Anschläge schlechter Menschen geschirmt sind. Ich würde es für ein Glück ansehen, wenn ihr eure Schritte hierher lenken wolltet.«

Anfangs lehnte das verkleidete junge Mädchen ab, aber schließlich willigte sie ein und gab ihren Sklaven Befehl, gemeinsam mit den Dienern des Kaufmanns ihre Sachen von der Karawanserei in das Haus des Kaufmanns zu bringen. Sie selber verblieb bis zum Abend auf dem Basar, in herzerquickende Gespräche mit dem Kaufmann vertieft, wodurch sie einander näher kennenlernten. Als sie sich zur Abendzeit in das Haus des Kaufmanns begaben, sah sie, wie der eine der beiden kleinen Sklaven den Hund auf seine Arme nahm und der andere dessen Stuhl trug, und so wanderten sie dahin, indes der Kaufmann hinterherschritt. Sie betraten das Haus des Kaufmanns und ließen sich in der Halle nieder. Aber vorne in der Halle, auf der Seite, die zum See hinausführte, breiteten die Sklaven den Teppich aus und stellten den Stuhl des Hundes darauf. Darauf gaben sie sich auf Dienerweise daran, den Hund zu pflegen und zu betreuen. Auch die beiden Käfige wurden herbeigebracht und auf der einen Seite der Halle aufgestellt.

Der Kaufmann hieß nun das junge Mädchen in seinem Hause willkommen und bat sie, fürlieb zu nehmen. Alsbald brachte man auf seinen Befehl Wein. Dann trank er selbst und reichte mit vollendeter Höflichkeit den Becher dem angeblichen Kaufmannssohn. So hielten sie eine Weile Zwiesprache miteinander, und als sie munter geworden waren, brachte man das Essen. Auf einen Wink des Kaufmanns setzten die Sklaven dem Hunde einen Teil der Speise vor, indem sie ein golddurchwirktes Tuch vor seinem Stuhl ausbreiteten. Der Hund sprang von seinem Stuhl herab, aß, soviel er Lust hatte, trank Wasser aus einer goldenen Schale und sprang dann wieder auf den Stuhl und legte sich dort zur Ruhe, während ihm die Sklavenknaben mit einem Tuch Pfoten und Schnauze abtrockneten. Die beiden Negersklaven nahmen unterdessen die Speiseschüssel und die Schale und stellten sie vor die Käfige, und nachdem sie von ihrem Herrn den Schlüssel erhalten hatten, öffneten sie die Käfige, trieben die beiden unglücklichen Menschen heraus und zwangen sie unter Peitschenschlägen, die Speisereste des Hundes zu essen, worauf sie sie wieder in ihre Käfige einsperrten, diese verschlossen und den Schlüssel wieder an ihren Herrn ablieferten.

Indessen war auch das Mahl für den Kaufmann und seinen Gast bereit. Aber das junge Mädchen fühlte durch das unmenschliche Verfahren, dessen Zeuge sie gewesen war, ihr Gemüt beschwert. Sie konnte nicht anders glauben, als daß der Kaufmann einem anderen Weg als dem der wahren Religion folgte, und darum wollte sie an seiner Mahlzeit nicht teilnehmen. Wie sehr der Kaufmann sie auch aufforderte, von den Gerichten zu genießen, sie rührte die Speise nicht an. Als er sie nach dem Grunde ihres Mangels an Appetit fragte, antwortete sie: »Mit dem besten Willen könnte ich dein Essen nicht herunterkriegen. Was für eine Lebensweise führst du doch? Fürs erste ist der Hund für die Anhänger jeder Religion ein unreines Tier, außer der der ungläubigen Franken, die noch unreiner als die Hunde sind, aber selbst diese erweisen ihren Hunden keine solche Anbetung. Und ist es nicht mehr als genug, daß du auf diese Weise Tag und Nacht die beiden Geschöpfe Gottes davon abhältst, dem Herrn zu dienen. und ihre Blicke von der Anschauung Gottes fernhältst? Und du sperrst sie obendrein noch in einer so unmenschlichen Art ein und zwingst sie mit Gewalt, die Reste, die der Hund übrigläßt, zu essen? Sage mir ehrlich, nach welcher Religion ist eine solche Handlungsweise erlaubt? Das Leben aller Menschen liegt ja doch in Gottes Hand. Du handelst nicht, wie es sich für einen Moslim ziemt; du bist schwach im Glauben, und du betest sogar das elendeste aller Tiere an.«

»O mein Sohn«, erwiderte der Kaufmann, »schwer fallen deine Worte in die Waagschale, und ich weiß sehr wohl, daß alles dies nicht schön aussieht, aber ich kann nichts daran ändern, denn es ist der Wille des Schicksals, daß ich also handeln soll. Mit Abscheu sehen die Leute auf mein Benehmen, und schon lange haben sie mich angeklagt, ein Hundeanbeter zu sein, aber ich schwöre dir bei Gott dem Allmächtigen, daß ich Verdammnis auf alle Heiden und Ungläubigen herabwünsche!« – Und er sprach das Glaubensbekenntnis aus und beruhigte so seinen Gast über seine Rechtgläubigkeit.

Nun wollte sie ihn genauer über diese seltsamen Verhältnisse ausfragen, aber der Kaufmann sprach: »Ja, mein Sohn, das Volk hat mir den Namen eines Hundeanbeters gegeben, aber ich habe mir selbst gelobt, daß ich niemandem die Ursache meines Handelns verraten will. Schon seit längerer Zeit habe ich in dieser Stadt doppelte, ja zehnfache Steuern bezahlen müssen, um davon befreit zu werden, mein Geheimnis preiszugeben. O mein Sohn, wenn ich dir meine Geschichte erzählte, würdest du nichts als Trauer und Herzenskummer davon haben. Laß darum davon ab, mich nach einer Sache auszuforschen, deren Kenntnis dir nicht gut tun würde.«

Das junge Mädchen hörte seine Rede an, und da sie bedachte, daß ihre eigentlichen Absichten ja mit den vorliegenden Verhältnissen verknüpft waren, wie sie sich nun einmal zu erkennen gaben, verzichtete sie lieber darauf, tiefer in die inneren Zusammenhänge der Dinge einzudringen, und fing ruhig an zu essen.

Zwei Monate verweilte diese kluge und zielbewußte junge Frau bei dem Kaufmann, und das Verhältnis zwischen ihnen gestaltete sich wie das eines Vaters zu seinem Sohn und eines

Sohnes zu seinem Vater. Sie gewann sein Herz ganz und gar, und durch ihr vornehmes Auftreten und ihre wundervolle Schönheit lockte sie ihn in ihr Garn, so daß ihm, wenn sie auch nur einen Augenblick seinen Augen entschwand, war, als ob die Lampe seines Lebens erlösche.

Aber eines Tages fing sie während eines Trinkgelages heftig zu weinen an. Der Kaufmann beschwor sie und flehte sie an, ihm doch zu sagen, weshalb sie weine. »O mein Vater«, rief sie aus, »was soll ich sagen? Ach, daß ich doch niemals dein Haus betreten! Dann brauchte ich heute nicht im Trennungsschmerz zu klagen, im gift'gen Abschiedskummer zu verzagen. Notwendigkeit zwingt mich, aus deiner Nähe fortzuziehen, nicht wissend, ob das Wiedersehensglück uns je wird blühen.«

Als der unglückliche Kaufmann, der sie so sehr liebte, diese Worte hörte, weinte und klagte er und sprach: »O du Licht meiner Augen, laß diesen unseligen Gedanken fahren. Ist denn Persien nicht auch ein schönes Land? Steht doch sein Klima in keiner Weise hinter dem von Rûm zurück. Wenn du dort Verwandte zurückgelassen hast, dann will ich den von meinen Vertrauensmännern, zu dem auch du das meiste Vertrauen hast, mit einer Anzahl zuverlässiger Begleiter aussenden, auf daß sie die Deinen wohlbehalten in dieses Land holen. O mein Sohn, viel Leid hab ich in diesem Leben ertragen, und mein Schicksal hat mich durch viele Länder und Städte geführt, und nun bin ich alt geworden. Geld und Reichtum besitze ich in unbegrenzten Mengen, aber ich habe weder Kinder noch Familie, und darum ist es mein größter Wunsch, daß du mir angehörst an Sohnes Statt und solange ich lebe das Licht meiner Augen seiest und dich meiner Geschäfte annehmest und mich einmal, wenn meine letzte Stunde gekommen ist, zur letzten Ruhestätte betten mögest.«

»O mein Vater«, entgegnete der angebliche Kaufmannssohn, »wie gerne sähe ich es, daß ich dich nicht zu verlassen brauchte, aber ist es nicht eine gottwohlgefällige Handlung, seinen Eltern zur Freude zu sein? Meine Eltern sind alt und schwach. Sie haben mir nur für ein Jahr Erlaubnis zur Reise gegeben und erwarten mich nun mit Sehnsucht zurück, und ich möchte nicht, daß sie mich des Ungehorsams bezichtigen sollten. Auch du würdest es nicht für richtig halten, daß ich mich dem aussetzen sollte. Aber wenn du mir freundlichst und väterlichst gestattest, von dannen zu ziehen und nach Rûm zu reisen, so gelobe ich dir meinerseits, daß ich, solange ich lebe, ein Sklave deiner Befehle sein werde.«

Als sie die Sache des langen und breiten besprochen, kam der Kaufmann, der sich durch die Bande der Liebe mit dem angeblichen Kaufmannssohn verknüpft fühlte, zu dem Ergebnis, daß es für ihn keinen anderen Ausweg gab, als mitzureisen, obgleich er den Weg nicht kannte.

So wurde denn die Reise beschlossen, und die Vorbereitungen dazu wurden getroffen. Als die Kaufleute von Khorasan und Irak hörten, daß der hundeanbetende Kaufmann im Begriffe stehe, nach Rûm zu ziehen, beschloß eine große Anzahl, diese Reise gemeinsam mit ihm zu unternehmen. In einer glücksschwangeren Stunde verließ der Kaufmann die Stadt Nischapur, Unmengen von Schätzen und Edelsteinen und eine zahllose Schar von Dienern mit sich führend, und lagerte sich mit seinen Zelten und der übrigen Reiseausstattung draußen vor der Stadt. Die andern Handelsleute schlossen sich mit ihren Waren und Reichtümern, ein jeder seinen Verhältnissen gemäß, der Karawane an. Als sie sich alle versammelt hatten, führten die Sklaven des Kaufmanns hundert mit Stoffen beladene Maultiere und hundert mit Edelsteinen beladene Kamele herbei, ferner hundert Kamele mit Bürden von Gold und Silber. Hundert Jünglinge von Kiptchak, Männer mit Mut und Mannesherzen, folgten mit Schwertern bewaffnet und ebenfalls eine große Anzahl wohlberittener schöner junger Sklaven mit goldenen Gürteln. An der Spitze der Karawane ritt das himmlischschöne junge Mädchen neben dem Kaufmann, und die Freunde schlossen einen Kreis um die Schöne, deren Stirn wie der Glanz des Planeten Venus erstrahlte und deren ganze Erscheinung wie das Siebengestirn leuchtete. Ein Tragstuhl war auf dem Rücken eines jungen, hochhöckrigen Kamels angebracht worden, und darin saß der Hund unter einem Sonnenschirm. Die Käfige mit den beiden unglücklichen Männern waren ebenfalls auf ein Kamel geladen worden. So zog denn die Karawane dahin.

Als sie das letzte Standquartier vor Konstantinopel erreicht hatten, bat der angebliche Kaufmannssohn um Erlaubnis, in die Stadt vorausreiten zu dürfen, um eine Herberge für den Kaufmann und seine Freunde zu bestellen. Erst nach langem Sträuben willigte der Kaufmann darin ein, und dann nur unter der Bedingung, daß das junge Mädchen nicht länger als eine Nacht fortbleiben dürfte. Ganz allein ritt sie nun in die Stadt, erreichte zur Nachtzeit das elterliche Haus und eilte in den Harem. Die Leute des Veziers waren sprachlos über die Frechheit dieses fremden Mannes, aber sie ging spornstreichs zu ihrer Mutter, die sie zuerst mit Vorwürfen überhäufte und sich dann nach ihren Erlebnissen erkundigte.

»Liebe Mutter«, erwiderte die Tochter, »Gott ist mein Zeuge, daß das, was ich unternommen habe, nur des Lobes würdig ist. Ich habe einzig und allein in der Absicht gehandelt, meinen Vater zu erlösen, und nun habe ich, Gott sei es gedankt, durch die Gnade des Himmels und deine Fürbitte das Ziel meiner Wünsche erreicht, und nach dem Abend des Leides ist nun der Morgen der Freude gekommen. Ich habe sowohl den Kaufmann als auch den Hund mit dem Juwelenhalsband mitgebracht, und nun bitte ich dich um Erlaubnis, daß ich morgen diese Sache zu ihrem Abschluß führen und meinen Vater von Gefängnis und Todesstrafe befreien darf.«

Die Mutter geriet außer sich vor Freude, ihre Tochter wiederzusehen und diesen Bericht zu hören. Sie warf sich in heißem Dankgebet zu Gott auf die Erde, und dann drückte sie ihre Tochter an ihren Busen und küßte und segnete sie und gab ihr die Erlaubnis, die sie verlangte. Gleich am folgenden Morgen machte sich das silberbusige junge Weib wieder auf, den Kaufmann zu treffen. Dieser war, von unausstehlichem Sehnsuchtsfieber getrieben, ungefähr zur selben Zeit aufgebrochen.

Schwer ist's, das leere Lager des Lieben zu schaun.

Sie trafen sich etwa eine Meile vor der Stadt, und hier, in der Umgebung der Stadt, wählten sie einen angenehmen und kühlen Ort, wo sie ihre Zelte aufschlagen und sich erholen konnten bis zu dem Zeitpunkt, den sie zu ihrem Einzug in die Stadt bestimmt hatten.

Nun geschah es aber, daß einer meiner Oberjäger, der von der Jagd nach Hause zurückkehrte, am späten Nachmittag an dieser Stelle vorbeikam. Der Kaufmann und der angebliche Kaufmannssohn und die andern Mitglieder der Karawane hatten sich gerade von ihrer Mittagsrast erhoben und saßen draußen vor den Zelten am Ufer des sanft dahinströmenden Flusses und unterhielten sich. Der Jäger wunderte sich darüber, wer die Fremden wohl sein mochten. »Der König hat doch keinen seiner Emire beordert, als Bote auszuziehen«, dachte er, »und es ist auch kürzlich kein fremder Gesandter gemeldet worden.« – Er befahl also seinem Diener, hinzugehen und ihm Aufklärung zu verschaffen. Als sich der Diener der Karawane näherte, ließ ihn der Kaufmann zu sich rufen und erkundigte sich nach den Verhältnissen seines Herrn, und sobald er über Rang und Stand des Jägers Aufklärung erhalten hatte, sandte er einen Boten mit folgenden Worten an ihn: »Wenn ihr euch mit der Gesellschaft geringer Leute begnügen wollt, so erweist denn uns Fremden die Freundlichkeit, euer Licht über unser Standquartier leuchten zu lassen.«

Der Jäger begab sich sofort dahin, neugierig, zu erfahren, wie es sich mit diesem Fremden verhalte. Nach vielen höflichen Worten beiderseits nahm der Jäger auf einem Stuhl Platz und betrachtete alle diese Reittiere und Dienerschaften und Herrschaften und die ganze Entfaltung von Reichtum und die sonnigleuchtende Gestalt des angeblichen Kaufmannssohnes. Als er zugleich auch den Hund erblickte, der auf seinem Stuhle saß, und die beiden Käfige, stand er vor Staunen sprachlos da. Mit großer Liebenswürdigkeit unterhielt sich der Kaufmann mit seinem Gast, worauf er ihm als Geschenk einige Gewänder und Kostbarkeiten überreichen ließ. Nachdem sich nun der Jäger nach den Verhältnissen des Kaufmanns erkundigt hatte, nach seinem Namen und seinem Heimatland, machte er sich auf in die Stadt.

Am nächsten Tage stellte sich der Jäger in meinem Palaste ein und teilte sein Erlebnis einigen meiner Emire mit. Sie verwunderten sich in hohem Maße über das, was sie erfuhren, und als sie in die Halle gekommen waren, erzählten sie mir das soeben Gehörte und schilderten das abscheuliche Verfahren des Kaufmanns in so grellen Farben, daß das Feuer des Zorns in meinem Innern entflammte. Ich sagte mir selbst, daß dieser Mann ein Heide sein müsse und daß die Bewahrung der Reinheit des Glaubens seine Bestrafung und eine ernste Verwarnung der übrigen Barbaren in seiner Karawane forderte, und darum gab ich einigen Soldaten den Befehl, mir sein Haupt zu bringen und sein gesamtes Eigentum zu konfiszieren. Nun war gerade an diesem Tage derselbe fränkische Gesandte zugegen, der damals für meinen Vezier Fürbitte eingelegt hatte, und als er meinen Befehl hörte, lächelte er unwillkürlich. Das machte mich erst recht böse, denn

Kann ein Lächeln mir nicht Trost gewähren,
Lieber denn als Lächeln seh ich Zähren.

»Du Tor«, sprach ich zu ihm, »warum lachst du?« – »O König«, erwiderte er, »mein Lachen entspringt mehreren Ursachen. Die erste ist die, daß es nun offenbar ist, daß dein Vezier als der gute Ratgeber eines großen Fürsten wahre Worte gesprochen hat und daß dieser unglückliche, unschuldige Mann nun aus seinem Gefängnis befreit werden muß. Gott sei gepriesen, daß die Fürbitte meiner Wenigkeit an jenem Tage Eure Majestät davor bewahrte, unschuldiges Blut zu vergießen! Die andere Ursache meines Lachens ist diese, daß der Fürst der Welt den Befehl zur Hinrichtung dieses Kaufmanns erteilt hat, ohne ihn zuerst herbeiholen und seine Verhältnisse untersuchen zu lassen, und dies einzig und allein auf Grund der Aussagen einer einzigen Person.

Willst du auf Klatsch dein Urteil bauen,
Um Glauben und Reich ist es bald geschehn.
Wer neidischen Reden allein will trauen,
Wird niemals die himmlischen Gärten sehn.«

Als mir dieser brave und wohlmeinende Mann auf diese Weise Stoff zum Nachdenken gegeben und meine Aufmerksamkeit auf die Sache des Veziers gelenkt hatte, erteilte ich den Befehl, daß man den Kaufmann und jenen, den man für seinen Sohn hielt, mitsamt den beiden eingesperrten Männern und dem Hund herbeiholen sollte. Um die Erzählung kurz zu machen, so schafften die Wachtsoldaten alle herbei, und als sie Erlaubnis erhalten hatten, sich vor mir zu zeigen, führte man mir den Kaufmann und seinen Sohn vor. Sie hatten beide prachtvolle Gewänder angelegt, und der Schönheitsglanz des Kaufmannssohnes strahlte über meinen Hof und blendete die Augen der Beschauer.

Dies wunderbar schöne Wesen hielt in seinen Händen ein goldnes Gefäß, gefüllt mit Edelsteinen in den köstlichsten Farben, und als sie die Gabe zu Füßen meines Thrones niedergelegt und ehrfurchtsvoll den Boden geküßt hatte, stellte sie sich zur Seite. Auch der Kaufmann küßte den Boden, und nachdem er mit fließender und wohlsprechender Zunge den Segen über mich gesprochen hatte, trat auch er zur Seite. Dann ergriff ich das Wort und sprach zu ihm:

»Du Satan in Menschengestalt, du Feind Gottes! Welche Ränke hast du ausgesponnen und welche Netze hast du ausgelegt? Welchem Volk und welchem Glauben gehörst du an?«

»O König«, erwiderte er, »mögen dein Leben und deine Macht lange bestehn! Ich glaube an Gott und den Propheten

Muhammäd Mustafa, Gott sei ihm und seinem Geschlecht und seinen Gefährten gnädig! Ich bekenne mich zu den zwölf Imâmen[1] – der Friede sei mit ihnen – und halte die Regeln für Gebet und Fasten. Wenn ich dazu gekommen bin, vor den Augen der Menschen in einem verdächtigen Licht zu stehen, so ist dies Ursachen zu verdanken, die ich nicht erzählen und verraten kann. O König! Um die Leiden meines Herzens zu verbergen und um nicht meine traurigen Verhältnisse bloßzustellen, habe ich mich in die Schmach gefunden, als ein Hundeanbeter zu gelten, und lange Zeit habe ich in Irak und Khorasan eine besondere Abgabe als Hundeanbeter bezahlen müssen, und jetzt, wo ich mein Haupt Eurer Majestät zu Füßen gelegt habe, unterwerfe ich mich den Bestimmungen, die mir auferlegt werden mögen.«

In aufflammendem Zorn sprach ich zu ihm: »Du Werwolf der Wüste. Ich bin nicht so dumm, daß ich mich durch deine Ausflüchte narren ließe. Entweder erklärst du die Ursachen zu deinem Benehmen mit guten Vernunftsgründen, die verständige Leute anerkennen können, oder aber du fällst dem Strafgericht anheim, so daß dein Schicksal allen andern zum Beispiel dienen kann.«

»O König«, ergriff er wiederum das Wort, »wollet mir das Leben schenken, so leidbeladen es auch sein mag. Alle meine Reichtümer möget Ihr gerne konfiszieren, sie sind so groß, daß alle Rechenmeister der Welt vereint sie nicht zu zählen vermögen, aber schenke mir und diesem jungen Mann die Freiheit.«

Bei diesen Worten faßte mich aufs neue die Erbitterung. »Schlage dir solche eitlen Gedanken aus dem Kopfe«, entfuhr es mir. »Unter keinen andern Bedingungen als den genannten werde ich dich freigeben, oder aber dich den Tod erleiden lassen.«

Er seufzte tief. Ein Tränenstrom brach aus seinen Augen, und unter Klagen und Weinen betrachtete er die junge Rosen-

[1] siehe Seite 294

wange und sprach: »Mein Kind, wenn ich nun sterben muß, wem soll ich dann die Sorge für dein Wohl anvertrauen?« – »Tor«, rief ich, »triff nun schleunigst deine Wahl und komme mir nicht mit Phrasen und leeren Ausflüchten.«

Als der Mann keinen andern Ausweg mehr sah, trat er vor und sprach: »O Herrscher, wenn ich nicht in Gefahr stünde, mein Leben zu verlieren, und durch den Tod von einem Menschen getrennt würde, den ich so über alles Maß liebe, würde niemals jemand diese meine Geschichte von meinen Lippen vernommen haben. Aber da es nun mit mir soweit gekommen ist, bitte ich euch, zu befehlen, daß man die beiden Männer, die in ihren Käfigen sitzen und die das Opfer einer grausamen Behandlung von mir scheinen, hierherbringe. Auch sie sollen meine Erzählung anhören, damit sie mich überführen können, wenn ich etwas sage, was der Wahrheit widerspricht.«

Seine Worte fanden meinen Beifall, und ich befahl, die beiden gefangenen Personen aus ihren Käfigen zu holen und rechts und links neben den Kaufmann zu stellen. Und dieser, da die Rose seines Entschlusses sich vollends entfaltet hatte, ergriff das Wort:

Die Geschichte des Kaufmanns und seiner zwei Brüder

O König, dieser Mann, der dort zu meiner Rechten steht, ist mein ältester Bruder, der andere dort an meiner linken Seite ist der mittlere von uns dem Alter nach, ich bin der jüngste. Wir stammen aus Persien, wo unser Vater Kaufmann war und ein Kapital von achttausend Tomânen im Handel angelegt hatte. Als ich vierzehn Jahre alt war, starb mein Vater. Die Begräbnisfeierlichkeiten wurden gehalten, und zehn Tage später kamen meine Brüder eines Abends zu mir und sagten: »Wähle nun aus unserer Familie, wen du zu deinem Vertrauensmann haben willst, damit wir das Geld unseres Vaters teilen können, und dann kann jeder von uns seinen Anteil so verwenden, wie er es für gut befindet.« – Darauf wollte ich nicht eingehen, sondern sagte: »Liebe Brüder, was sagt ihr doch? Laßt mich nur einer eurer Diener sein. Unser Vater ist in den Frieden Gottes eingegangen, aber ihr seid am Leben, und darum sollt ihr Vaterstelle an mir vertreten. Ich bin ja noch ein Kind und bedarf eurer Fürsorge. Was ich an Nahrung und Kleidung bedarf, wird mir, Gott sei Dank, nicht mangeln.« – »Das war gar nicht so übel ausgedacht«, sagten sie spottend, »mit dieser List könntest du uns bald alle zu Bettlern machen.« – Auf diese Worte entgegnete ich nichts, sondern warf mich auf mein Lager und weinte. Zuletzt vertröstete ich mich mit dem Gedanken, daß mich meine Brüder nur hatten prüfen wollen.

Am nächsten Tage gingen meine Brüder zeitig aus, und zur Frühstückszeit kamen die Leute des Richters, um mich zu holen. Vor dem hohen Gerichtsstuhl fand ich meine beiden Brüder, die dieselben Forderungen stellten, die sie am Abend zuvor an mich gerichtet hatten. Der Richter wandte sich an mich und fragte mich, warum ich mich dem Willen des Gesetzes widersetze. Ich wiederholte, was ich abends zuvor gesagt hatte. Da sagten meine Brüder: »Wenn deine Worte nicht falsch sind, sondern dein Herz und deine Zunge dieselbe Sprache reden, dann schreibe eine Erklärung in diesem Sinne, so daß sie mit dem Siegel des Gesetzes versehen werden kann, und wenn du dann später einmal mit einer Forderung auf dein Erbe kommen willst, wird sie nicht gelten.«

Ich glaubte, meine Brüder verlangten eine solche schriftliche Erklärung, um dadurch zu verhindern, daß ich in meiner Unerfahrenheit mein Erbanteil verschwenden sollte, und darum unterschrieb ich das Dokument, wie sie es verlangten, und ließ das Siegel des Gesetzes daraufdrücken, worauf ich es ihren Händen übergab und dann nach Hause ging, ohne den geringsten Verdacht eines Verrates im Herzen zu hegen. Aber nach einigen Tagen schickten meine Brüder einen Boten an mich und ließen mir sagen: »Du mußt dich nach einer anderen Wohnung umsehen. Wir wünschen nicht, daß du in unserem

Hause wohnen bleibst.« – Da wurde mir klar, daß sie mich hatten betrügen wollen. Indessen vertraute ich auf Gott und wünschte ihnen alles Gute, indem ich sie bat, mir zwei Tage Zeit zu lassen, um meine Sachen zu ordnen.

Solange mein Vater lebte, hatte er jedesmal, wenn er von seinen Reisen zurückkehrte, das eine oder andere als Geschenk für mich mitgebracht, und so hatte er mir auch eine Sklavin geschenkt. Die Gegenstände verkaufte ich und erhielt dafür im ganzen eine Summe von 1000 Tomânen, für die ich dann alles einkaufte, was zu einem Haushalt nötig ist, und dann nahm ich mit meinen Hausgenossen meine neue Wohnung in Besitz. Unter den Dingen, die meine Brüder mir erlaubt hatten mitzunehmen, befand sich auch ein Hund. Mit ihm verhielt es sich folgendermaßen: Mein Vater brachte von einer seiner Reisen einen Hund mit nach Hause; dieser hatte sich mit den Pferden meines Vaters angefreundet und begleitete ihn überall. Nach einiger Zeit bekam der Hund Junge, und eins von ihnen schien mir so süß in seiner täppischen Hilflosigkeit, daß ich es von Herzen liebgewann. Bald spielte ich mit ihm, bald gab ich ihm Brot. Und als ich nun das Haus meines Vaters verließ, wünschte ich, daß dieses Tier Brot und Salz mit mir teilen sollte. Während sich meine Brüder undankbar und unbarmherzig mir gegenüber erwiesen hatten, folgte mir der Hund in Treue.

Als ich nun meine Wohnung eingerichtet hatte, kaufte ich mir zu meiner Bedienung zwei Sklaven. Das Geld, das ich übrig hatte, sollte mein Anlagekapital sein. Ich mietete ein Geschäft auf dem Kaisârîje[1], und indem ich mein Vertrauen auf Gott setzte, fing ich an, Handel zu treiben. Und wenn meine Brüder auch unmenschlich wider mich gehandelt und mich vor die Tür geworfen hatten, so nahm mich der liebe Gott unter seine Hut und erwies sich mir gnädig, so daß sich mein Kapital im Laufe von drei Jahren auf 4000 Tomânen er-

[1] Damit ist vermutlich der Marktplatz gleichen Namens in Ispahan gemeint

höht hatte. Ich wurde in den Kreisen der Kaufleute bald ein angesehener Mann, und die großen und vornehmen Leute wandten sich an mich, wenn sie Einkäufe machen wollten.

Im vierten Jahre nach meiner Ankunft in der Stadt saß ich eines Freitags in meinem Hause. Einer meiner Sklaven war auf den Basar gegangen, um einige Einkäufe für den Haushalt zu besorgen. Weinend kam er zurück. Ich erkundigte mich nach dem Grund seiner Tränen, und er erwiderte mir mit Vorwürfen: »Was machst du dir eigentlich aus anderen? Du denkst nur daran, dein Leben zu genießen.« – »Ist ein böser Geist in dich gefahren?« rief ich aus. – »Ja, meinst du vielleicht, es ist schlimmer«, erwiderte er, »von einem bösen Geist besessen zu sein, als so wie du wohlzufrieden inmitten dieser Reichtümer und Herrlichkeiten zu sitzen, während deine beiden älteren Brüder einem Juden in die Hände gefallen sind, dem sie hundert Tomânen schulden und der ihnen nun draußen auf offenem Marktplatz Stockschläge erteilen läßt; und dann lacht der Jude auch noch dazu und sagt. ›Ich weiß ja, daß ich doch niemals zu meinem Gelde komme, aber darum will ich euch auch tüchtig prügeln lassen und dereinst meinen Lohn im Paradies dafür erhalten.‹ Und keiner versucht es, sie vor dem Juden zu beschützen.«

Als ich diesen Bericht hörte, war es mir, als ob ich im Meer des Kummers ertrinken sollte, und außer mir vor Ungeduld eilte ich aus dem Hause, indem ich zu meinen Sklaven sagte, daß sie mir mit dem Gelde folgen sollten. Auf dem Marktplatz sah ich die beiden jungen Männer in dem Zustand, wie er mir geschildert war. Da war ich nicht länger Herr meiner selbst, sondern indem ich blutige Tränen vergoß, entfernte ich mit einer Handvoll Goldstücke die Trabanten des Gouverneurs[1], ging zu dem Juden und sprach: »Warum mißhan-

[1] Unter den Trabanten des Gouverneurs versteht man die im Dienste des Gouverneurs stehenden Männer, die die Prügelstrafe an den insolventen Schuldnern ausführen. Die Schläge werden ihnen nach allgemein persischer Sitte auf die Fußsohlen erteilt, was aus dem Folgenden hervorgeht.

delst du auf diese Weise an einem hohen Feiertag zwei Diener Gottes?« – Der Jude erwiderte: »Wenn du die Absicht hast, sie zu beschützen, dann bezahl mir erst, was sie mir schulden, sonst kannst du deine Witze über meine Mißhandlung für dich behalten, statt dazustehen und zu faseln.« – »Auf wieviel lautet deine Forderung? Komm her mit dem Schuldschein«, sagte ich. »Meine Forderung steht auf hundert Tomânen«, erwiderte er, »und der Schuldschein befindet sich in Händen des Gerichtes.«

Ich bezahlte die hundert Tomânen und erhielt den Schuldschein ausgeliefert. Aber die beiden jungen Männer, die nackt und weinend und in einem Zustand des tiefsten Elends und der größten Erbärmlichkeit mit wundgeschlagenen Füßen dalagen, ließ ich von meinen Sklaven auf die Schulter nehmen und in mein Haus tragen. Hier sorgte ich dafür, daß ihre Wunden gepflegt wurden, und als sie wieder gesund waren, gab ich ihnen prächtige Kleider und schickte sie in ein Bad. Ich öffnete ihnen die Pforte der Gastfreundschaft und umgab sie mit dem Gürtel der Dienstbereitschaft. Um sie nicht zu beschämen, erwähnte ich kein Wort über das hinterlassene Geld unseres Vaters. Sie blieben indessen wegen der Schmach, der sie ausgesetzt gewesen, die ganze Zeit in meinem Hause.

Nach kurzer Zeit fürchtete ich, daß ihnen das Leben bei mir allzu langweilig werden könnte, und eines Abends, als wir zusammensaßen und uns unterhielten, sprach ich zu ihnen: »Liebe Brüder, ich habe mir gedacht, daß ihr einige Zeit auf Reisen gehen solltet, denn ein Kaufmann gewinnt durch seine Reisen an Ansehen.« – Das fanden sie ebenfalls richtig, und ich bereitete alles für ihre Reise vor und ließ mich die Einkäufe für die notwendige Reiseaussteuer für jeden von ihnen je 100 Tomânen kosten. Ich brachte sie in einer Karawane unter, die gerade nach Turkestan abgehen sollte, und streckte ihnen so viel Geld vor, daß sie genug hatten, um die Miete, die Aufsicht über die Reit- und Lasttiere und andere Reiseunkosten zu bezahlen.

Nach ihrer Abreise verging einige Zeit, und ich wartete Tag und Nacht darauf, sie wohlbehalten zurückkehren zu sehen. Indessen verging ein ganzes Jahr, ehe die Karawane zurückkehrte, aber meine Brüder waren nicht dabei. Wenn ich die anderen Teilnehmer der Karawane nach ihnen fragte, gaben sie mir jeder eine andre Auskunft, aber zuletzt fand ich dennoch einen ehrlichen Mann, der mir erzählte: »In Bokhara hat der eine von deinen Brüdern alles verspielt, was er besaß, und hat dann eine Stelle im Spielhaus angenommen. Der andere hat mit dem Sohn eines Bierverzapfers Freundschaft geschlossen, und nachdem er all sein Geld an diesen verschwendet hat, ist er Kellner in diesem Ausschank geworden. Die Leute der Karawane schämten sich, es dir zu erzählen, und darum hat dir jeder auf seine Art lauter Unsinn vorgeschwatzt.«

Als ich diese Worte hörte, ward ich von einer solchen Traurigkeit und Unruhe ergriffen, daß ich nicht mehr wußte, was ich mit mir selber anfangen sollte. Ich konnte weder essen noch schlafen. Ohne daß meine Nachbarn etwas davon merkten, sammelte ich insgeheim eine große Menge Gold und Edelsteine, überließ meine Dinge der Obhut Gottes und reiste sofort nach Bokhara. Hier stellte ich langwierige Untersuchungen an, bis ich endlich meine Brüder fand, sie in meine Wohnung brachte, sie ein Bad nehmen ließ und ihnen ordentliche Kleider gab. Und um sie nicht zu beschämen, unterließ ich es, mit ihnen über ihr Verhalten zu reden. Statt dessen kaufte ich jedem für hundertfünfzig Tomânen Ware und traf die Vorbereitungen für die Abreise, und dann zogen wir heimwärts. Als wir noch zwei Tagereisen von unserer Stadt entfernt waren, ließ ich meine Brüder in einem Dorf zurück und kehrte allein zur Stadt zurück. Nach einigen Tagen ließ ich dann bekanntmachen, daß sich meine Brüder auf der Heimreise befänden und daß ich mich an einem bestimmten Tage aufmachen werde, um sie zu empfangen und in die Stadt zu begleiten.

Aber noch ehe der Morgen graute, kam ein Bauer weinend gelaufen und klopfte, den Mund voll von Verwünschungen, an meine Tür. Ich fragte ihn, was denn los sei, und er antwortete: »Daß doch nie und nimmer ein böses Geschick deine Brüder in unser Dorf geführt hätte!« – »Aber was ist denn geschehen?« fuhr ich fort. »Eine Räuberschar, deren Begier durch den Anblick des Reichtums deiner Brüder geweckt wurde, hat einen Überfall auf unser Dorf gemacht und nicht nur deine Brüder ausgeplündert, sondern auch unsere armen Hütten.« – »Wo befinden sich meine Brüder denn in diesem Augenblick?« – »Sie sitzen nackt und weinend in einem Winkel der Stadt.«

In aller Eile brachte ich ihnen einige Kleidungsstücke und führte sie zu mir ins Haus. Als unsere Freunde und Bekannten erfuhren, daß sie zurückgekommen waren, eilten sie in mein Haus, um sie zu begrüßen, und zwanzig Tage lang mußte ich auf dem Sprung stehen, um allen Gästen aufzuwarten, so daß ich kaum einen Augenblick Ruhe hatte. Aber als das überstanden war, zeigte es sich, daß sich meine Brüder mehr als je schämten, und sie verbrachten die ganze Zeit in einem Winkel meines Hauses, ohne Lust zu spüren auszugehen. Als das drei Monate so weitergegangen war, hielt ich es für zweckmäßig, ihr bedrücktes Gemüt ein wenig zu zerstreuen und eine Reise in Gesellschaft mit ihnen zu unternehmen. Eines Abends beriet ich mich deshalb mit ihnen und sagte: »Ich hätte Lust, eine Reise mit euch zu unternehmen und ein wenig in einem anderen Land zu wohnen. Was meint ihr dazu?« – »Bruder«, sagten sie, »dein Plan ist gut, und es läßt sich nichts dagegen einwenden.«

Als ich merkte, daß sie meinem Gedanken zustimmten, begann ich gleich mit den Vorbereitungen und kaufte Waren ein, die sich zum Absatz in Indien eigneten. Dann zogen wir zu einer Hafenstadt. Bald hatten wir unsere Reisehabseligkeiten und unsere Waren an Bord des Schiffes gebracht, die Segel waren geheißt, und da baumelte ich auf dem Meere wie ein Fischhaken. Auf einmal entdeckte ich meinen Hund, der bekümmert am Gestade hin und her lief und jämmerliche Töne von sich gab. Zuletzt warf er sich ins Wasser, aber wie sehr er auch arbeitete, trieben ihn die Wellen doch jedesmal wieder ans Ufer zurück, bis man ihn in einer Jolle an Bord holte. Gleich sprang er auf mich zu, wedelte mit dem Schwanze, gab alle erdenklichen Zeichen der Freude von sich und legte sich dann ruhig hin.

Während eines Monats setzte das Schiff ruhig seinen Weg fort. Ohne mich um die Anschläge des Teufels zu kümmern, freute ich mich nur immer wieder darüber, meine Brüder zufrieden zu sehen; aber

Ob man auch an Frieden denke,
Satan spinnt doch seine Ränke.

Mein ältester Bruder hatte sich in meine Sklavin verliebt, und in aller Heimlichkeit schmiedete er mit meinem anderen Bruder böse Pläne gegen mich. »Was meinst du, Bruder«, sagte dieser, »wenn wir ihn um die Ecke brächten? Dann ginge es uns beiden erst recht gut. Wenn wir es nicht tun, wird uns unser Schamgefühl ihm gegenüber zuletzt noch das Leben kosten.« – Und nachdem sie lange hin und her beraten hatten, beschlossen sie, mich ins Meer zu werfen.

Eines Nachts lag ich zusammen mit meiner Sklavin in meiner Schiffskajüte. Es begann hell zu werden, als mein nächstältester Bruder mich weckte und sagte: »Komm doch heraus und sieh nur, was für seltsame Dinge Gott geschaffen hat.« – Ich taumelte hinaus, und der Hund, der sofort wach war, folgte mir. Ich sah, wie mein ältester Bruder an der Reling stand und die Wellen eifrig betrachtete. »Was gibt es denn, Brüder«, fragte ich. »Komm nur hierher«, antworteten sie, »sieh nur, wie eigentümlich, eine ganze Schar Meermänner tanzt unter dem Wasser mit Korallenzweigen in den Händen.« Wenn jemand anderes als meine Brüder mir so etwas erzählt hätte, würde ich es ihm nicht geglaubt haben. Aber ihren Worten traute ich. Ganz vertaumelt und schlaftrunken guckte ich nach unten, aber ich mochte nach unten starren soviel ich wollte, ich konnte nichts entdecken. »Siehst du denn nichts?« fragte mich mein ältester Bruder. Im selben Augenblick kam mein anderer Bruder von hinten hinzu und gab mir einen Stoß, daß ich ins Wasser fiel. – Das Schiff verschwand vor meinen Augen wie eine Sternschnuppe. Unaufhörlich warfen mich die Wogen von einer Seite zur andern. Bald befand ich mich tief in einem Abgrund, bald oben auf hohen Zinnen. Der Wellenschlag traf mich wie Peitschen, so daß ich nahe daran war, den Geist aufzugeben. Meine Arme und Beine versagten mir den Dienst, und aus der Tiefe meines Herzens sandte ich meine Klagen zum Throne des einzigen Gottes und bat um Rettung meines Lebens aus dem unendlichen Schatz seiner Gnade. Plötzlich, wie ich so dalag und mit allen Gliedern um mich schlug, merkte ich, wie etwas auf mich zugeschwommen kam und mich über Wasser hielt, wenn ich zu versinken drohte. Ich öffnete meine Augen und sah, daß es mein Hund war. Als mich meine Brüder über Bord geworfen hatten, war er sogleich ins Wasser gesprungen, und Gott, der Erhabene, machte ihn zum Werkzeug meiner Rettung.

Sieben Tage und Nächte trieb ich, von meinem treuen Hunde unterstützt, auf dem mörderischen Meer umher und wurde dann, hilflos, wie ich war, von der Unendlichkeit der Wogen an eine Küste gespült. Endlich erreichte ich das Ufer und ging auf einer Insel an Land und sank bewußtlos um. Als der Morgen graute, weckte mich das Bellen des Hundes. Ich dankte Gott für meine Rettung. Aber ermattet vom langen Umhertreiben auf dem Meere, hatte ich nicht einmal die Kraft zu gehen. Als ich mich nach allen Seiten hin umsah, erblickte ich in weiter Ferne eine Stadt. In der Hoffnung, mir einige Nahrung verschaffen zu können, um mein Leben aufrechtzuerhalten, humpelte ich in dieser Richtung dahin. Ich fiel zu Boden und erhob mich wieder, und so fuhr ich unverdrossen fort, bis ich, als die Nacht anbrach, in die Nähe der Stadt gekommen war. Ich war aber nicht mehr imstande, auch nur ein Glied zu rühren, und mußte die Nacht, von Müdigkeit und Hunger gequält, draußen vor der Stadt verbringen. Erst am nächsten Morgen ging ich in die Stadt hinein.

Als ich auf den Basar gekommen war und die Brote in den Läden der Bäcker erblickte, verlor ich fast die Besinnung, und das Herz klopfte mir wild in der Brust. Ich stellte mich mit dem Rücken an eine Mauer. Geld hatte ich keines, um mir Brot dafür zu kaufen, und ich konnte mich nicht dazu aufraffen, einiges zu erbetteln. Ich seufzte tief vor mich hin und sah mich traurig um, aber mein menschliches Ehrgefühl hielt mich davon ab zu betteln, und ich suchte Trost in dem Gedanken, daß ich ja an einer anderen Stelle einen anderen Bäcker um Brot bitten könnte, und so ging ich an mehreren Geschäften vorüber, ohne doch das Herz zu haben zu betteln. Aber zuletzt flammte die Lohe des Hungers in der Feuerstätte meines Körpers auf und entzündete das Gebüsch meiner Widerstandskraft, und mir war, als ob der Vogel meiner Seele in seiner Gier nach einem nährenden Korn den Käfig des Körpers mit seinem Flügelschlag zertrümmern wollte.

Aber gerade in diesem Augenblick erschienen da zwei Männer in persischer Tracht. »Gott sei gelobt und gepriesen«, sagte ich mir im stillen, »daß er dir die Schande erspart hat, bei Fremden betteln zu gehen! Vielleicht sind diese Männer sogar Bekannte, die mich wiedererkennen und mir etwas zu essen geben werden, ohne daß ich sie darum zu bitten brauche.« Als sie so nahe herangekommen waren, daß ich deutlich ihre Gesichter erkennen konnte, sah ich, daß es meine Brüder und Todfeinde waren, aber damals wußte ich noch nicht, wie schlecht ihre Herzen waren[1]. Froh darüber, sie frisch und gesund zu sehen, eilte ich auf sie zu, grüßte sie, warf mich vor ihren Füßen nieder und küßte die Erde.

[1] Diese letzte Bemerkung, die andeutet, daß der Erzähler sich damals noch nicht klar darüber war, daß seine Brüder ihn mit wohlüberlegter Absicht über Bord geworfen hatten, findet sich nicht im persischen Text, sondern ist der Übersetzung der Hindustani-Version von L. F. Smith entnommen. Ohne eine solche Hinzufügung wird die Situation psychologisch unverständlich.

Zuerst waren sie starr vor Erstaunen, mich zu sehen. Aber dann stießen sie einen lauten Schrei aus, mein nächstältester Bruder gab mir einen brutalen Schlag ins Gesicht, und dann fielen sie beide mit Stockschlägen über mich her. Wie sehr ich auch für mich bat und Gott um Hilfe anrief, konnte es nichts nützen; sie fuhren fort, mich mit Schlägen zu bearbeiten, und sagten: »Was willst du uns, Grausamer?« – Die Leute strömten von allen Seiten herbei und fragten, was Böses ich denn getan habe. Meine Brüder zerrissen die Kragen ihrer Mäntel und brachen in laute Klagerufe aus: »Dieser elende Schlingel war der Diener unseres Bruders. Auf einer Seereise warf er unseren Bruder ins Meer, so daß er ertrank, und setzte sich in den Besitz seines unermeßlichen Vermögens. Lange Zeit haben wir überall in allen Städten Indiens nach ihm geforscht, bis wir ihn nun heute hier gefunden haben.« – Und dann schlugen sie wieder auf mich los und riefen: »Du grausamer, unbarmherziger und undankbarer Lump! Wie konntest du es übers Herz bringen, unsern jungen Bruder zu ermorden? Was hatte er dir Böses getan?«

Unterdessen kamen einige Bediente des Stadtgouverneurs hinzu und hörten diese Worte. Sie ergriffen mich und führten mich vor den Gouverneur, dem sie die Sache darstellten. Meine Brüder, die uns gefolgt waren, klagten und forderten Gerechtigkeit und bestachen den Gouverneur mit hundert Tomânen, damit er mich zum Tode verurteilen sollte. der Gouverneur ließ mich vorführen und fragte mich nach dem Sachverhalt, aber diese entsetzlichen Unglücke, die Schlag auf Schlag mein Haupt getroffen, die Qualen auf dem Meere, die Leiden des Hungers, die Mißhandlungen durch meine Brüder und ihre abscheulichen Betrügereien, alles das hatte mir völlig die Sprache geraubt, so daß ich mit gesenktem Haupt und ohne zu antworten dastand. Der Gouverneur hielt mein Schweigen für ein Geständnis und befahl, daß man mich draußen vor die Stadt führen und an den Galgen knüpfen sollte, auf daß ich anderen als abschreckendes Beispiel dienen könne.

So hatten also meine Brüder zum Lohn dafür, daß ich sie seinerzeit für hundert Tomân aus den Banden des Juden befreit hatte, nun hundert Tomân geopfert, damit man mir den Strick um den Hals lege. Da stand ich denn unter dem Galgen, und wohin ich auch meinen Blick wandte, sah ich keinen Freund außer Gott, und dann diesen unglücklichen Hund, der sich, als man mich zum Galgen führte, allen Leuten im Staub vor die Füße wälzte, als ob er sie bitten und anflehen wollte, mich doch freizugeben. Und obgleich man ihn mit Stockschlägen, Steinwürfen und Fußtritten fortjagte, ließ er doch nicht nach, zu versuchen, die Henker zu rühren. Aber als ich mich so von allen Verwandten und Fremden im Stich gelassen sah, rief ich aus: »O Gott, komm mir zu Hilfe! Ich habe niemanden außer dir, zu dem ich meine Zuflucht nehmen kann!« – Dann sprach ich mein Glaubensbekenntnis und verlor das Bewußtsein.

O König, Gott richtete es in seiner Weisheit und Gerechtigkeit so ein, daß der König dieser Stadt von einer heftigen Kolik befallen wurde, und alle Bemühungen der Ärzte erwiesen sich vergebens und konnten seine Schmerzen, die immer mehr zunahmen, nicht lindern. Die Emire und Würdenträger des Reiches wurden von Entsetzen ergriffen, und ein kluger Mann unter seinen Vezieren sprach: »Es gibt kein sichereres Mittel, dem König seine Gesundheit wieder zu verschaffen, als Almosen zu geben und den Gefangenen die Freiheit zu schenken; die Segenswünsche der Gefangenen werden den Sultan dann wieder gesund machen.« – Kurz gesagt, ein Vertrauensmann des Königs stieg zu Pferde, um eiligst die Gefangenen aus den Gefängnissen zu befreien, und als ihn sein Weg gerade am Fuße des Galgens vorbeiführte, gab er seinem Pferd die Sporen, zerteilte die Menge und zerschnitt meine Bande mit seinem Säbel, so daß ich zu Boden fiel.

Als aber meine Brüder sahen, daß sich die Sache so entwickelte, fürchteten sie, daß ich, wenn ich am Leben bliebe, ihnen nachstreben und mich rächen und sie ins Unglück bringen werde, und darum gingen sie zum Gouverneur und stellten ihm anheim, mich dennoch meine Strafe erleiden zu lassen. Der Gouverneur, der sich ihnen wegen des Geldes, das er von ihnen erhalten, gerne entgegenkommend zeigen wollte, sprach: »Im Augenblick geht es nicht an, ihn öffentlich zu töten, aber um euch zufriedenzustellen, wollen wir ihn in Salomons Gefängnis werfen lassen, so daß er vor Hunger und Durst sterben kann, ohne daß jemand erfährt, was aus ihm geworden ist. Es wird ihm ganz unmöglich sein, aus diesem Orte zu entweichen.«

Der Gouverneur schickte denn auch wirklich einige Leute auf den öffentlichen Platz, um mich zu holen und unbemerkt in Salomons Gefängnis zu werfen. Dieses Gefängnis war ein Loch, das die Teufel auf Befehl des Königs Salomon oben auf dem Gipfel eines Berges gegraben hatten. Es war länger als der Tag der sehnsuchtsvoll Liebenden und dunkler als die Nacht der Trennung, und alle Verbrecher und Übeltäter, die der Zorn des Königs getroffen, wurden in dieses Gefängnis geworfen. Man brachte mich also in dieses Gefangenenloch, und dann zogen meine Brüder, als sie mich endlich losgeworden waren, erleichterten Herzens von dannen.

Um Mitternacht kam ich wieder zur Besinnung und sah, daß ich mich an einem dunklen Ort befand, der von einem häßlichen Gestank erfüllt war. Ich fragte mich selber, wo ich wohl hingekommen sein mochte, und als ich mich entsann, daß ich am Galgen gehangen hatte, glaubte ich gewiß zu sein, daß ich mich im Grabe befände, und sprach einige heilige Worte aus. Plötzlich vernahm ich die Stimme zweier Menschen. Ich erschrak und befahl mich in Gottes Schutz. Dann beobachtete ich, wie eine Schnur in das Loch herabgelassen wurde, und bald darauf hörte ich ein Geräusch wie von Menschen, die aßen. Darüber stieg nur meine Verwunderung. Ich tastete mit der Hand nach allen Seiten um mich, bekam aber nichts als vermoderte Menschengebeine zu fassen. In meiner Angst rief ich aus: »O ihr Geschöpfe Gottes, wo bin ich?« – Da brachen die beiden Menschen bei meinen Worten in ein Gelächter aus und sagten: »Dieses ist das Gefängnis Salomons, und wir sind Gefangene hier.« – »Was esset ihr denn da?« fragte ich weiter. »Gebt mir etwas davon.« – Da lachten sie aufs neue, und als ich meine Bitte wiederholte und heftiger in sie drang, gaben sie mir harte Worte, und als sie gegessen und getrunken hatten, legten sie sich hin, um zu schlafen, während ich wach und vor Schwäche weinend und jammernd dasaß. Sieben Tage und Nächte war ich von den Wellen des Meeres hin und her geworfen worden, so daß ich beinahe alle Hoffnung auf Rettung aufgegeben hatte, und als ich dann endlich an Land gekommen und vom Tod in den Wogen gerettet war und mich hungrig und durstig auf nackten Füßen und fast vergehend vor Verlangen nach einem Bissen Brot in bewohnte Gegenden geschleppt hatte, war ich von meinen neidischen Brüdern geprügelt und mißhandelt und an den Galgen gebracht worden, um mich zuletzt in einem tiefen Gefängnis wiederzufinden.

Als man mich in das Gefangenenloch warf, legte sich dieser treue Hund an die Öffnung. Um Mitternacht sah er, wie ein Mensch ein Päckchen Brot und einen Krug Wasser an einer Schnur befestigte, das Ganze in das Loch hinabließ und dann die Schnur wieder leer heraufzog, und durch Gottes Bestimmung kam dem stummen Tier der Gedanke, daß, wenn jener Mensch den Leuten dort unten im Gefängnis Brot und Wasser bringe, auch er seinem Herrn Brot und Wasser verschaffen müsse. Sobald der Morgen graute, lief er in die Stadt. Er schlüpfte durch das Stadttor, ging zu einem Bäckerladen und stellte sich in dessen Nähe, und als der Bäcker das erste Brot ausgelegt hatte und sich umwandte, um das nächste aus dem Ofen zu nehmen, sprang der Hund hinzu, schnappte das Brot und lief damit fort. Der Bäcker jagte hinter ihm her, aber wie sehr er ihn auch mit Steinwürfen und Stockschlägen verfolgte, er ließ das Brot nicht los, sondern lief, was er nur konnte, zum Gefangenenloch. Unterwegs mußte er mit Hunderten von Hunden kämpfen, aber er hielt unentwegt das Brot fest, bis er die Öffnung erreichte. Dann ließ er das Brot herunterfallen, worauf er den Kopf durch die Öffnung steckte und bellte.

Es war gerade eine Stunde nach Sonnenaufgang, als ich etwas neben mir herabfallen hörte und gleichzeitig das Bellen des Hundes mein Ohr erreichte. Mit Begier ergriff ich das Brot, und wie ich einen Blick nach oben warf, sah ich die Öffnung da oben wie einen leuchtenden Stern und erkannte, daß es Tag geworden war. Ich dankte Gott, daß die beiden Gefangenen noch nicht erwacht waren. Aber kaum hatte ich einen Bissen Brot gegessen, als der Durst mich so überwältigte, daß ich nichts mehr essen konnte.

Unterdessen hatte sich das treue Tier, als es mir Brot verschafft hatte, auf die Suche nach Wasser begeben. Am Fuße des Berges gewahrte es ein Dorf und lief hinein. Am Ende des Dorfes hatte ein betagtes Mütterchen gerade ihre Krüge mit Wasser gefüllt und sie an einen kühlen Ort gestellt und saß nun da und spann. Der Hund lief in den Hof und machte sich an die Krüge heran, und als sich die alte Frau ihm näherte, um ihn fortzujagen, wollte er einen Krug nehmen und damit seiner Wege laufen, aber der Krug entfiel ihm. Da versuchte er es mit einem zweiten und einem dritten, und so zerbrachen mehrere Krüge und das Wasser wurde verschüttet. Die Alte wurde böse und griff nach einem Stock, aber obgleich sie ihn schlug, blieb er stehen und sah sie so flehentlich an, daß die Alte zuletzt Mitleid mit ihm hatte und einen der zerbrochenen Krüge, in dem sich noch etwas Wasser befand, vor ihn hinstellte. Aber er trank nichts von dem Wasser, sondern rieb seinen Kopf an ihrem Bein und ergriff mit den Zähnen den Saum ihres Kleides, als ob er sie aus dem Hause und auf den Berg ziehen wollte. Die Frau glaubte, das Tier wollte Wasser für seine Jungen haben, nahm einen Krug mit Wasser und ging damit den Berg hinauf. Der Hund zeigte ihr den Weg, und ab und zu kam er zu ihr hin und rieb sich an ihrem Bein. Als sie endlich die Öffnung auf dem Gipfel des Berges erreicht hatte und der Hund sie an ihren Kleidern festhielt und an das Loch heranzog, wurde ihr klar, daß da unten irgend jemand sein müßte, dem der Hund etwas zu trinken verschaffen wollte. Sie ließ den Krug stehen und ging hinunter, um einen Strick zu holen, und der Hund folgte ihr stets auf dem Fuße. Sie kam mit einem Strick zurück, band den Krug daran fest und ließ ihn hinab, und der Hund bellte dazu, um meine Aufmerksamkeit zu wecken. Freudig ergriff ich den Krug, löste den Strick und trank einen guten Schluck Wasser und löschte so endlich das Feuer des Durstes. Dann aß ich nach Herzenslust von dem Brot und legte mich dann schlafen.

Auf diese Weise brachte mir das gute Tier jeden Tag in früher Morgenstunde Brot und dann mit Hilfe des alten, schwachen Mütterchens auch Wasser. Ein paar Tage hatte der Bäcker versucht, ihn am Stehlen des Brotes zu verhindern, aber als der Hund es dennoch immer wieder fertigbrachte, sich auf irgendeine Weise eines Brotes zu bemächtigen, zog der Meister es schließlich vor, ihm selber ein solches zuzuwerfen. Und wenn der Hund das alte Mütterchen noch nicht unterwegs oder an der Öffnung fand, lief er hinunter in ihr Haus und warf ihr alle Krüge durcheinander, bis die Alte sich, in der Hoffnung auf eine Belohnung im Paradiese, daran gewöhnte, jeden Morgen etwas Wasser an das Gefangenenloch zu bringen. Und nachdem der Hund mir hilflosem Gefangenen so durch seine Bemühungen Brot und Wasser verschafft hatte, fand er wohl selbst irgendwo ein Stück trockenes Brot oder einen Knochen zum Nagen; aber die ganze übrige Zeit lag er stets an der Öffnung des Gefangenenloches.

Ganze sechs Monate verbrachte ich an diesem Orte. Ich dankte Gott für meine Rettung, aber o König, ihr könnt euch wohl selber vorstellen, in welchem Zustand sich ein Mensch befinden muß, wenn er ein halbes Jahr am Grunde eines Brunnens gelebt hat, wo ihm der Tag wie die finstere Nacht war. Schwach und abgemagert lebte ich nur noch mit meiner halben Seele, und mein Leib war nur noch Haut und Knochen. So lag ich auch einst um Mitternacht, von Tränen des Leides fast erblindet, und wandte mich flehend an Gottes Thron und klagte mit herzzerreißendem Ton dem Himmel mein Leid:

Nach Freiheit schreit aus hohler Wang' mein Flehn:
den Tag laß meine dunkeln Pfade sehn.

Aber nachdem ich so zwei Drittel der Nacht unter Tränen verbracht hatte, schlug die Gnade Gottes plötzlich die Pforte der Freiheit für mich auf. Ein Strick wurde in die Tiefe herabgelassen, und ich hörte, wie eine sanfte Stimme sprach: »Unglücklicher Gefangener, ergreife das Tau und binde es dir um den Leib. Die Stunde deiner Befreiung aus diesem Leidensgefängnis hat geschlagen.« – Ich klammerte mich an das Seil. Als ich aus dem Gefangenenloch herausgekommen war, konnte ich im Dunkeln den Menschen nicht erkennen, der mich heraufgezogen hatte, und jener konnte ebenfalls nicht sehen, wer ich war, fragte auch gar nicht danach, sondern fing gleich an zu gehen, als wir das Seil von meinem Leib gelöst hatten, und sagte: »Nun aber schleunigst weiter, denn hier können wir nicht bleiben.« – Auf Händen und Füßen kroch ich den Berg hinab, bis wir an eine Stelle kamen, an der zwei gesattelte Pferde bereitstanden. Der Fremde ließ mich das eine besteigen, setzte sich selber auf das andere und bewahrte im übrigen vollkommenes Schweigen, und so ritten wir aus der Stadt hinaus und setzten unseren Ritt fort, bis wir beim Morgengrauen eine Stelle am Gestade des Meeres erreichten.

Als es hell geworden war, sah ich, daß mein Begleiter ein junger Mann war, wohlbewaffnet und vom Scheitel bis zur Sohle von der vollkommensten Schönheit. Jäh brachte er sein Pferd zum Stehen, und als ich ganz zu ihm herangeritten war und sein Blick auf mich fiel, wandte er sich schroff an mich und biß sich vor Erbitterung die Hand, zog dann sein Schwert, stürzte mit seinem Pferde auf mich los und schlug mit dem Schwerte nach mir. Ich warf mich in Todesangst zu Boden und sprach folgenden Spruch aus:

»Zur Härte wird nun dein Edelmut,
was wandelt die Freundschaft so jäh in Wut?«

»Du unheilverkündendes Geschöpf!« rief er. »Wer bist du? Wie geschieht es, daß du meine Wege kreuzest?« – Ich erwiderte: »O du, der mich errettet vom Tod und mich gerissen aus tiefer Not, ich bin ein Fremdling, von Freuden getrennt, der nichts als Leid und Enttäuschung kennt.« Meine Klage rührte den jungen Mann zu Tränen und brachte sein Herz zum Schmelzen, so daß er davon abließ, mir nach dem Leben zu trachten, und sprach: »Reite weiter, Unglücklicher; hier ist der Ort für Gespräche nicht.« – Selbst gab er seinem Pferd die Sporen, und ohne sich weiter um mich zu kümmern, seufzte und klagte er und sang diesen Spruch:

»Ach all meines Herzens Hoffnung zerschellt,
doch alles geschieht, wie es Gott gefällt.«

Und so ritt er weiter, bis wir an die Stelle kamen, an der wir haltmachen sollten. Hier sprang er vom Pferde und befahl mir ebenfalls abzusteigen. Er löste einen Quersack und ließ die Pferde weiden, legte seine Waffen ab und setzte sich ins Gras.

»Unglücklicher«, sagte er zu mir, »erzähle mir deine Geschichte, damit ich erfahre, wer du bist und was der Grund deines Leides ist.« – Und dann erzählte ich ihm, wahrheitsgetreu, ohne etwas davonzunehmen oder hinzuzulegen, von der Bosheit meiner Brüder. Als er meine traurige Geschichte von Anfang bis zum Ende gehört hatte, quollen ihm die Tränen aus den Augen, und er sprach: »So höre denn auch, was ich zu berichten habe.

Die Erzählung der Königstochter

Ich bin die Tochter des großen Radscha, der über dieses Land, das Land Zairbäd[1], herrscht. Der junge Mann, der im Ge-

[1] eine Landstrecke südöstlich von Bengalen

fängnis Salomons lebte und dessen Name Behrûz ist, war der Sohn des Ministers am Hofe meines Vaters.

Eines Tages befahl der König, daß sich die Söhne der Emire auf dem offenen Platze vor dem Palaste versammeln und sich in ritterlichen Kampfspielen messen sollten, und er erteilte gleichzeitig die Erlaubnis, daß die Frauen des Harems auf dem flachen Dache des Palastes Platz nehmen durften, um von dort aus den Anblick der Festspiele zu genießen. Dieser Erlaubnis zufolge nahmen wir Frauen unsere Plätze hinter einem golddurchwirkten, bunten Vorhang ein, und von dort aus folgten wir den Spielen mit unbekümmertem Gemüt. Da fing das Schicksal an, sein Spiel mit mir zu treiben, und der Mundschenk des Unglücks füllte mir den Becher bis zum Rande. Es geschah nämlich, daß Behrûz an diesem Tage alle anderen Emirsöhne besiegte; überdies war er so schön und stattlich, daß mein Herz von Liebe zu ihm ergriffen wurde. Eine Zeitlang spielte ich in aller Heimlichkeit auf dem Schachbrett der Liebe, während mich Zärtlichkeitsflügel trugen und Waffen der Liebe mich schlugen. Dann offenbarte ich meiner alten Amme das Geheimnis meines Herzens und gab ihr Geschenke und schöne Kleider, damit sie mir ihren Beistand leisten sollte. Sie fand auch Schliche und Wege, den jungen Mann in mein innerstes Gemach zu führen, und ich erreichte das Ziel meiner Wünsche. Er selbst verliebte sich beim Anblick meiner Schönheit ebenso wahnsinnig. Aber geraume Zeit, nachdem sich die Tür unserer Bekanntschaft geöffnet und der junge Mann mich oftmals zu nächtlicher Zeit in meiner heimlichsten Kammer besucht hatte, geschah es eines Nachts, daß ihn ein Palastwächter draußen vor dem Harem, in der Tracht und den Waffen eines Kriegers, ergriff. Gleich wurde die Sache dem König gemeldet, und obschon dieser die Ursache nicht kannte, die diesen jungen Mann zu solchem Übermut getrieben hatte, befahl er dennoch, ihn und auch seinen Vater hinrichten zu lassen. Auf die Fürbitte der Hofleute hin ließ er sich begütigen und begnügte sich damit, die beiden ins Gefängnis zu werfen.

Seit jener Zeit sind nun sieben Jahre vergangen. In meiner Dankbarkeit dafür, daß mein Geliebter sein Leben nicht verloren hatte, und auch, daß niemand etwas über den Zustand meines Herzens wußte oder ahnte, weshalb er draußen vor dem Harem angetroffen worden war, legte ich mir selber die Pflicht auf, den beiden Gefangenen Brot und Wasser zu bringen, ohne daß die Leute des Palastes etwas davon merkten. Während dieser ganzen langen Zeit ging ich jede Woche einmal hinaus und brachte ihnen Nahrung für sieben Tage.

In der letzten Nacht schlief ich über meinen Gedanken an den jungen Mann ein. Da hörte ich im Traum einen Engel sagen: ›Steh auf, halte Pferde und einen Quersack mit Proviant bereit und begib dich hin auf jenen Berg, denn wisse, in dieser Nacht wirst du deinen Geliebten aus dem Gefängnis befreien.‹

Voller Freude sprang ich auf und umgürtete mich mit dem Gürtel des Entschlusses. Ich bereitete alles vor, so, wie die Stimme es mir auferlegt hatte, und legte zu der übrigen Reiseausstattung ein Kästchen mit Edelsteinen. Es ist sicher und gewiß, daß mir diese Offenbarung aus der unsichtbaren Welt kam, und dennoch mußte ich erfahren, daß das Glück meines Geliebten schlief, während dein Glück über dir wachte. Nun denn, so also war es der Wille des Schicksals!«

Nachdem sie also gesprochen, nahm sie etwas Brot und ein gebratenes Huhn aus dem Quersack. Aus einer silbernen Flasche goß sie Branntwein und Rosenwasser in einen Becher und mischte Zucker darunter. Sie gab mir einige Stücke Brot und Huhn und schenkte mir von dem Getränk ein, und auch den Hund sättigte sie, der uns gefolgt war. Dann führte sie mich an den Rand eines Baches und wusch mir Gesicht und Körper, schnitt mir die Haare und Nägel und legte mir reine Kleider an. Darauf wandte ich mein Antlitz nach Mekka und betete. Das liebliche Wesen verwunderte sich und fragte mich nach meinem Tun. Ich erwiderte: »Ich bete Gott an, dem wir Anbetung schulden, den Schöpfer, der unvergleichlich ist in seiner Macht, ihn, der aus eigener Kraft alle Wesen erschaffen hat, indem er sprach: ›Werde!‹, ihn, den Gnädigen und Barmherzigen, der mir in seiner tiefen Güte einen Engel wie dich zur Hilfe gesandt hat, auf daß du den Spiegel meiner verschmachtenden Seele vom Rost des Kummers und Leides reinigen mögest.«

Kurz, ich erzählte ihr so viel von Gottes Wundertaten, daß ich den Unglauben aus dem Herzen der Schönen verbannte und sie vom Weine meines Glaubens berauscht wurde.

Nach einer Reise von zwei Monaten kamen wir in eine Stadt, die zwischen dem Lande der Franken[1] und Zairbäd lag. Sie war dicht bevölkert, noch reicher als Kairo, und hatte ein angenehmeres Klima als Kaschmir. Der König war ein Herrscher, der allen Gerechtigkeit widerfahren ließ und für das Wohl seiner Untertanen sorgte. An diesem Orte wollten wir uns niederlassen. Wir richteten uns eine passende Wohnung ein und kauften alles, was zur Ausstattung eines Hauses nötig ist. Zufälligerweise wohnten in dieser Stadt einige Perser, die ein höheres Ansehen genossen als die Bewohner der Stadt im allgemeinen und mit den Würdenträgern und Vornehmen auf vertrautem Fuße standen. Ihnen schloß ich mich an, und als ich mich nach den Anstrengungen der Reise ausgeruht hatte, traf ich alle Vorbereitungen für die Hochzeit mit meiner Schönen und führte sie in gesetzmäßiger Ehe heim. Als wir so verbunden waren und ich in den rechtmäßigen Besitz des Kästchens mit den Edelsteinen, das mein edles Weib mitgenommen hatte, gelangt war, eröffnete ich ein Juweliergeschäft. Nach einem Aufenthalt von drei Monaten an diesem Ort hatte ich mir bereits ein bedeutendes Ansehen erworben und war mit den großen und vornehmen Herren in Verbindung getreten; ich hatte meine Mitarbeiter und die anderen Kaufleute abhängig von mir gemacht und den Platz als der Oberste unter ihnen erworben. Meine Verhältnisse verbesserten sich von Tag zu Tag, und der Stern meines Glückes stand bald im Zenit seiner Bahn.

[1] Gemeint sind offenbar die europäischen Kolonien in Indien

Eines Tages, als ich durch die Straßen der Stadt schritt, um mich zu einem der großen Emire zu begeben und ihn zu besuchen, ward ich auf offenem Platz Zeuge eines Menschenauflaufs. Ich ging hin und fragte, was denn los sei. »Da sind zwei Perser«, sagte einer, »die ihre Strafe für Raub und Mord erleiden sollen.« – Als ich dies hörte, kamen mir meine eigenen früheren Erlebnisse in den Sinn, ich fühlte mich bedrückt und dachte bei mir: »Wer ist in einer unglücklicheren Lage als der, der sich fern von seiner Heimat unter Fremden befindet?« – Unruhigen Herzens eilte ich hinzu, und plötzlich mußte ich erkennen, daß es meine Brüder waren. Barhäuptig und mit bloßen Füßen, verwundet und mit auf den Rücken gebundenen Händen, schleifte man sie über die Erde an einen Ort, an dem sie ihre Strafe erleiden sollten. Bei diesem Anblick flammte mein beklommenes Herz himmelhoch auf, und blutige Tränen rannen mir über die Wangen. Ich zog die Diener des Gouverneurs auf die Seite und gab ihnen eine Handvoll Geld, indem ich sie bat, die Hinrichtung eine Weile aufzuschieben, und dann lief ich, so schnell ich konnte, in das Haus des Gouverneurs, und hier bat ich um Gnade für sie und überreichte dem Gouverneur einen großen Rubin, den ich für fünfhundert Tomânen gekauft hatte, und demutsvoll bittend beugte ich meine Knie im Staube vor ihm. Der Gouverneur sprach: »Mehrere Leute haben die beiden Männer in der Überzeugung angeklagt, daß sie das Blut unschuldiger Menschen auf ihrem Gewissen haben, und der König hat befohlen, daß sie ihre Strafe erleiden sollen. Es gibt nur einen einzigen Ausweg, sie von ihrer Strafe zu befreien, man muß die Ankläger mit Gold dazu bewegen, ihre Anklage zurückzuziehen.«

Auf den Rat des Gouverneurs suchte ich die Kläger auf und gab ihnen fünfhundert Tomânen. Als ich auf diese Weise meine Brüder losgekauft hatte, schickte ich sie ins Bad und nahm sie in mein Haus auf. Diesmal aber hielt ich meine Frau vor ihnen verborgen, damit Satan nicht wieder durch sie sein Spiel treiben sollte. Aber ich gab ihnen einen Aufenhaltsort in meinem

Hause; ich war ihnen in jeder Weise behilflich und bezahlte für ihren Lebensunterhalt. Nur in der Nacht zog ich mich zurück und schlief im Harem.

So verliefen die Dinge etwa ein Jahr. Da geschah es eines Tages, daß sich mein Vollmond zur Sommerzeit ins Bad begab. Als sie zurückkam und ins Haus hineinging, löste sie den Schleier von ihrem Gesicht, ohne zu bedenken, daß sich im Hause zwei Männer befanden. Mein nächstältester Bruder sah ihre schlanke Gestalt und ihre herzgewinnende Schönheit und verliebte sich in sie, und nachdem er eine Zeitlang den nagenden Schmerz der Sehnsucht ertragen, beschloß er, mich zu töten, und schmiedete im geheimen seine Pläne mit meinem ältesten Bruder. Und während sie sich darauf vorbereiteten, mich Unglücklichen zu ermorden, dankte ich Gott, daß meine Brüder ihren schlechten Lebenswandel aufgegeben hatten.

Eines Abends, als wir im Gespräch zusammensaßen, lenkte mein ältester Bruder die Unterhaltung auf unser Vaterland. Der andere tat einen tiefen Seufzer. An einem andern Abend plauderte dieser von nichts anderem als dem schönen Persien mit dem Erfolg, daß sich mein ältester Bruder ans Heulen und Klagen gab. Ich sagte zu ihnen, da ich ja nicht ahnte, was sie im Schilde führten: »O Brüder, meine Augensterne! Wenn ihr mit Schmerzen an unser gemeinsames Vaterland denkt, so wisset, daß auch ich mich danach sehne, dorthin zurückzukehren. Freuet euch, denn wenn Gott will, werden wir uns bald aufmachen.« – Später, als ich mich mit meiner Frau allein befand, erzählte ich dieser meiner Sonne, was sich zugetragen. Sie sprach: »In allem, was du für gut befindest, will ich dir gehorchen.«

Um meine Brüder zu erfreuen, brachte ich in aller Eile die zur Reise notwendigen Vorbereitungen zu ihrem Abschluß und ließ meine Zelte auf der Ebene aufschlagen. Viele Kaufleute und andere Reiselustige versammelten sich in meinem Zeltlager. Sie betrachteten mich als den Führer der Karawane. In einer Stunde, da uns die Sterne günstig waren, brachen wir froh und munter auf. Während der Reise entfernte ich mich kaum einen Augenblick von meinen Brüdern, und wenn ich das Antlitz ihres Zustandes vom Staub des Kummers verdunkelt sah, gab ich mir alle Mühe, sie wieder aufzuheitern.

Als wir einen Monat unterwegs waren, geschah es eines Abends, als wir gerade unser Nachtquartier aufgeschlagen hatten und plaudernd beieinandersaßen, daß einer meiner Brüder sagte: »Wenn es sich machen ließe, daß wir hier einen Tag rasteten, möchten wir morgen einen herrlichen Ausflug unternehmen.« – »Was für einen Ausflug denn?« fragte ich. Er erwiderte: »Wir sind früher schon einmal an dieser Stelle gewesen und haben hier einige Tage verbracht. Wenn man ein kleines Stück nach rechts geht, kommt man zu einer Wiese, die von einem Bach durchflossen wird und die voller Rosen und Tulpen steht. Sie liegt nur etwa eine Meile von hier. Dort rinnt ein Strom so lieblich wie Sälsäbîl [1], und an seinen Ufern breitet sich jene Wiese aus, deren Duft von Rosen und Hyazinthen und anderen wohlriechenden Blumen gleichsam einen Hauch des Paradieses trägt.« – »Wenn es sich so verhält«, sagte ich, »dann wollen wir morgen hierbleiben.«

Die Karawane wurde also aufgefordert, einen Tag Aufenthalt zu nehmen. Ich gab Befehl, daß man uns am nächsten Morgen sehr früh das Frühstück zubereiten sollte, und noch ehe der Morgen graute, standen meine Brüder auf und machten sich für den Ausflug bereit. Sie kamen, um mich zu wekken, und ihnen zu Gefallen zog ich mich sofort an und befahl, daß man mir mein Pferd vorführen sollte. »Nein«, sagten sie, »zu Pferde haben wir nur das halbe Vergnügen an dieser schönen Gegend. Viel besser ist es, zu Fuß zu gehen.« – Dann nahmen wir ein paar Sklaven, Wasserpfeifen und Kaffee mit und brachen auf. Pfeile und Bogen hatten wir ebenfalls mit, und sobald es hell geworden war, fingen wir an, uns mit Schießen zu vergnügen. Dieser glückbringende Hund folgte mir wie gewöhnlich und lief bald vor und bald hinter uns her.

[1] ein Fluß im Paradiese

Als wir ein Stück Weges gegangen waren, schickten meine Brüder unter irgend einem Vorwand den einen Sklaven zurück zur Karawane. Wir gingen ein Stück weiter, und dann fanden sie einen zweiten Vorwand, unter dem sie den anderen Sklaven hinter dem ersten herschickten. Unterdessen schwatzten sie drauflos, um meine Aufmerksamkeit abzulenken. Wir gingen weiter und weiter, aber sahen weder einen grünen Wiesenteppich noch eine Quelle. Als wir wieder eine Meile weitergekommen waren, fühlte ich ein natürliches Bedürfnis, weshalb ich den Bogen von mir legte und eine abseits gelegene Stelle aufsuchte. Da machten sich meine Brüder daran, mich zu ermorden. Sie hatten ihre Schwerter unter ihren Röcken versteckt, und als sie nun meinten, daß die Gelegenheit günstig wäre, zogen sie ihre Schwerter und näherten sich mir mit großer Eile. Mein ältester Bruder schwang seine Waffe und schlug mich mit solcher Gewalt, daß er mir nahezu den Kopf entzweispaltete. Ich konnte nur eben noch sagen: »Henker! Was tust du?«, als mir der andere auch schon einen derartigen Schlag versetzte, daß ich zu Boden fiel und mich dem Tode nahe fühlte. Diese beiden grausamen Steinherzen aber gaben mir noch weitere Schwertschläge, überall spürte ich sie, im Rücken und in den Lenden, in den Armen und Beinen und am Kopfe. Der unglückliche Hund fuhr sie an, biß sie und riß mit seinen Zähnen an ihren Kleidern, bis sie auch ihm einige Schläge versetzten, daß er bewußtlos liegenblieb. Dann fügten sich diese beiden Wölfe in Menschengestalt selber einige Wunden zu und eilten dann, als wären sie von Entsetzen gejagt, zur Karawane, wo sie einen gewaltigen Lärm schlugen: »Fliehet, Freunde, und brecht in aller Eile auf, damit ihr euer Leben und eure Habe vom Untergang erretten könnt! Denn eine Räuberschar hat uns angegriffen und uns diese Wunden zugefügt, und nun sind sie hinter uns her.«

Sobald die Leute der Karawane nur das Wort Räuber hörten, erschraken sie und brachen schleunigst auf. Da aber jene königliche Perle, die mit mir durch das Band der Ehe verbunden war, über das frühere Treiben meiner Brüder Bescheid wußte, tötete sie sich selber mit einem Dolch.

Die schaurige Ebene, auf der sie mich zurückgelassen hatten, gehörte zum Landesgebiet der Franken, und eine ihrer Städte lag in der Nähe. Dort befand sich ein großer Tempel der Franken, und darum zollten alle Könige in diesen Provinzen der Stadt Tribut und Gehorsam. Der König dieser Stadt hatte eine Tochter, die über alle Maßen schön und herrlich war; ihr Mondgesicht und ihre schwarzen Moschuslocken bezauberten Könige und Fürsten. Da die Frauen in diesen Gegenden nicht von den Männern ferngehalten werden, nahm die Prinzessin jeden Tag mit anderen silberbusigen Schönen an Jagden und Ausflügen in die Natur teil. Nun hatte der König einen Garten, der draußen in der Ebene angelegt war, und die Prinzessin war eben in diesen Tagen mit der Erlaubnis ihres Vaters aus der Stadt an diesen Ort gezogen, um hier etwa einen Zeitraum von vierzig Tagen mit Spazierengehen und Jagen zu verbringen, und hatte im Garten ihren Aufenthalt genommen.

Gerade an diesem Tage befand sich diese welterleuchtende Sonne auf einem Jagdausflug und kam mit ihren Dienerinnen und Vertrauten dahergeritten. Sie waren alle berauscht und guter Dinge. Und indem sie sich zerstreuten und in kleineren Gruppen nach verschiedenen Seiten ritten, geschah es, daß die Prinzessin mit einer Schar herzerquickender Schönen an die Stelle kam, an der ich bewußtlos lag. Das klagende Geheul des Hundes hatte sie an den Ort gelockt, und als sie meinen Zustand betrachtete und sah, in welcher verzweiflungsvollen Verfassung ich mich befand, sprang sie gleich vom Pferd herab und setzte sich an meine Seite. Sie schickte einen Boten zu ihrem Wundarzt, den sie immer in ihrer Nähe hatte, und sprach zu ihm: »Versuche, ob du den so übel mißhandelten Diener unseres großen Gottes den Armen des Todes entreißen und ihn durch deine Heilmittel wieder auf frischen Fuß bringen kannst; dann werden dir ein Ehrenkleid und Gaben und freundliche Behandlung sicher sein.« – Der tüchtige Arzt ging darauf ein und wagte den Versuch. Auf Befehl der wunderschönen Prinzessin ließ er mich auf einen Teppich legen und mich so in den Garten tragen, und das hilflose und stumme Tier schleppte sich hinter uns her und kam ebenfalls mit in den Garten hinein. Hier begann der geschickte fränkische Arzt seine Kur, wie ihm die Schöne befohlen hatte. Er reinigte meinen Körper von Staub und Blut, nähte die Wunden zusammen und legte Pflaster darauf. Nach fränkischer Sitte goß er mir statt gewöhnlichen Wassers Rosenwasser in den Hals und ließ mich aufs sorgfältigste pflegen. Aber jene königliche Perle besuchte mich jeden Tag zwei- oder dreimal an meinem Krankenlager, flößte mir eigenhändig Sorbet ein und sprach in klagendem Tone: »Wer mag wohl der Gewalttäter sein, der einen Diener der großen Gottheit so übel behandelt und ihren Zorn und ihre Vergeltung nicht gefürchtet hat?«

Diese Prinzessin mit Zuckerlippen fand sich jede Nacht, wenn die Dienerschaft zur Ruhe gegangen war, bei mir ein. Ganz allein näherte sie sich meinem traurigen Lager, setzte sich zu mir, gab mir Wein und Branntwein zu trinken und erwies mir eine Freundlichkeit und Gnade, die aller Beschreibung spottet. Nach Verlauf eines Monats waren meine Wunden geheilt, und die Schöne erfüllte nun ihr Versprechen, das sie dem Wundarzt gegeben hatte, und gab ihm ein Ehrenkleid und andere Geschenke, denn sie war über alle Maßen froh darüber, daß ich meine Gesundheit wiedererlangt hatte. Der Dorn der Liebe war in ihren Busen eingedrungen, und das Saatkorn der Zärtlichkeit keimte in ihrem Herzen[1].

Um mich kurz zu fassen, zwischen uns beiden entspann sich ein Liebesverhältnis, und sie entschloß sich, mit mir zu entfliehen, und da gerade einige Kaufleute aus Iran, Turkestan und Khorasan von einem Hafen des Landes aus absegeln sollten, schloß ich mich ihnen an und schiffte mich mit der als

[1] Der folgende Abschnitt der recht weitläufigen Erzählung – bis zur Übernahme der Statthalterschaft durch den Erzähler – ist hier in stark zusammengedrängter Form wiedergegeben

Sklavin verkleideten Prinzessin und dem Hund ein. Aber ehe wir den Hafen verlassen hatten, wurde das Schiff angehalten und vom Statthalter der Hafenstadt durchsucht. Der König hatte die Flucht seiner Tochter entdeckt, und um sie zurückzuhalten, ohne daß ihre Schande offenbar werde, hatte er sofort an alle Fürsten und an alle, die die Aufsicht an den Grenzübergängen und Häfen führten, den Befehl erteilt, keinen Reisenden passieren zu lassen, ohne zu untersuchen, ob er Sklavinnen mit sich führe. Die Sklavinnen aber, die sie fänden, sollten sie in seine Residenz schicken, auf daß er aus ihnen die aussuchen könnte, die ihm paßten. Die Kaufleute unseres Schiffes, die schöne Sklavinnen bei sich hatten, versteckten diese in ihren Kisten, und auch ich verbarg die Prinzessin auf dieselbe Weise in einer Kiste, aber der Statthalter fand trotzdem alle Frauen und führte sie mit sich fort. Am Abend wurden sie alle mit Ausnahme der Prinzessin zurückgebracht, und die Kaufleute erhielten Erlaubnis abzusegeln. Ich aber verließ voller Verzweiflung das Schiff und verwandte alle meine Zeit dazu, meine Geliebte zu finden.

Ich begab mich zuerst in die Residenz, aber meine Nachforschungen dort gaben mir nur die Gewißheit, daß die Prinzessin nicht zu ihrem Vater zurückgekehrt war. Dann kehrte ich in die Hafenstadt zurück, da ich annahm, daß der Statthalter sie für sich selber behalten hatte. Endlich gelang es mir, mich in den Harem des Statthalters einzuschleichen, wo ich auch ganz richtig meine Geliebte fand und ein heimliches Gespräch mit ihr führen konnte. Auf ihre Anweisung hin suchte ich als verunglimpfte Person Beistand im Göttertempel der Franken, indem ich mich darüber beklagte, daß ein mächtiger Mann mir meine Ehefrau geraubt hatte. Eine alte, ehrwürdige und heilige Frau, die in der Priesterschaft die größte Macht hatte und »die Mutter der Brahmanen« genannt wurde, nahm sich meiner Sache an; ihr Einfluß und ihre Macht waren so groß, daß sie den König zwang, mir Genugtuung zu verschaffen. Der König setzte mich als Statthalter der Stadt ein und überließ es mir selbst, Rache an dem vorigen Statthalter zu nehmen und mich in den Besitz meiner angeblichen Ehefrau zu setzen, denn der König ahnte nicht, daß es seine eigene verschwundene Tochter war. Mit eigener Hand tötete ich den Statthalter, holte mir meine Geliebte aus seinem Harem und heiratete sie. Der König erwies mir große Gnade und nahm mich unter seine Ratgeber auf.

Drei Jahre später kam eine Karawane von Kaufleuten in diesen Hafen. Fast alle stammten aus Zairbäd und wollten nun auf dem Seewege nach Persien gelangen. Es war Sitte und Brauch, daß eine Karawane, wenn sie in diese Stadt kam, mir durch ihre Führer Geschenke überbrachte und mich am folgenden Tage zu einem Gastmahl einlud, bei welcher Gelegenheit ich die Waren untersuchte und den Zehnten empfing, worauf sie von mir die Erlaubnis zur Weiterreise erhielt. Infolge dieser alten Sitte kamen also auch die Leute dieser Karawane und machten mir ihre Aufwartung und luden mich zu ihrem Gastmahl ein, und als ich am folgenden Tage bei ihnen zu Gast war, erblickte ich, als ich ihre Waren musterte, meine beiden Brüder, die beim Karawanenführer im Dienst standen. Sie kamen mit Warenballen auf den Schultern und unter den Armen und schleppten und schleiften, daß kein Diener es hätte ertragen können. Über diesen Anblick empört, sagte ich zu mir selber: »Es ist unmenschlich, daß du in Glück und Überfluß lebst, während deine Brüder ihr Leben in bitterem Elend fristen müssen.« Und als ich nach Hause zurückkehrte, nahm ich sie mit. Ich erwies ihnen alle erdenkliche Freundlichkeit, verschaffte ihnen eine passende Wirksamkeit und bestrebte mich, ihnen zu Ehre und Ansehen zu verhelfen.

Aber diese beiden unverbesserlichen Menschen verstanden es nicht, ihr Glück zu wahren. Sie legten aufs neue Pläne gegen mich an, um mich zu töten. Als sie, während alle schliefen, sich mit dem Schwert in der Hand meinem Lager näherten, war es dieser treue und kluge Hund, der zuerst auf sie lossprang. Dann erst eilten die Wächter herbei und ergriffen sie.

O König, diesmal war es mit meiner Geduld zu Ende. Doch konnte ich es nicht übers Herz bringen, das Todesurteil über sie zu fällen, und ich beschloß, sie einzusperren; und darum ließ ich sie in diese Käfige bringen, damit ich beständig ein wachsames Auge auf sie haben könnte und nicht zu befürchten brauchte, daß sie wieder etwas anstellen würden, wenn sie nicht in Zucht gehalten würden. Dies ist der Grund des elenden Zustandes, in dem sie sich befinden, und der Ehre, die ich dem Hunde erweise.

Geraume Zeit verging. Die Prinzessin gebar mir einige Kinder, die aber schon in zartem Alter starben, und auch die Prinzessin wurde bald heimgerufen in die Gnade Gottes. Diese Verluste bewirkten, daß mich mein üppiges Leben anwiderte und mir das Land der Franken unerträglich wurde. Ich bat den König um meinen Abschied, nahm meine beiden Brüder und den Hund mit und zog nach Persien. Und damit niemand die Verbrechen meiner Brüder erfahren sollte, fand ich mich in die Schande, als ein Hundeanbeter betrachtet zu werden, und bezahlte aus diesem Anlaß lange Zeit in Persien eine besondere Steuer. Aber nun hat mich dieser junge Mann hierhergeführt, und ich habe die Ehre genossen, vor das Antlitz des Königs geführt zu werden, und hiermit habe ich meine Geschichte zu Ende erzählt.«

Als ich diesen Bericht gehört hatte, wandte ich mich an den angeblichen Kaufmannssohn und fragte ihn: »Bist du einer aus dem Volke dieses Landes?« – Er küßte die Erde und bat mich um Verzeihung, worauf er fortfuhr: »O König, möge dein Glück immerdar blühen! Was ich, dein geringer Untertan, getan habe, geschah um meines Vaters willen. Ich bin die Tochter deines Veziers, den du, o König, ins Gefängnis gesetzt hast, obgleich er ein alter Mann ist und sich keines Verbrechens schuldig gemacht hatte. Er hat keine anderen Kinder außer mir, und darum fühlte ich mich verpflichtet, alles für seine Befreiung zu tun. Ich begab mich darum, ohne daß meine

Verwandten und Bekannten etwas davon wußten, auf die Reise nach Persien, und von dort habe ich diesen Mann mitgebracht, auf daß ihn der König mit eigenen Augen sehen möge und die hohen Herren hier alle erkennen können, daß die Worte meines Vaters Wahrheit waren.«

Als es so offenbar wurde, daß der angebliche junge Mann die Tochter des Veziers war, stieß der Kaufmann einen schmerzlichen Seufzer aus und fiel bewußtlos zu Boden. Bald darauf kam er wieder zu sich und sprach: »Ach und Weh! All meine Mühe ist vergebens gewesen. Weh mir, daß ich in meinem Alter die Beschwerden der Reise auf mich genommen und den Vorhang meines Geheimnisses zerrissen habe, ohne das Ziel meiner Wünsche zu erreichen!« – »Was war denn das Ziel deiner Wünsche?« fragte ich. Er erwiderte: »Da ich keine Kinder mehr habe, wollte ich diesen meinen Begleiter an Sohnes Statt annehmen, aber auch dieser Gedanke ist durch das Gaukelspiel des grausamen Geschicks zunichte gemacht worden.«

Mein Herz brannte vor Mitleid mit diesem hartgeprüften Manne. Ich rief ihn näher zu mir heran und versprach ihm, ihn durch das Band der Ehe mit dem mondesschönen Mädchen zu verbinden. Das beruhigte ihn sogleich. Dann ließ ich das junge Mädchen in den Harem hinüberbringen. Ihrem Vater aber sandte ich ein Roß und ein Ehrenkleid und ließ ihn aus dem Gefängnis in ein Bad führen und dann mit allen Ehrenbezeigungen an den Hof bringen. Hier ging ich ihm selber entgegen, drückte ihn an meine Brust, als ob er mein Vater wäre, küßte ihn auf die Stirn und ließ ihn aufs neue seinen Platz im Hochsitz der Veziere einnehmen. Was aber den Kaufmann betrifft, so schenkte ich ihm ein Ehrenkleid und gab ihm ein hohes Amt, und dann befahl ich, daß sich die ganze Stadt zum Feste schmücken sollte, und in einer glücklichen Stunde ließ ich die Ehe zwischen der Tochter des Veziers und dem Kaufmann vollziehen. Und seither lebte der Kaufmann noch lange glücklich an der Seite seines jungen Weibes.

NACHWORT

Eine Untersuchung der persischen Märchenliteratur muß ihren Ausgangspunkt im Avesta nehmen, der heiligen Schrift der Zarathustrischen Religion. Das heute vorhandene Avesta ist quantitativ nur ein geringer Teil des Avesta, das unter den Sassaniden, der letzten großen persischen Dynastie des Altertums, vor dem Eindringen des Islams, existierte. Was die Frage nach der Erhaltung des Märchenstoffes im Avesta betrifft, so ist der Verlust des größten Teils des sassanidischen Avesta nicht so sehr zu beklagen. In der Kompilationsschrift Dênkard, die im 9. Jahrhundert n. Chr. im Pehlewi, der mittelpersischen Sprachform der Sassanidenzeit, verfaßt ist, finden wir eine Inhaltsangabe des sassanidischen Avesta, aus der wir soviel ersehen können, daß mit den Avestabüchern, die verschwunden sind, kaum etwas vom Märchenstoff verlorengegangen ist. Das heute vorliegende Avesta enthält außer den bei den Gottesdiensten benutzten heiligen Texten, Gebeten, Formeln, rituellen Anleitungen usw. auch eine Sammlung verschiedener an die alten persischen Gottheiten gerichteter Hymnen, die sogenannten Jaschten. Ebenso wie die hier angerufenen Gottheiten z. T. älter sind, als die religiöse Reform Zarathustras, so sind die ursprünglichsten der Jaschten auch sicher in ihrem Kern vorzarathustrisch. Wir können aus ihnen einen großen Teil alten epischen Stoffes herausschälen, von dem einiges, wie der Vergleich mit dem alten indischen Rigveda zeigt, auf die Zeit zurückgeht, da die Vorväter der Inder und Perser ein Volk bildeten, während anderes bei den Indern nicht nachgewiesen werden kann und vermutlich erst auf rein persischem Boden entstanden ist.

Die epischen Erzählungen dieser Jaschten gehören nun zum größten Teil in die Kategorie der Heldensagen. Sie sind der Urstoff, der sich unter fortwährender Bearbeitung von zarathustrischen, geistlichen Verfassern und durch Aufnahme von Material aus späteren Perioden in der historischen Entwicklung Persiens, schließlich im älteren Teil des von dem neupersischen Nationaldichter Firdousî um das Jahr 1000 nach unserer Zeitrechnung geschriebenen »Königsbuches«, des »Schâhnâmeh«, gefüllt hat. Die Jaschten berichten nur vereinzelte Episoden der alten Königs- und Heldensagen und dann auch nur andeutungsweise, so daß wir uns in vielen Fällen nur mit Hilfe späterer Schriften ein mehr oder weniger klares Bild von den Begebenheiten machen können, auf die hier hingewiesen wird. Die Form ist gewöhnlich die, daß in einem an diese oder jene Gottheit gerichteten Hymnus erzählt wird, wie die alten Fürsten und Kriegshelden in der einen oder anderen bestimmten Situation die Gottheit anriefen und ihre Hilfe empfingen. Nur selten finden wir ein kleines Bruchstück rein märchenhaften Charakters, wie z. B. folgende Schilderung in einem Hymnus, der der Göttin Urdvî Sûrâ Anâhita (Jascht 5, 61–66) gewidmet ist und hier in der deutschen Wiedergabe von H. Lommel angeführt wird[1]:

Sie verehrte Parva, der kluge Schiffer, als der siegreiche, starke Thraitauna ihn in die Höhe emporfliegen machte in der Gestalt eines Geiervogels.

So flog er drei Tage und drei Nächte auf sein Haus zu, konnte aber nicht herablenken; mit Vollendung der dritten Nacht gelangte er zur umherstrahlenden, heldenhaften Morgenröte. Um die Morgenröte rief er die Urvdî Sûrâ Anâhita an.

»Urdvî Sûrâ Anâhita, sogleich eile mir zu Hilfe, jetzt bringe mir Beistand; ich will dir tausend hauma- und milchhaltige Opfergüsse, die geläutert und durchgeseiht sind, darbringen beim Flusse Rahâ, wenn ich lebendig auf die gottgeschaffene Erde zu meinem Hause gelange.«

Da kam herzu Urdvî Sûrâ Anâhita in Gestalt eines schönen Mädchens, eines sehr kräftigen, schöngewachsenen, das hochgegürtet, hoch von Wuchs (?), vornehmer Herkunft, edel ist, die Füße mit goldgeschnürten, glänzenden Schuhen bekleidet. Sie ergriff seine Arme, – alsbald geschah es, nicht lange (währte es), daß er eilends die gottgeschaffene Erde, sein Haus erreichte, heil, gesund, unverletzt, ganz wie zuvor . . .

[1] Die Yäst's des Avesta, übersetzt und eingeleitet von Hermann Lommel, Göttingen, Leipzig 1927

Im selben Jascht (81–83) wird auf ein uraltes Rätselmärchen hingewiesen, wenn ein gewisser Yovischta aus dem Frijâna-Geschlecht die Göttin bittet:

»daß ich siegreich sei über den finsteren Übeltäter Achtija und seine neunundneunzig schweren, boshaft gestellten Fragen beantworte, die mich der finstere Übeltäter Achtija fragen wird.«

Dieses Märchen wird in einer Pehlewischrift vollständig erzählt, aber ob die hier angeführten Rätselfragen, die sich meistens auf Dinge des Glaubens beziehen, die ursprünglichen sind, darüber können wir nichts wissen.

Auch die westpersischen Überlieferungen, die bei griechischen Verfassern in historischen Schilderungen wiedergegeben sind, wie auch die fabelhaften Reiseberichte, von denen uns die wenigen erhaltenen Reste der Indica des Ktesias' Andeutungen geben, sind ein Zeugnis dafür, wie sich die epische Phantasie der Perser zur Zeit der Achaemeniden in Sagen und Märchen entfaltete. Chares von Mitylene, ein Zeitgenosse Alexanders des Großen, teilt uns ein ursprünglich ostpersisches Märchen mit, das wir dreizehn Jahrhunderte später in Firdousîs Bearbeitung und in der des arabischen Chronisten Tha'âlibî wiederfinden. Der Inhalt der Erzählung des Chares', die bei Athenaios aufbewahrt ist, ist folgender:

Der Mederkönig Hystapes (persisch: Vischtâspa), Sohn der Aphrodite und des Adonis, hatte einen Bruder Zariadres (persisch: Zarivari), der über das Land jenseits der Kaspischen Pforte und des Flusses Tanais herrschte. Dieser erblickte im Traume Odatis (persisch: Hudâta), die schöne Tochter des Homartes, des Königs über das Land der Marather jenseits des Tanais. Auch sie erblickte Zariadres in einem Traumgesicht, und auf diese Weise verliebten sich beide ineinander. Zariadres hielt um die Hand der Prinzessin an, aber ihr Vater wollte sie nicht an einen Fremden fortgeben. Kurze Zeit später gab Homartes ein Gastmahl und befahl seiner Tochter, sich bei dieser Gelegenheit einen Gatten zu wählen, und ihre Wahl dadurch kundzutun, daß sie dem, den sie bevorzugte, eine Schale Wein reichen sollte. Sie unterrichtete indessen den Zariadres über das, was bevorstand, und dieser fand sich als Skythe verkleidet ein. Odatis reichte ihm die Schale, worauf er die Prinzessin entführte.

Was von der Pehlewi-Literatur der Sassanidenperiode (etwa 224–651 n. Chr.) erhalten ist, sind zum weitaus größten Teil Schriften religiöser Art. Die ganz wenigen epischen Werke dieser Periode, die noch in der Originalsprache existieren, sind historische Sagen. Da ist das Buch über die Kriegstaten des Glaubenshelden Zarêr (des obenerwähnten Zariadres, Zarivari), das Buch vom Leben und den Taten Ardaschêr Pâbhaghâns, des Stifters der Sassanidendynastie, mit einer abenteuerlichen Episode vom Kampfe mit dem Drachen Haftânbôkht, den der königliche Held tötete, indem er ihm geschmolzenes Erz in den Rachen goß. Da findet sich endlich die Sage von der Einführung des Schachspiels in Persien, die auf Zügen gebaut ist, die aus alten Weisenmärchen entliehen wurden[1].

Ein indischer König sendet einen seiner Mannen mit Gaben an den Sassanidenkönig Khusrav I. Anôscharvân (531–579); der Bote bringt ein Schachspiel mit, ein Spiel, das außerhalb Indiens noch nicht bekannt ist, und einen Brief, in dem der Inderkönig den Perserkönig auffordert, sich von seinen Weisen das Spiel erklären zu lassen; gelingt es ihnen nicht, dann soll Khusrav dem Inderkönig Tribut bezahlen. Khusrav verlangt eine Frist von drei Tagen. Die persischen Weisen versuchen vergebens die Aufgabe zu lösen, aber am dritten Tage tritt Vuzurgmihr, der Sohn von Vôkhtagh, vor und bietet sich an, das Spiel zu erklären und gleichzeitig dem Sendboten ein anderes, von ihm selbst erfundenes Spiel vorzulegen, für das der Inderkönig Erklärung schaffen soll, falls er nicht einen doppelten Tribut an den Perserkönig zahlen will. Vuzurgmihr erklärt das Schachspiel und gewinnt im Spiele mit dem Sendboten zwölf Partien. Darauf wird er mit kostbaren Gaben an den Hof des Inderkönigs gesandt und legt hier sein Spiel vor, das Nêv-Ardashêr oder Nard (Trictrac) heißt. Der Inderkönig verlangt eine Frist von vierzehn Tagen, um sich mit seinen Weisen zu beraten, aber keiner von ihnen kann das Spiel erklären, und Vuzurgmihr kehrt mit dem doppelten Tribut zum Perserkönig zurück.

[1] vgl. das Volksbuch des Altertums über den weisen Ahiqar

In dem reichen Schatz von Heldensagen, den arabische Chronisten und neupersische Dichter, allen voran Firdousî, mittelbar oder unmittelbar aus verlorengegangenen Pehlewi-Schriften geschöpft haben, finden sich auch zahlreiche märchenhafte Züge, Kämpfe mit Drachen und Riesen und Hexen, die in Gestalt verführerischer Frauen usw. auftreten. In der bunten Menge von Überlieferungen aus der Sassanidenzeit stoßen wir auch auf vereinzelte alte Schwänke in arabischer und neupersischer Wiedergabe, die in der Regel moralisierende Tendenzen haben. Mas'ûdî erzählt vom Sassanidenkönig Vahrâm II. (276–93) eine Geschichte, die später dem Sultan Mahmûd von Ghazna zugeschrieben wurde.

Vahrâm ist der Vergnügungssucht verfallen; die Magnaten saugen das Land aus, und die Landwirtschaft verfällt. Ein Môbadh, ein hoher zarathustrischer Geistlicher, begleitet eines Tages den König auf einem Ritt durch öde Gegenden, wo man nur den Schrei der Eulen vernimmt, Der Môbadh stellt sich, als ob er die Sprache der Eulen verstünde, und erklärt dem König auf seine Frage, daß ein Eulenmännchen um ein Eulenweibchen werbe, aber daß dieses als Brautgabe zwanzig zerstörte Dörfer verlange, worauf das Eulenmännchen zur Antwort gäbe, daß, wenn der jetzige König lange lebe, werde er ihr tausend zerstörte Dörfer schenken können. Vahrâm versteht den Wink und nimmt sich von nun an eifrig seiner Regierungspflichten an.

Die im europäischen Mittelalter populäre Geschichte von der Verspottung des Aristoteles (Lai d'Aristote) wird nach alten arabischen Chronisten auf einen Môbadhan Môbadh, einen Hohenpriester z. Z. Khusrav II. (590–628) bezogen:

Der Môbadhan Môbadh warnt den König Khusrav vor den Frauen. Das verdrießt Schîrên, die Gattin Khusravs, und sie überredet den König, dem Hohenpriester eine schöne Sklavin zu schenken, der sie geboten hat, seine Sinnenlust zu wecken, aber ihm nicht eher ihre Gunst zu erweisen, bis er ihr gestattet habe, ihn zu satteln und wie auf einem Pferde auf seinem Rücken herumzureiten. Zuletzt geht denn auch der verliebte Hohepriester auf ihr Verlangen ein. Schîrên zeigt dem König den Obersten der Priesterschaft in dieser erniedrigenden Situation, der Hohepriester aber stellt schlagfertig seinen eigenen Fall als Beispiel für die Berechtigung seiner Warnung auf.

Der indische Ursprung dieser Geschichte dürfte nun festgestellt sein, trotz J. Bédier[1], der die sassanidische Version nicht gekannt hat[2].

Hierdurch werden wir auf die Frage nach dem literarischen Einfluß aus Indien hingeführt. Das Indusland oder Teile der Indusgegenden gehörten unter den Achaemeniden und später in verschiedenen Perioden des sassanidischen Zeitalters zum Perserreich. Auf indo-skythischen Münzen der ersten nachchristlichen Jahrhunderte treten zarathustrische und indische Göttergestalten nebeneinander auf. In Ostpersien gab es im späteren Altertum buddhistische Klöster. Durch neueste Funde von Bruchstücken manichäischer Originalliteratur erfahren wir, daß der Religionsstifter Mânî, dessen Lehre unter den ersten Sassaniden eine so große Verbreitung im Osten – wie übrigens auch im Westen – erlebte, in seiner Jugend in Indien gereist ist. Somit ist die geistige Verbindung mit Indien alt und ist wohl kaum jemals unterbrochen worden. Aber zur Zeit Khusravs I. wird der indische Einfluß besonders lebhaft, und namentlich aus dem letzten Jahrhundert des Sassanidenreiches stammt der große Import von indischem Erzählungsstoff. Das bekannte indische Fabelbuch Pantschatantra wurde von Burzôê, dem Leibarzt Khusravs I., unter dem Titel »Kalîlagh und Damnagh« ins Pehlewi übersetzt. Die Verbreitung dieses Buches nach dem Westen durch die arabische Wiedergabe Kalîla wa Dimna und durch Versionen auf Syrisch und Hebräisch ist seit den Tagen Benfeys oft der Gegenstand von Untersuchungen gewesen. Der historische Burzôê, der nach meiner Vermutung[3] mit dem oben im Zusammenhang mit dem Schachspiel erwähnten legendarischen Weisen Vuzurgmihr (arabisch-neupersisch: Buzurdschmihr) identisch ist, hatte, infolge seiner Selbstbiographie, die Ibnu'l Muqaffa', der älteste arabische

[1] Les Fabliaux, fünfte Ausgabe S. 204 ff. [2] Eine umfassende Monographie über die Aristotelessage finden wir im Dänischen: Fr. Moth, Aristotelessagnet, København 1916. – Vgl. auch Borgeld, Aristoteles en Phyllis, Groningen 1902 [3] Acta Orientalia VIII, S. 106 ff.

Übersetzer von »Kalîlagh und Damnagh«, als Einleitung zu seiner Übersetzung verwandt hat, auf seiner Reise in Indien außer dem Pantschatantra auch andere indische Bücher abgeschrieben, die er dann vermutlich ebenfalls ins Pehlewi übertragen hat; wir wissen nur nicht welche. Aber wir kennen aus arabischen Quellen die Titel und zum Teil auch den Inhalt vieler aus Indien stammender Märchen- und Fabelbücher, die auf Pehlewi existiert haben[1], darunter mehrere, die sich später von Persien aus nach Westen verpflanzt haben, so das Sindibadh-Buch (»Die sieben Veziere«, »Die sieben weisen Meister«) und »Balauhar und Budhasaf«, die Quelle des griechischen Romans von Barlaam und Joasaph.

Das indische Rahmensystem, d. h. die Methode, Geschichten in eine Rahmenerzählung hineinzulegen, die dann selbst eventuell wieder den Rahmen um andere Erzählungen bilden können, wurde von den Persern übernommen und sie haben später treulich daran festgehalten. Auch in Burzôê's erwähnter Selbstbiographie sind mehrere Fabeln und kleinere Erzählungen in Form von Gleichnissen eingeschoben, einige nur andeutungsweise, andere ausführlicher erzählt. Unter diesen befindet sich die Urform zu dem bekannten Khôdscha Nasreddîn-Schwank vom Einbruchsdieb, der sich durch die Worte, die der geriebene Hausvater laut zu seiner Gattin spricht, dazu verleiten läßt, zu versuchen, ob er sich nicht an einem Mondstrahl vom Dache herablassen kann, und der auf diese Weise schlecht davonkommt.

Der ältere Kern von Tausendundeine Nacht war ein Pehlewi-Buch mit dem Titel Hazâr afsânagh (»Die tausend Märchen«), das kaum die Übersetzung irgendeines indischen Werkes gewesen sein kann – jedenfalls kennen wir kein Sanskrit-Original – aber worin wir eine Menge Stoff indischen Ursprungs finden[2]. An diese erste Gruppe von Erzählungen hat sich später eine Gruppe meist novellenhafter Geschichten aus

[1] siehe meine dänische Universitätsfestschrift »Heltedigtning og Fortøllingslitteratur hos Iranerne i Oldtiden«, København 1905. Seite 51 ff. [2] Die grundlegenden Untersuchungen des dänischen Arabisten J. Oestrup über die Entstehungsgeschichte von Tausendundeine Nacht, »Studier over Tusend og én Nat«, København 1891, sind von O. Rescher 1924 ins Deutsche übertragen

der Zeit des Bagdadkalifats angeschlossen, und noch später eine Serie Schelmengeschichten ägyptischer Abstammung, und schließlich ist eine ganze Menge ursprünglich selbständiger Erzählungsliteratur in verschiedene Ausgaben und europäische Übersetzungen einverleibt worden, darunter »Die sieben Veziere«, (persisch: Sindibadnâmeh), »Die zehn Veziere«, (persisch: Bakhtijârnâmeh) und »Die vierzig Veziere«, die eine türkische Nachdichtung sind, aber von deren Erzählungen mehrere in persischer Überlieferung vorkommen und sicher persischen Ursprungs sind. Dieses berühmte arabische Unterhaltungsbuch enthält also außer Geschichten, die aus Indien stammen, aber von Persern umgearbeitet worden sind, auch eine Menge echt persischen Stoffes. Dazu gehören vor allem die eigentlichen Zaubermärchen, die durch das Eingreifen guter und böser übernatürlicher Wesen in das Geschick des Helden charakterisiert werden. Schwieriger ist es zu entscheiden, welche Schwänke aus Tausendundeine Nacht in Persien entstanden sind. Ein Teil der Schwankmotive ist indischen Ursprungs, aber die Perser haben daneben einen selbständigen Beitrag zu dieser Art von Literatur geliefert, in welcher der für den persischen Volkscharakter so auffallende Sinn für Humor seinen natürlichen Ausdruck gefunden hat. Dieser Scherz hat oft ein stark sexuelles Gepräge, was ja aber nicht gerade eine besonders persische Eigentümlichkeit ist.

Auch auf dem Gebiet der Fabel, es seien nun Tierfabeln oder Fabeln mit Menschen als Hauptpersonen, haben die Perser ihren eigenen Stoff zu dem, was sie von Fremden, von Äsop und der indischen Fabeldichtung entlehnt haben, hinzugefügt. Eine der ältesten bekannten persischen Fabelsammlungen aus der Zeit des Islams ist das Rahmenwerk Marzubânnâmeh, das dem tabaristanischen Fürsten Marzubân ibn Rustam (11. Jahrhundert n. Chr.) zugeschrieben wird. Das Original, das in dem in Tabaristan (dem jetzigen Mazenderan, südlich vom Kaspischen Meer) gesprochenen persischen Dialekt geschrieben war, ist verlorengegangen, aber man kennt es in zwei Bearbeitungen in neupersischer Sprache, in Sa'd-ud-dîn Warawînî's Marzubânnâmeh und Muhammäd ibn Ghâzî's Rouzät-ul-'uqûl (»Der Garten der Intelligenzen«), beide aus dem

13. Jahrhundert n. Chr. In der von Husain Vâ'iz-al-Kâschifî († 1504/05) verfaßten Bearbeitung des alten Fabelbuches »Kalîla wa Dimna«, das den Titel Anvâr-i-Suhailî (»Die Lichter des Canopus«) trägt, ist der alte indische Stoff durch eine große Anzahl neuer Fabeln, vermutlich persischen Ursprungs, ergänzt worden.

In dieser Literatur entfaltet sich nach und nach in steigendem Maße der für die persische Kunstprosa, namentlich seit dem 13. Jahrhundert, eigentümliche Blumenstil mit reichlicher Benutzung von Metaphern, Anhäufungen von Synonymen, oft mit Alliterationen und Prosareimen, samt eingelegten arabischen und persischen Versen. Oft wandten sich die Fabeldichter aufs neue an indische Quellen. Das Sanskritbuch Sukasaptati, die siebzig Erzählungen des Papageien, wurde von einem Unbekannten ins Persische übertragen; dieses Werk ging verloren, aber wir kennen es in einer späteren Bearbeitung, in Nakhschabîs Tûtînâmeh (»Papageienbuch«) von 1300 und in einer späteren verkürzten Version desselben Titels in einem schlichteren Stil, die im 17. Jahrhundert von Muhammäd Qâdirî[1] verfaßt wurde. Mit dieser klassischen Schrift als Vorbild entstand ein anonymes Volksbuch mit Namen Tschihil tûlî (»Die vierzig Papageien«).

Nach indischem Muster benutzte man diesen ganzen bunten Erzählungsstoff als Belehrungsmittel für Moral und Lebensweisheit. Die »sufischen« Mystiker benutzten ihn neben Heiligenlegenden u. a. als Illustration zu ihren Lehrschriften, die den Wanderer auf dem beschwerlichen Weg durch die Tiefen des mystischen Wissens zum endlichen Einswerden mit dem göttlichen All führen sollten. Besonders hat der größte von allen diesen persischen sufischen Dichtern, Dschälâl-ud-dîn Rûmî († 1273), in seinem großen Lehrgedicht Mäsnäwî-i-Ma'näwî (»Das geistige Epos«) aus der volkstümlichen Überlieferung Fabeln und Schwänke aller Art gesammelt und sie in Verse und Reime gefaßt. Auf ganz andere Art und Weise hat sich ein Verfasser aus der Verfallsperiode der Mongolen-

[1] Ikens deutsche Übersetzung von Qâdîris Tûtînâmeh von 1822 finden wir neugedruckt in Richard Schmidts Arbeit: »Sukasaptati, das indische Papageienbuch«, Meisterwerke orientalischer Literaturen, III, München 1913

herrschaft, der zynische Satiriker und Freidenker 'Ubaid-i-Zâkânî, der Anekdote und Fabel bedient, zum Angriff gegen die bodenlose Korruption der Zeit. In seinem kleinen Epos »Katze und Maus«, das die Heldendichtung parodiert, illustriert er den Triumph der rohen Gewalt in der Welt.

Es gibt indessen auch viele persische Märchensammlungen, die ausschließlich der Unterhaltung dienen, und nicht durch irgendwelchen tendenziösen Ballast beschwert sind. Viele dieser Märchenbücher liegen nur handschriftlich vor. Hierbei entsinne man sich, daß, obgleich man im Laufe des 19. Jahrhunderts sowohl in Persien als auch in Indien lithographierte Ausgaben aller Art persischer Literatur veranstaltet hat, das Abschreiben von Handschriften immer noch im Brauch war. Persische Literaturliebhaber zogen den meistens auf dünnem, schlechtem Papier hergestellten lithographischen Drucken die zierlich geprägten und hübsch ausgestatteten Handschriften vor, zu denen man gutes und solides Papier verwendete. Erst im Laufe der letzten Jahrzehnte hat der Druck mit Typen nach und nach den lithographischen Druck verdrängt, und die Manuskripte sind eine seltenere Ware in den Regalen der persischen Buchhändler geworden. Eine bedeutende Anzahl von Märchenwerken liegt auf diese Weise unherausgegeben in großen Bibliotheken in Europa. Zu den bekanntesten Sammlungen gehört Bähâr-i-dânisch (»Lenz des Wissens«), die 1651 in Indien von einem persisch-sprechenden Scheich mit Namen 'Inâjätullâh Kanbu verfaßt wurde, und in welcher der blühende Stil über die Grenzen des guten Geschmacks getrieben ist. Um vieles schlichter im Stil ist ein anderes persisches Märchenbuch, das ebenfalls in Indien verfaßt wurde, nämlich Tschähâr Därvîsch, »Die Geschichte von den vier Derwischen«, dessen Verfasser unbekannt blieb. Man verdankt dieses Werk nicht, wie einige Literaturhistoriker geglaubt haben, dem persischen Dichter Ämîr Khusrav von Delhi, der 1325 starb, das geht daraus hervor, daß darin öfter von den Besitzungen der »Franken«, d. h. der europäischen Völker, in Indien gesprochen wird. Ein kürzerer, ebenfalls anonymer Märchenroman »Die drei Derwische« mit Erzählungen anderen Inhalts ist in Persien lokalisiert. Dieser ist nach einer Handschrift in der

Bodleian Library in Oxford von Reuben Levy übersetzt worden[1].

In den Jahren 1710–12 gab der französische Orientalist Petis de la Croix eine Sammlung persischer Märchen heraus mit dem Titel: »Les mille et un jour«. Obgleich der persische Originaltext zu diesen entzückenden Erzählungen im Geiste von Tausendundeiner Nacht, von denen H. C. Andersen den Stoff zu seinem Märchen »Der fliegende Koffer« entlehnt hat, niemals gefunden wurde, so ist Tausendundein Tag dennoch sicher ein echt persisches Werk. Von fast ähnlicher Art ist eine Märchensammlung, deren Namen und deren Verfasser wir nicht kennen und die sich in einer Handschrift auf der Berliner Bibliothek befindet und danach von A. Bricteux unter dem Titel »Contes persans« ins Französische übersetzt wurde[2]. In ihrer äußeren Form unterscheidet sich diese Sammlung von allen oben erwähnten Unterhaltungsbüchern dadurch, daß sie keine Rahmenerzählung bietet.

Die große Sammlung Mahbûb-ul-qulûb (»Der Liebling der Herzen«), die um das Jahr 1700, also gegen Ende der großen Kulturperiode der Safawidendynastie von Mumtaz verfaßt wurde, enthält Märchen, Fabeln und Schwänke in buntem Durcheinander. Dieses Werk unterscheidet sich eigentlich nur durch seinen durchgeführten Kunststil von der volkstümlichen, oft anonymen Literatur, die in billigen, lithographischen Drukken, oft mit naiven Zeichnungen ausgestattet, kursiert, Bücher wie Dschäwâhir-ul-'uqûl (»Die Edelsteine der Intelligenzen«), Rijâz-ul-muhibbîn (»Die Gärten der Liebhaber«), Lätâif u zärâif, (»Heitere und scherzhafte Geschichten«), Hikâjât-i-lätîf (»Lustige Geschichten») und Rijâz-ul-hikâjât (»Die Gärten der Erzählungen»). Im letzterwähnten wie in anderen Büchern ähnlicher Art ist der Stoff systematisch nach Gegenständen geordnet, in Kapitel über die Frauen, die Toren, die Richter usw. Hier herrscht besonders die kurze Anekdote vor. Zur volkstümlichen Literatur gehört auch der populäre Märchenroman Qisseje-Hâtim-Tâî, von den merkwür-

[1] The three Dervishes and other Persian Tales and Legends, 1923.
[2] Bibliothèque de la Faculté de Philosophie et Lettres de l'Université de Liège, fasc. XIX; Liège, Paris 1910

digen Reisen des wegen seines Edelmutes berühmten Wüstenarabers Hâtim Tâî.

Die Existenz einer so überströmend reichen Märchenliteratur in Prosa und Reimen erschwert natürlich das Forschen nach der echten mündlichen Überlieferung bei den Persern. Vieles von dem, was von Mund zu Mund erzählt wird, auch unter den Analphabeten, geht in letzter Instanz auf einen lesekundigen Erzähler, der aus Büchern geschöpft hat, zurück. Unter den persischen Erzählern, die ich gekannt habe, besaß keiner einen größeren Vorrat an Geschichten aller Art als Säjjid Faizullâh, Nädîm-ul-mulk genannt. Ein langes Leben hindurch hatte er das Land Persien bald zu Fuß und bald zu Esel durchstreift und sich mit jedem, der ihm über den Weg lief, ins Gespräch eingelassen. An den langen Abenden in den Karawansereien sammelte er alle die Märchen und Lügengeschichten, die die Reisenden, Karawanenführer und Eseltreiber zu berichten wußten. Aber er war auch Stammgast bei den Buchhändlern des Bazars und verschlang an Erzählungsliteratur, was ihm nur in die Finger fiel. Er selber konnte nicht immer genau auseinanderhalten, ob er das, was er erzählte, gehört oder gelesen hatte. Während meines ersten Aufenthaltes in Teheran 1914 schrieb ich nach seinem Diktat eine Sammlung Erzählungen auf, zum größten Teil Schwänke, die ich später mit französischer Übersetzung herausgab[1]. Einige Jahre später gab der französische Gelehrte Henri Massé eine Sammlung Schwänke und Märchen heraus, die er demselben Erzähler verdankt[2].

Eine Sammlung persischer Volksmärchen in russischer Übersetzung von A. A. Romaskewitsch[3] ist mir nicht zugänglich.

In mehreren Untersuchungen moderner persischer Dialekte, die im Laufe des letzten halben Jahrhunderts erschienen sind, befindet sich auch ein Teil volkstümlichen Erzählungsstoffes als Text und Übersetzung[4]. Er ist sehr gemischt; neben histo-

[1] Contes persans en langue populaire, Det Kongelige Danske Videnskabernes Selskabs historisk-filologiske Meddelelser, København 1918 [2] Contes en persan populaire, Journal asiatique, CCVI, 1925. S. 71 ff. [3] Persidiskie narodnye skazki, Moskva 1934 [4] Am reichhaltigsten sind in dieser Hinsicht Oskar Manns »Kurdisch-persische Forschungen«, von denen der Verfasser selbst drei

rischen Berichten über Stammesfehden und historischen Sagen treffen wir hier Tierfabeln, Schelmenstreiche und Schildbürgergeschichten, Anekdoten und Zaubermärchen. Aber in vielen Fällen verraten auch diese Erzählungen ihren literarischen Ursprung. Dazu kommt, daß sich die Dialektforscher oft, wenn ihre Gewährsmänner selbst keine Erzählungen mitzuteilen wußten, genötigt sahen, sich die Dialekttexte dadurch zu verschaffen, daß sie die Eingeborenen Dinge in ihrem eigenen Dialekt wiedererzählen ließen, die ihnen die Forscher selbst vorher in persischer Reichssprache angaben[1].

Von ganz besonderem Wert für die Märchenforschung ist die Sammlung, die D. L. R. Lorimer und E. O. Lorimer in den Dialekten von Kerman und vom Bakhtijari-Lande gesammelt und in englischer Übersetzung herausgegeben haben[2]. Man findet in diesem Buche manche in Europa umlaufende Märchentypen wieder. Die Originaltexte sind bisher nicht veröffentlicht worden.

Sonst gibt es vornehmlich zwei Stellen, wo man erwarten könnte, eine verhältnismäßig ungemischte mündliche Überlieferung zu finden, nämlich bei den herumwandernden Mär-

Bände besorgt hat (Berlin 1906–1909), während die drei Bände, die nach Manns Tode erschienen sind (1926, 1930, 1932) nach seiner Sammlung von K. Hadank bearbeitet sind. Einige Märchen und Fabeln finden wir in: Les Dialectes d'Awroman et de Pawä, textes recueillis par Aage Meyer Benedictsen, revus et publiés par Arthur Christensen; in Arthur Christensen, Contributions à la dialectologie iranienne, I (Det Kongelige Danske Videnskabernes Selskabs historisk-filol. Meddelelser, 1921 og 1930), und in den von B. V. Miller in den Schriften des orientalischen Institutes mit russischer Übersetzung herausgegebenen Texten in Tâlisch-Dialekt (Moskva 1930). Hier seien auch die Probetexte erwähnt, die in Untersuchungen über lokal entwickeltes Vulgärpersisch verschiedener Gegenden mitgeteilt worden sind: W. Ivanow, Persian as spoken in Birjand (Journal of the Asiatic Society of Bengal, 1928, no. 4); G. Morgenstierne, Persian Texts from Afghanistan (Acta Orientalia, vol. VI)

[1] Dies gilt u. a. für V. Zhukovskis Prosatexte in seinen drei Bänden persischer Dialektstudien auf Russisch, wie auch für die Dialektstücke, die ich im zweiten Band meiner Contributions à la Dialectologie iranienne mitgeteilt habe. [2] Persian Tales, written down for the first time in the original Kermani and Bakhtiari and translated by D. L. R. Lorimer and E. O. Lorimer, London 1919

chenerzählern von Beruf und in den Harems. Die Märchenerzähler von Beruf dürften nun eine nahezu ausgestorbene Volksklasse sein. Aber vor etwa zwanzig bis dreißig Jahren konnte man oft in Teheran einen solchen Mann seinen Platz auf der Straße einnehmen sehen, wo er ein paar bunte, scheußliche Bilder von Menschen, Teufeln und Riesen und in Burgtürmen gefangenen Prinzessinnen an einer Hausmauer befestigte. Eine Schar Vorübergehender blieb dann gerne stehen und setzte sich im Kreise um ihn herum und war der wunderbarsten Dinge gewärtig. Dann schoß der Erzähler los und gab seine Geschichten in größter Schnelligkeit und mit ausdrucksvollen Gebärden von sich, indem er mit einem Stab auf die Bilder zeigte, die die Situation darstellten, an die er gerade gekommen war, und wenn er an die spannendste Stelle kam, machte er eine Pause und ließ zuerst den Teller herumgehen. Eine solche Erzählung aufzuschreiben war überaus schwierig, denn wenn man den Erzähler bat, seine Geschichte langsam zu wiederholen, damit ein Aufschreiben überhaupt möglich war, verlor er leicht den Faden, er konnte nur in dem Tempo erzählen, an das er gewöhnt war. Den vermutlich einzigen gelungenen Versuch, der in dieser Richtung gemacht worden ist, verdanken wir D. C. Phillott, der durch einen eingeborenen Mitarbeiter fünf Erzählungen aus dem Repertoire eines solchen Erzählers von Beruf aufschreiben ließ und den persischen Text mit englischer Übersetzung herausgab [1]. Sie gehören alle in die Kategorie der Schwänke, und einige von ihnen sind so unanständig, daß der Herausgeber sich veranlaßt fühlte, einige Stellen nicht nur in der Übersetzung, sondern sogar im persischen Text auszulassen!

Durch die Abgesondertheit, in der die Haremsfrauen bis zur Durchführung der großen sozialen Reformen lebten, waren sie die treuesten Bewahrer der mündlichen Märchenüberlieferung. Infolge eines glücklichen Zufalls kam ich vor einigen Jahren in den Besitz einer kleinen Sammlung solcher alten Märchen, mit denen die Ammen und Dienstmädchen in den Harems die Kinder zu unterhalten pflegten.

[1] Some Current Persian Tales, Memoirs of the Asiatic Society of Bengal, I, Nr. 18, Calcutta 1906

In der persischen Zeitschrift Irânschähr, die H. Kâzemzâdeh viele Jahre hindurch in Berlin herausgab, schrieb ich in der Nummer vom 21. November 1922 einen Artikel über die Märchenforschung, in welchem ich den persischen Lesern zu erklären versuchte, welches Interesse sich an die Sammlung und Veröffentlichung des volkstümlichen Materials und insbesondere an die Märchen knüpfe, die im Munde des Volkes lebten. Der Herausgeber schloß hieran eine Aufforderung an seine Landsleute, solche Märchen zu sammeln und an die Redaktion einzusenden.

Als Ergebnis dieser Aufforderung lief später, kurz bevor die Zeitschrift aufhörte zu erscheinen, eine handschriftliche Sammlung von zwölf Märchen ein, von Frau Munschîzâdeh, einer Dame, die in Schiraz geboren war, und die damals seit kurzem mit ihrem ebenfalls in Persien geborenen Gatten, dem als Dichter bekannten Mîrzâ Zain-ul-'Abedîn Khân Hikmät, in Bombay wohnte. Die Handschrift wurde mir vorbehaltlos zur Verfügung gestellt, und es war mein Plan, die Märchensammlung mit einer Übersetzung und volkskundlichen Anmerkungen herauszugeben. Die Beschäftigung auf anderen Gebieten hat mich bisher an der Durchführung dieses Planes gehindert, aber nun werden hier die Märchen von Frau Munschîzâdeh zum erstenmal, und zwar in deutscher Übersetzung als ein Teil des vorliegenden Buches an die Öffentlichkeit treten. Frau Munschîzâdeh erklärt selbst in einem Brief, daß sie alle Märchen in ihrer Kindheit gehört habe, von den älteren weiblichen Mitgliedern der Familie, von Dienstmädchen und von gleichaltrigen Kindern, die sie auf dieselbe Weise erfahren hatten. Alle ihre Mitteilungen stammen aus Schiraz oder dessen nächster Umgebung, jedenfalls aus der Provinz Fârs[1]. Die erwachsenen Frauen erzählten den Kindern solche Geschichten, um ihnen die Zeit zu vertreiben und sie von dummen Streichen abzuhalten. Von den zwölf Märchen, die Frau Munschîzâdeh aufgeschrieben hat, habe ich zwei ausgelassen. Eins bat mich Frau Munschîzâdeh selbst auszulassen oder an einer gewissen Stelle zu beschneiden. Das Märchen ist übrigens

[1] das Persis des Altertums, das Kernland des persischen Volksstammes

bekannt, da es sich bereits in verschiedenen gedruckten Sammlungen befindet. Es ist auch nach Sejjid Faizullâh's Diktat in meine obenerwähnten »Contes persans« (als Nr. 52) aufgenommen. Das andere ist eine in ihrem Aufbau ziemlich schwache Haremsgeschichte, ohne eigentliche Pointe, weder richtiges Märchen noch Schwank. Die übrigbleibenden zehn Märchen, die ich hier aufgenommen habe, gehören zum größten Teil zu den europäisen Märchentypen. Frau Munschîzâdehs Märchen tragen somit auf wertvolle Weise, ebenso wie die von D. L. R. und E. O. Lorimer herausgegebenen, dazu bei, unsere zunächst noch recht geringen Kenntnisse vom eigentlichen, von der Literatur unbeeinflußten oder doch wenig beeinflußten Volksmärchen in Persien zu erweitern.

In diesem Zusammenhang kann auch Kûhî Kermânî's Buch Tschähârdäh äfsâneh (»Vierzehn Märchen«) erwähnt werden, das im Jahre 1314 neuen Stiles[1] in Teheran erschien. Diese Märchen, die nach Überlieferung der Bauernbevölkerung von Kerman aufgezeichnet sind und in Vulgärpersisch, mit einer gewissen Kermanischen Dialektfärbung vorliegen, enthalten ebenfalls Stoff, der aus der Märchenwelt Europas bekannt ist.

Der schwedische Märchenforscher C. W. von Sydow hat mit großem Scharfsinn und mit überlegener Beherrschung des gesamten Materials der Volkskunde versucht, das Problem der Wanderung und Vererbung in der Märchentradition zu lösen. Seine Theorie geht im wesentlichen auf Folgendes hinaus[2]: Die »Wanderung«, d. h. die Verpflanzung einer Erzählung von Ort zu Ort, läßt sich direkt nachweisen, wo ein literarisches Werk von der einen Sprache in die andere übersetzt worden ist. Hier ist der Weg von Indien über Persien, Vorderasien nach Europa zwar nicht der einzige, aber der wichtigste, und

[1] 1935 nach unserer Zeitrechnung, 1354 nach der auf Mondjahre bauenden gewöhnlichen mohammedanischen Zeitrechnung. Der neue »Stil« wurde in den dreißiger Jahren eingeführt und hat, wie der alte, seinen Ausgangspunkt in der Hedschra, aber rechnet mit Sonnenjahren. – Die vierzehn Märchen des Kûhî Kermânî sind neuerdings im zweiten Teil des Buches von H. Massé, »Croyances et coutumes persanes« (Paris 1938), in das Französische übersetzt worden. [2] Kurz und klar formuliert in der Abhandlung: »Folksagoforskningen«, in der Zeitschrift »Folkminnen och Folktankar«, 1927, S. 105 ff.

der, auf den die Forscher zuerst aufmerksam geworden sind. Aber das Hauptproblem liegt in der Übereinstimmung der Märchen – in der weitesten Bedeutung des Wortes – die man bei den verschiedenen Völkern im Osten und Westen trifft und für welche sich keine literarische Übertragung nachweisen läßt oder überhaupt für wahrscheinlich oder möglich gehalten werden kann. In solchen Fällen kann man wohl von kürzeren einzelepisodischen Tierfabeln und Schwänken annehmen, daß sie sich durch mündliche Erzählung (Karawanenreisen und andere Handelsverbindungen) von einem Volk zum andern verpflanzt haben, aber etwas ähnliches ist nicht recht denkbar, wenn es sich um zusammengesetzte mehrepisodische Wundermärchen und Novellenmärchen handelt. Ein eingehendes Studium dieser Volksmärchen zeigt denn auch, daß zwischen dem Bau der indogermanischen und z. B. der semitischen Märchenart ein grundlegender Unterschied besteht. Diesen Unterschied charakterisiert von Sydow scharf auf folgende Weise (in der erwähnten Abhandlung Seite 123 f.):

»Während die frühesten Belege für die Wundermärchen dafür sprechen, daß diese schon in indogermanischer Urzeit gelebt haben, spricht ihre Verbreitung dafür, daß sie eine speziell indogermanische Dichtform sind. Man findet sie fast gleichmäßig bei allen indogermanischen Völkern, so daß nicht anzunehmen ist, daß eines von ihnen reicher an Märchen oder in höherem Maße ihr Schöpfer sei als die andern. Außerhalb des indogermanischen Gebietes finden sie sich dagegen als offenbar nur gelegentliche indogermanische Entlehnungen. Besonders aufklärend ist hier das Verhältnis bei den semitischen Völkern ... An Stelle der Wundermärchen haben die Semiten eine reiche Märchendichtung anderer Art, die man bei den Indogermanen nur als gelegentliche und seltene Entlehnungen findet. Das, was hier den Wundermärchen nahezu entspricht, ist bei den Semiten ein langes episodenreiches Novellenmärchen, das seinem Stil und Inhalt nach nahezu als Gegenteil des Wundermärchens bezeichnet werden kann. Während das Wundermärchen eine gleichmäßige Komposition, d. h. logisch und symmetrisch angeordnete Episoden aufweist, so daß man von Anfang an seinen Inhalt ahnt, hat das semitische Novellenmärchen eine unregelmäßige Komposition, so daß man nicht von vornherein erraten kann, was eine folgende Episode enthält. Während das Wundermärchen ganz und gar in einer unwirklichen Phantasiewelt, ohne wirkliche Orts- und Personennamen lebt, ist das Novellenmärchen realistisch, es verweilt gern bei Einzelheiten, die für die Handlung unwesentlich sind, verlegt die Handlung in wirkliche Städte und Länder, gibt den handelnden Personen wirkliche Namen und hält sich sogar oft beim Geschlechtsregister der Helden auf. – Neben den Novellenmärchen haben die Semiten auch andere, für sie charakteristische Märchengruppen, wie das Parabelmärchen, das gedichtet wurde, um tiefere, oft religiöse Fragen zu beleuchten, und das Problemmärchen, das gewöhnlich schwierige Rechtsfragen behandelt, die dann von irgendeinem weisen Manne gelöst werden. Beide Gruppen sind besonders bei den Arabern beliebt, aber man findet sie auch sporadisch als Entlehnung bei den Indogermanen.«

Von Sydow weist durch viele Beispiele nach, daß diese Verschiedenheit im Wesen und in der Struktur der Märchen uralt ist. Die indogermanische Märchenform ist vorhistorisch. Daß Völker von nicht indogermanischer Herkunft wie Finnen, Ungarn und Türken Märchen von derselben Form haben, bedeutet nicht, daß diese Märchenform auch bei ihnen bodenständig ist, sie haben einfach die Kultur der benachbarten indogermanischen Völker übernommen und mit ihr auch deren Märchen [1]. Von ihrer gemeinsamen Urform aus haben sich die indogermanischen Märchen durch Isolierung in abgetrennten Kulturgebieten in Asien und Europa zu typischen Formen entwickelt, die von Sydow mit dem aus der Botanik entlehnten Ausdruck Ökotypen bezeichnet. Durch Völkermischung

[1] Es ist vielleicht überflüssig, zu bemerken, daß der Begriff »indogermanisches Volk« in gewisser Weise nur eine Fiktion ist. Anthropologisch gehören die Völker, die die indogermanischen Sprachen sprechen, ja doch nicht ein und derselben Rasse an. Aber, was in historischer Zeit mit Finnen, Ungarn und Türken geschehen ist, die doch immerhin ihre eigene Sprache behalten haben, ist in prähistorischer Zeit viel gründlicher mit Völkern verschiedener Rasse geschehen, die die Kultur des die indogermanische Sprache redenden Kernvolkes übernommen haben, mitsamt dessen Märchenschatz.

kann natürlich die Reinheit des Ökotyps verdunkelt werden, ebenso wie europäische Kolonisation Märchen des indogermanischen Typs zu nicht-indogermanischen Völkern bringen kann.

In Persien treffen und brechen sich indoeuropäische und semitische Kulturwellen von der ersten Stunde an, da die achaemenidischen Großkönige die Länder Vorderasiens mit ihrer dominierenden semitischen Bevölkerung den arischen Stammesgebieten anschlossen, später in der mittelpersischen Periode, als die Partherkönige und nach ihnen die Könige der sassanidischen Dynastie ihre Haupt- und Residenzstadt Ktesiphon im semitischen Tigrislande hatten, bis in das Mittelalter des Islam und in die Neuzeit hinein, wo der Koran die Perser und Araber in einer Kulturgemeinschaft verband. Diese Kulturmischung macht sich auch in der Märchenwelt der Perser bemerkbar. In Tausendundeiner Nacht finden wir persische Wundermärchen neben Novellenmärchen des arabisch-semitischen Typs, und die ganze persische Märchendichtung hindurch, sowohl in der vom Kunststil geprägten literarischen wie in der mehr volkstümlichen, finden wir immer wieder dieselbe Mischung. Aber es ist interessant zu beobachten, wie der indogermanische Typus am reinsten in den Märchen erscheint, die nicht oder nur in geringem Grade von der Literatur verwertet sind, wie er sich am reinsten erhält in den Märchen des Volkserzählers und der Haremsfrauen. Hier finden wir den indogermanischen Stoff in ausgeprägt persischem Ökotypus, wie z. B. den Tierbräutigam (Psyche-Märchen), Frau Holle, das tapfere Schneiderlein usw. Ein verblüffendes Beispiel dafür, wie treu ein ererbtes Märchen, trotz den durch die Kulturverhältnisse bedingten Änderungen in der Ausfüllung des Schemas, seinen ursprünglichen schematischen Aufbau behält, ist Nr. 4 bei Lorimer, The Story of Sūskū and Mūshū, das ebenso wie die europäischen Formen (Grimm: 30. Läuschen und Flöhchen, usw.) seinen Aufbau mit der Häufung der Verse bewahrt hat. Bei einem solchen Märchen muß man die mündliche Wanderung von Osten nach Westen oder von Westen nach Osten doch nahezu für ausgeschlossen halten.

Ich habe bereits oben erwähnt, wie der Märchen- und Fabelschatz Persiens in Form von Gleichnissen und Beispielen in der religiösen Literatur, besonders in der mystischen Dichtung, benutzt wurde. Aber die Märchen an sich sind nur wenig von den Glaubensvorstellungen des Islams oder überhaupt von religiösen Gedankengängen geprägt. Natürlich spricht der Held gelegentlich die traditionellen Beschwörungs- und Gebetsformeln aus. Ein Fisch trägt das Wort des Glaubensbekenntnisses auf der Stirn, weshalb der Held es aufgibt, ihn zu töten und ihn wieder ins Wasser zurückwirft. Aber diese verhältnismäßig seltenen Zeugnisse eines religiösen Hintergrunds, vor welchem sich die Handlung des Märchens abspielt, sind rein äußerlicher Art. Dagegen spielen die übernatürlichen Wesen des Volksglaubens hier wie im Westen eine Hauptrolle in den Wundermärchen. Die hervorragendsten von diesen Wesen sind die Dîwe und Pärî, die persischen, und die Dschinnen und Ghûlen, die arabischen Ursprungs sind.

Die Dîwe und Pärî haben ihre Namen von den Daivas und Parikâs des Avesta. Die Daivas sind Naturgötter, die in ein Gegensatzverhältnis zu Ahura Mazdâh und den anderen »ahurischen« Gottheiten getreten sind, und als Gottheiten, die von feindlichen Stämmen verehrt werden, als böse Wesen aufgefaßt werden. Die Daivas mit ihren weiblichen Partnern, den Drûdsch, werden im dualistischen zarathustrischen Vorstellungskreis die leitenden Kräfte der Teufelswelt. Die Parikâs sind eine Art Hexen, die ihre schädliche Wirkung besonders dadurch zeigen, daß sie die Gläubigen zum Abfall vom rechten Glauben verführen. Die Drûdsch verschwinden mit dem Glaubenswechsel aus dem Bewußtsein des Volkes, die Daivas und Parikâs dagegen leben in islamischer Zeit weiter, oder besser, die Namen Dîw und Pärî werden mit Wesen verbunden, die in der ältesten Schicht des persischen Volksglaubens zu Hause sind, und die in Wirklichkeit mehr Ähnlichkeit haben mit Gestalten aus dem europäischen Volksglauben, mit den Riesen, den Erdgeistern und den Feen der nordischen Sagen und Märchen, als mit den zarathustrischen Teufelswesen, deren Artnamen sie entlehnt haben. Die Dîwe sind bösartige, riesenhafte Wesen mit tierischen Gesichtern, Hörnern an der Stirn und Stoßzähnen und mit Krallen an Händen und Füßen. Sie essen gerne Menschenfleisch. Die Pärî dagegen sind schön von Gestalt und in der Regel den Menschen wohlgesinnt. Im allgemeinen stellt man sich die Pärî als weibliche Wesen vor, aber es gibt auch männliche Pärî in den Märchen, ebenso wie es weibliche Dîwe gibt. Beide, Dîwe und Pärî, sind mit der Gabe ausgestattet, sich in alle möglichen Gestalten verwandeln zu können. Sie bilden je eine Welt für sich, und zwischen ihnen herrscht von Natur aus Feindschaft. Eheliche Verbindungen zwischen Menschen und Pärî sind nicht ausgeschlossen.

Die Dschinnen und Ghûlen der Araber, von denen diese weiblichen Geschlechts sind und als Menschenfresser auftreten, sind ursprünglich Personifikationen des Grauens der Wüstennatur. In der mohammedanischen Theologie sind die Dschinnen Wesen, die aus einer Art rauchlosen Feuers geschaffen sind; sie sind leichter und von geringerer Dichte als die Luft. Sie bewohnten die Erde, ehe die Menschen erschaffen wurden. In der Regel hat man sie sich wohl riesengroß vorgestellt; in allem, was sie unternehmen oder auf Befehl ausführen, ist etwas Gigantisches. Es gibt sowohl gute, rechtgläubige Dschinnen, als auch andere, die sich in ihrem Übermut wider Gott erhoben und darum eine den Teufeln ähnliche Natur erhalten haben. Aber zwischen diesen Geisterwesen, die der spekulativen semitischen Theologie entsprungen sind, und den Dschinnen des Volksglaubens besteht ein nicht geringer Unterschied.

Der arabische Volksglaube kennt Dschinnen, die als kleine, weiße, schwarzäugige, gewöhnlich unschädliche Schlangen auftreten und das Haus beschützen, also eine Art Hausgeister. Dadurch, daß die Dschinnen von den Persern übernommen wurden, sind sie auch von indogermanischem Volksglauben beeinflußt worden, der tief im Vorstellungsleben dieses Volkes verwurzelt ist. Die persischen Dschinnen erinnern in vielem an unsere Kobolde, an Zwerge und ähnliche Erdgeister der nordischen Sagenwelt. Lutfullâh, mein Diener während meiner Reise in Persien im Jahre 1914, schildert die Dschinnen auf folgende Weise: Sie haben keine Menschenfüße, sondern Klauen, genau wie die Kühe. Denen, die sich vor ihnen fürchten, zeigen sie sich in riesengroßer Gestalt, aber wenn man sich ihnen furchtlos nähert, werden sie ganz klein. Lutfullâh deutet mit einer Handbewegung die Höhe von etwa ein viertel Meter oder etwas mehr vom Boden aus gerechnet an. Sie leben von gewöhnlicher menschlicher Nahrung. Sie sind sterblich, aber man findet niemals ihre Leichen, weil die anderen Dschinnen sie immer gleich forttragen. Lutfullâh hat einmal eine ganze Schar Dschinnen gesehen; sie spielten, tanzten und vergnügten sich und hatten Lichter angezündet, sie hielten nämlich Hochzeit. Aber Lutfullâh hatte einen Spaten auf der Schulter, und er wußte, daß die Dschinnen sich vor Eisen fürchten. Er ging darum ruhig auf sie zu, und gleich verschwanden sie alle wie sie da waren. Die Dschinnen treten auch gerne als Neckgeister auf. Es kann ihnen z. B. nachts einfallen, Leute mit kochend heißem Wasser zu übergießen. Ein junger Mann, der heiraten wollte, hatte von seinem Vater ein feines Hochzeitsgewand bekommen. Am Abend vor der Hochzeit ging der Vater auf das Feld hinaus, auf das er Gerste gesät hatte, und wollte nun einen Kanal graben, um der Aussaat Wasser zuzuführen. Da draußen gewahrte er auf einmal einen Dschinn, der das Hochzeitsgewand seines Sohnes anhatte. Er legte dem Dschinn seine feuchte lehmige Hand auf den Rücken, fiel dann aber selbst vor Schrecken in Ohnmacht. Als der Sohn am nächsten Morgen seinen Hochzeitsstaat anziehen wollte, sah man hinten auf dem Rock die Spuren von der lehmigen Hand des Vaters. So leihen die Dschinnen gerne Sachen von den Menschen, aber sie bringen immer schön das Geliehene zurück. Manchmal reiten sie einem nachts das Pferd zuschanden.

In einem in den dreißiger Jahren in Teheran erschienenen Buch über den persischen Volksglauben, in Sàdiq Hidâyäts Neirangastâ, wird berichtet, daß die Dschinnen, die man mit der Umschreibung »Die, die besser sind als wir« bezeichnet, ebenso wie die Kobolde auf Schwedisch und Norwegisch »Goddreng« (»Guter Knabe«) heißen und wie die Engländer zum Namen des Koboldes Robin den Kosenamen »good-fellow« hinzufügen, manchmal kleine Menschenkinder entführen und einen Wechselbalg an deren Stelle legen. An einer anderen Stelle des Buches heißt es, daß »die, die besser sind als wir« schmerzlich verbrannt werden, wenn man nachts, während sie schlafen, kochendes Wasser oder Feuer auf die Erde gießt. Eine schwarze Katze ist ein Dschinn, und wer eine solche Katze quält, wird mit Ohnmacht geschlagen. Endlich erzählt Sâdiq Hidâyät folgendes: »Die, die besser sind als wir« brauchen die Hebammen des Menschengeschlechtes. Sie führen sie mit verbundenen Augen zu ihrer Wohnung, und wenn sie fortgehen, geben sie ihnen statt Geld eine Handvoll Zwiebelschalen; wenn sie diese Schalen unter einen Teppich legen, finden sie jeden Morgen an deren Stelle ein Goldstück, aber sobald sie die Sache jemandem erzählen, verlieren die Schalen ihre wunderbare Eigenschaft. Jedem, der sich mit europäischer, etwa speziell nordischer Volkskunde beschäftigt hat, sind dies ja alles wohlbekannte Dinge[1].

Man wird in der in diesem Buche getroffenen Auswahl deutlich Beispiele für die beiden Grundtypen finden, die von Sydow als den indogermanischen und den semitischen bezeichnet. Man vergleiche in dieser Hinsicht Nr. 1, »Grünkappe«, das ein persischer Ökotypus des Märchens vom Tierbräutigam ist, mit der ausgesprochen semitischen, novellenhaften Nr. 34 »Der Hund mit dem Rubinhalsband«. Es ist nicht zuletzt gerade die Tatsache, daß diese beiden ethnisch bestimmten Märchenformen nebeneinander fortleben, die Persien zu einem so interessanten Gebiet für die Märchenforschung macht. Der Unterschied zwischen diesen beiden Typen fällt nicht genau mit dem Unterschied zwischen dem volkstümlichen und dem literarischen Märchen zusammen. Ein literarisches Märchen ist ja nur ein ursprüngliches Volksmärchen, das eine künstlerische Behandlung erfahren hat, und wenn wir in manchen Fällen auf dasselbe Märchen oder denselben Schwank sowohl in literarischer als in volkstümlicher Form stoßen, wird man meistens kaum entscheiden können, ob gerade dieses das Märchen in seiner ursprünglichen Gestalt repräsentiert, in der es nun weiterlebt, nachdem es vom Dichter benutzt worden ist, oder ob sie eine jüngere, volkstümliche Wiedergabe des Mär-

[1] Über Dschinnen, Dîwe und Pärî bei turkestanischen Völkern siehe: G. Jungbauer, »Märchen aus Turkestan und Tibet«, in dieser Sammlung, S. 294–96. Ein interessantes Buch über persisches Volkstum ist: H. Massé, Croyances et coutumes persanes, I-II, Paris, 1938

chens in seiner literarischen Form ist, also eine volkstümliche Neuschaffung einer im Volksmunde verlorengegangenen aber durch die Literatur erhaltenen Erzählung. Aber merkwürdigerweise scheint es, daß der semitische Typus die Sprachkünstler mehr angezogen hat, als der indogermanische, der dadurch ungestört sein Leben in der Unbeachtetheit hat fristen können.

Von den literarischen Sammlungen habe ich für meine Auswahl mit Absicht keine solchen gewählt, von denen bereits deutsche Übersetzungen vorliegen. In meiner Wiedergabe habe ich mich so genau wie möglich an das Original gehalten, nur habe ich bei einigen längeren Märchen, wie Hâtim Tâî's Erlebnisse (»Das Bad Bâdgerd«) und »Der Hund mit dem Rubinhalsband«, da vereinzelte Kürzungen vorgenommen, wo mir die Darstellung unnötig weitläufig erschien.

Die Übersetzung ins Deutsche nach meinem dänischen Originalmanuskript verdanke ich Frau Anna Kjærgaard, geb. Tinner.

Zum Schluß will ich hier noch einige Erklärungen geben über allgemeine Verhältnisse, die öfters in den Märchen erwähnt werden.

Religion. Die Religion der Perser ist der Islam in seiner schiitischen Bekenntnisform, die seit Anfang des 16. Jahrhunderts Staatsreligion ist. Die Schiiten verwerfen die drei ersten Kalifen, die nicht aus dem Geschlecht Mohammeds waren, und behaupten, daß die Führerschaft der Gläubigen nach dem Tode des Propheten seinem Schwiegersohn 'Alî zukomme, dem vierten in der Reihe der Kalifen, und nach ihm einer Reihe seiner Nachfolger, elf an der Zahl, die zusammen mit 'Alî die zwölf Imâme ausmachen. Von dem letzten von ihnen, Imâm Mahdî, sagt man, daß er sich im Jahre 878 den Blicken der Menschen entzogen habe und seither in der Verborgenheit lebe, bis er am jüngsten Tage wiederkehren werde, ein Gedanke, der seine Wurzel in altpersischen Glaubensvorstellungen hat.

Der Freitag ist der wöchentliche Ruhetag für alle Anhänger des Islam. An diesem Tage halten sie ihre gemeinschaftlichen Gebete in den Moscheen, und der Bazar der Mohammedaner ist geschlossen, während die Christen und Juden (deren Ruhetag der Sonntag, beziehungsweise der Sonnabend ist) ihre Buden offenhalten.

Münzen. Der *Tomân* ist eine Goldmünze, der *Qrân* eine Silbermünze. Ein Tomân war 10 Qrân. Ein Qrân, der bis zur Geldentwertung in den 1890er Jahren ungefähr 1 Gold-Franc war, wurde in 20 *Schâhî* oder tausend *Dinâre* eingeteilt. Der Dinâr war nur eine Recheneinheit, die nicht als Münze existierte. Nach der 1930 durchgeführten Münzreform rechnet man nun 100 Dinâre = 1 Riâl, der einem Qrân des alten Systems entspricht und der nach heutigem Kurs ungefähr 15 Pfennig ist. *Aschrafî* war die Bezeichnung für eine altmodische dünne Goldmünze.

Gewicht. Erst die jetzige Regierung hat gleichwertige Gewichtsverhältnisse für das ganze Reich eingeführt. Früher wechselten die Gewichtsverhältnisse von einer Provinz zur anderen. So hatte ein *män* verschiedene Lokalwerte. Das *män* von Tabriz war ungefähr 3 Kilo. $^1/_{40}$ *män* hieß ein *sîr.* Für ein *mithqâl* wird der Wert von 4,6 Gramm angegeben.

In der Transkription persischer und arabischer Wörter steht z für stimmhaftes s.

ANMERKUNGEN

Abkürzungen

Anvâr: Husain Wâ'iz al-Kâschifî. Anvâr-i-Suhailî, Teheran 1329 n. Hedschra, alten Stiles

Awromân: A. Meyer Benedictsen et Arthur Christensen, Les dialectes d'Awromân et de Pâwä (Det Kgl. Danske Videnskabernes Selskab. hist.-filolog. Meddelelser VI. 2), Kopenhagen 1921

Bähâr: 'Inâjätu'llâh Kanbû, Bähâr-i-dânisch, Lucknow 1896

Basset: R. Basset, Mille et un contes, récits et légendes arabes, I–III, Paris 1924–26

Bittner: M. Bittner, Studien zur Shauri-Sprache, III (Wiener Akad., phil.-hist. Kl., Sitzungsbericht 179), Wien 1917

B-P.: J. Bolte und G. Polívka, Anmerkungen zu den Kinder- und Hausmärchen der Brüder Grimm, I–V, Leipzig 1913–32

Bricteux: Contes persans, traduits par A. Bricteux, avec préface de V. Chauvin (Bibliothèque de la Faculté de philosophie et lettres de l'Université de Liège, fasc. XIX), Liège. Paris 1910

Chauvin: V. Chauvin, Bibliographie des ouvrages arabes ou relatifs aux Arabes, I–X. Liège 1892–1907

Chavannes: E. Chavannes, Cinq cent contes et apologues tirés du Tripitaka chinois, I–IV, Paris 1910/11, 1934

Christensen: Arthur Christensen, Contes persans en langue populaire (Det Kgl. Danske Videnskabernes Selskab, hist.-filolog. Meddelelser I, 3), Kopenhagen 1918

Christensen Les sots: Arthur Christensen, Les sots dans la tradition populaire des Persans, Acta Orientalia, I, S. 43–75

Clouston: W. A. Clouston, Popular Tales and Fictions, I/II, Edinburgh, London 1887

Clouston Noodles: W. A. Clouston, The Book of Noodles, London 1888

Cosquin: E. Cosquin, Contes populaires de Lorraine, I/II, Paris

Dschäwâhir: Dschäwâhir-ul-'uqûl, Teheran 1301 n. Hedschra, alten Stiles

Dutoit: Jatakam, aus dem Pali übersetzt von J. Dutoit, I–VII, Leipzig 1908–21

Firdousî Mohl: Firdousî, Le livre des Rois, traduit par J. Mohl, I–VI, Paris 1876–78

FFC.: Folklore Fellow's Communications, Helsinki

Grimm: Kinder- und Hausmärchen der Brüder Grimm
Handwörterbuch: Handwörterbuch des deutschen Märchens. Berlin und Leipzig 1931 ff
Hikâjât: Hikâjât-i-lätîf. Bombay 1898
Ivanow: W. Ivanow, Persian as spoken in Birjand, Journal of the Asiatic Society of Bengal, New Series, vol. 24, 1929
Kabylenmärchen: L. Frobenius, Volksmärchen der Kabylen, I bis III, Jena 1921
Kathâsaritsâgara: siehe Tawney-Penzer
Katibah: H. J. Katibah, Arabian Romances and Folk-Tales, Neuyork, London 1929
Köhler: R. Köhler, Kleinere Schriften zur Märchenforschung, herausg. von J. Bolte, I, Weimar 1898
Kûhî: Tschähârdäh äfsâneh, Teheran 1314 n. Hedschra, neuen Stiles
Kuhre: Bornholmske Folkeaeventyr og Dyrefabler, samlede af I. P. Kuhre, Kommentar ved H. Ellekilde (Danmarks Folkeminder Nr. 45), Kopenhagen 1938
Kunos I: J. Kunos, Turkish Fairy Tales, London 1896
Kunos II: J. Kunos, Forty-Four Turkish Fairy Tales, London
Lorimer: Persian Tales written down for the first time in the original Kermânî and Bakhtiârî and translated by D. L. R. Lorimer and E. O. Lorimer, London 1919
Macler: F. Macler, Contes, légendes et épopées populaires d'Arménie, I, Paris 1928
Mann: Oskar Mann, Kurdisch-persische Forschungen, Abteilg. I, Abteilg. IV, Band III, Teil 1/2, Berlin 1906–09
Mann-Hadank: O. Mann, Kurdisch-persische Forschungen, fortgeführt von K. Hadank, Abteilg. III, Band I, II, IV, Berlin-Leipzig 1926, 1930, 1932
Massé: H. Massé, Contes en persan populaire, Journal asiatique CCVI, Nr. 1, Paris 1925, S. 71–157
Motif-Index: Stith Thompson, Motif-Index of Folk-Literature, I–VI FFC. Nr. 106–09, 116–17, Helsinki 1932–36
Phillott: D. C. Phillott, Some Current Persian Tales, Mem. of the Asiatic Society of Bengal, Calcutta 1906
Prym-Socin: E. Prym und A. Socin, Kurdische Sammlungen I/II (a Texte, b Übersetzungen), St. Petersburg 1890
Q. Hâtim Tâî: Qisseje Hâtim Tâî, Bombay 1305 n. Hedschra, alten Stiles
Riyâz: Riyâz-ul-hikâjât, Teheran 1317 n. Hedschra, alten Stiles
Rouzät (Rouzät-ul-'uqûl): Mohammed Ibn Ghazi de Malatya, Le Jardin des Esprits (Rawzat-al-'oqoul), 1e partie, publ. et trad.

par H. Massé, Publications de la Société des études iraniennes, Nr. 14, Paris 1938

Saxo: Saxonis Gesta Danorum, rec. et ed. I. Olrik & H. Raeder, I, Hauniae MCMXXXI

Schmidt-Kahle: H. Schmidt und P. Kahle, Volkserzählungen aus Palästina, Göttingen 1918

Spitta: Contes arabes modernes recueillis par G. Spitta-Bey, Leiden 1883

Stevens: Folk-Tales of 'Iraq, set down and translated from the vernacular by E. S. Stevens, Oxford, London 1931

Tang Kristensen: E. Tang Kristensen, Aeventyr fra Jylland, I bis IV, Kopenhagen (Aarhus) 1881–97

Tawney-Penzer: The Ocean of Stories being C. H. Tawney's Translation of Somadeva's Katha Sarit Sâgara, new edited by N. M. Penzer, I–X, London 1924–28

Tschähâr Därwisch: Ausgabe Lahore o. J.

Tschihil tûtî: Ausgabe Teheran 1330 n. Hedschra, alten Stiles

Typus: nach The Types of the Folk-Tales, A. Aarne's Verzeichnis der Märchentypen, translated and enlarged by Stith Thompson, FFC. Nr. 74, Helsinki 1928

'Ubaid: 'Ubaid-i-Zâkânî, Lätâif, Stambul 1303 n. Hedschra, alten Stiles

Wesselski: A. Wesselski, Der Hodscha Nasreddin, I/II. Weimar 1911.

Die Bände der »Märchen der Weltliteratur« sind in den Anmerkungen ohne Angabe des Herausgebers zitiert

1. Grünkappe. Der Tierbräutigam (Psyche-Märchen) B-P., II, S. 234 ff., 261 ff.; Typus 425, Motif-Index B 640. 1; Handwörterbuch I, S. 63 ff. (Amor und Psyche). – Neidische Schwester: Chauvin VII, S. 96 (Nr. 375), B-P., II, S. 391. Lorimer, Nr. 6; Stevens, Nr. 11; Kuhre, Nr. 4 (Anm. S. 131/32). – Wanderung auf eisernen Schuhen: B-P., II, S. 272; Motif-Index Q 502. 2; Lorimer, S. 136. – Erkennung durch den in den Krug geworfenen Ring: B-P., II, S. 348; Cosquin I, S. 277; Märchen aus Turkestan und Tibet, S. 71 (Anm. S. 305). – Menschenfleisch riechen; B-P., I, S. 289 ff.; Deutsche Märchen seit Grimm, I, S. 130, 362; Neugriechische Märchen, S. 79 ff.; Märchen aus Turkestan und Tibet, S. 155, 312. – Aufgaben durch zauberkundigen Helfer gelöst: Motif-Index H 900, H 1023, 6; Köhler, S. 162 ff.; Cosquin, I, S. 103, II, S. 24 (und Anmerkungen); Lorimer, S. 27 ff.; Kuhre, Nr. 4 (Anm. S. 131). – Dankbare Tiere und Dinge wollen einer Person, die ihnen Gutes getan hat, keinen Schaden antun: B-P., I, S. 227; Motif-Index, D 1658; Lorimer, S. 29; H. Sköld, Materialien zu den iranischen Pamirsprachen (Lund 1936), S. 58 ff.; Kuhre, Nr. 4. – Das Mädchen als Kerzenhalter bei der Hochzeit ihrer Rivalin: B-P., II, S. 247; Kuhre, Nr. 4. – Magische Verwandlungen auf der Flucht: B-P., II, S. 140 ff., 527; Typen 313 und 314, Motif-Index, D 671, 672; Kathâsaritsâgara Tawney-Penzer, III, S. 230 ff., Anm. S. 236 ff.; Lorimer, S. 140; Bricteux, Nr. 9 (Einleitung, S. X); Märchen aus Turkestan und Tibet, S. 120, 128, 309.
2. Der Vogel Blumentriller. Vgl. Grimm, Nr. 57, B-P., I, S. 503 ff., Nr. 91, B-P., II, S. 297 ff., und Nr. 97, B-P., II, S. 394 ff.; Typus 550; Handwörterbuch, II, S. 6 ff. (»Fahrt nach dem Heilmittel«); Hadank in Mann-Hadank, III, Band I, S. CVII ff.; in Einzelheiten abweichende Variante: Märchen aus Turkestan und Tibet, Nr. 4 (Anm. S. 302). – Trennung dreier Brüder am Kreuzweg (mit oder ohne ratgebender Inschrift): Köhler, S. 537; Märchen aus Turkestan und Tibet, S. 26, 45, 86 (Anm. S. 301, 303). – Alte Hexe in Gestalt eines verführerischen, schönen Mädchens getötet, die Leiche nimmt die ursprüngliche Gestalt an: Firdousî Mohl, I, S. 412 ff., IV, S. 405 ff.

– Hand oder Arm kommt aus dem Wasser, aus einer Wolke o. dgl. hervor: Köhler, S. 292; Grimm, Nr. 136; Saxo, I, VI, 6; A. Rittershaus, Die neuisländischen Volksmärchen (Halle 1902), S. 45, 179; vgl. Nr. 39 dieser Sammlung. - Durch Verbrennen von Haaren oder Federn den übernatürlichen Helfer herbeirufen: Chauvin, V, S. 5 (Nr. 443); Köhler, S. 517; Motif-Index, D 2074. 2. 2; Firdousî Mohl, I, S. 176, 276, IV, S. 535; Bricteux, Nr. 12 (Einleitung, S. XV), Lorimer, S. 27, 36, 238; Märchen aus Turkestan und Tibet, S. 70 (Anm. S. 304), 206; Neugriechische Märchen, S. 130; Malaiische Märchen, S. 190.

3. Muhammäd, der Hirt, und die Pärî-Prinzessinnen. Unsere Erzählung steht dem Märchen Spitta Nr. 4 ziemlich nahe. – Traum von kosmischen Symbolen, welche kommende Hoheit verkünden: Traum Josephs, Gen. 37. 9; H. Gunkel, Das Märchen im Alten Testament, Tübingen 1917, S. 110 f. – Der Held wird durch ein Mißverständnis der Reisegefährte einer Frau, vgl. Nr. 34 dieser Sammlung. – Der Held muß auf Befehl eines neidischen Machthabers gefährliche Fahrten unternehmen (Uriasmotiv): B-P., III, S. 33 ff.; Typus 465 A, Motif-Index H 931; Cosquin, I, Nr. 3 und S. 178 (mit Anm.); von der Leyen, Das Märchen, S. 70; Köhler, S. 173 f., 305 ff.; Kathâsaritsâgara Tawney-Penzer, III, S. 226 ff.; Spitta, Nr. 2 und 4; Prym-Socin, I b, S. 42; Lorimer, S. 274; Ossetisch B. Munkàcsi in Keleti Szemle XX (1927), S. 82 ff. – Die außerhalb des Leibes verborgene Seele: B-P., III, S. 439 ff.; Typus 302; Motif-Index E 710–12; Handwörterbuch, I, S. 33 (altägyptisches Märchen von den beiden Brüdern); Köhler, S. 158–61, 176, 177, 348, 404; Chauvin, V, S. 235 f. (Nr. 134); Bricteux, Nr. 13, S. 459; Massé, S. 155; H. Sköld, Materialien zu den iranischen Pamirsprachen (Lund 1936), S. 94 ff.; Märchen aus Turkestan und Tibet, S. 68 (Anm. S. 304). – 40 Tage Frist geben: Lorimer, S. 278; Bevorzugung der Zahl 40 im allgemeinen: Märchen aus Turkestan und Tibet, S. 300. – Der Held verleitet den König zur Selbstverbrennung: Malaiische Märchen, S. 193.

4. Goldapfelsins Tochter. Lorimer, Nr. 22; »Die drei Zitronen« in Basile's Pentamerone, B-P., IV, S. 257; Kunos I, S. 12 ff., Kunos II, S. 19 ff.; Deutsche Märchen seit Grimm, II, S. 78; vgl. Typus 408. – Spiegelbild im Wasser, Motif-Index J 1791. 6. 1. von der Leyen, Herrig Archiv 115, 283 und Anmerkung 2. – Wiedererweckung eines Toten erst in Gestalt eines Baumes, eines Vogels u. dgl., später in Menschengestalt, vgl. Grimm, Nr. 47, B-P., I, S. 412 ff.; Lorimer, Nr. 14; Hand-

wörterbuch, I, S. 33 (altägyptisches Märchen von den beiden Brüdern).

5. Das schwarze Füllen. Typen 314, 502. Sehr nahestehende Variante Lorimer Nr. 7. Grimm, Nr. 136, B-P., III, S. 94 ff.; Brandmarkung der Schwäger (Motif-Index H 55) häufig in den orientalischen Fassungen (s. B-P., III, S. 104/05). Stevens, Nr. 12; Schmidt-Kahle, Nr. 53; Katibah, S. 98 ff.; vgl. Finnische und estnische Märchen, Nr. 37. Letzte Hälfte unseres Märchens in Macler, S. 84 ff., Kabylenmärchen, III, Nr. 46, Märchen aus Turkestan und Tibet, Nr. 6 (Anm. S. 305). – Krachen von trockenem Brot bei simulierter Krankheit: Spitta Nr. 2, S. 20. – Fliegendes Pferd: Jâtaka 196 (Dutoit, II, S. 149); Chauvin, V, S. 200 ff. (Nr. 117); Prym-Socin, I b, S. 6, 37; Tang Kristensen, III, S. 175; Handwörterbuch, II, S. 8 f. (»Fahrtzauber«). – Sprechendes, helfendes Pferd: B-P. II, 274; Kunos II, S. 137 ff., 142 ff.; Türkische Märchen, S. 37, 144; Balkanmärchen, Nr. 42; Märchen aus Turkestan und Tibet, S. 128, 310; Deutsche Märchen seit Grimm, I, S. 333 ff. – Gattenwahl durch Wurf von einer Frucht (Apfel, Apfelsine): B-P. III, 111. Stevens, S. 60.

6. Die Geschichte von 'Alî Muhammäds Mutter. Die vierzig Veziere, Chauvin, VIII, S. 152 f. (Nr. 154); Kunos, Türkische Volksmärchen aus Stambul (Leiden), S. 244; Kunos II, S. 206 ff.; Carnop et Nicolaïdes, Traditions populaires de l'Asie Mineure, S. 173 ff.; Stevens, Nr. 28; Ralston, Contes populaires de la Russie (Paris 1874), S. 35; Finnische und estnische Märchen, Nr. 14. Russische Märchen Nr. 30. – Tschâh Qal'a Bändär, s. C. J. Wills, In the Land of the Lion and Sun (London, New York 1891), S. 275, und Persia as it is (London 1887), S. 69 ff.; die Kluft ist hier Chah Ali Bunder oder the Well of Death genannt.

7. Stirnmöndlein. Lorimer Nr. 13 und 39 (andere Fassung, mit Motiv des »singenden Knochen«, Grimm, Nr. 28); Ivanow, Nr. 1, S. 255–63; Stevens, Nr. 36. Grimm, Nr. 13, B-P., I, S. 99 ff. und Nr. 24, B-P., I, S. 207; Kuhre, Nr. 5 (Anm. S. 132); Typus 403, Motif-Index Q 2; Handwörterbuch, II, S. 215 ff. (»Frau Holle«). – Lausen des Kopfes: B-P. I, S. 207, II, S. 45, 298, III, S. 41.

8. Der Meisterschütze Muhammäd. Grimm, Nr. 20 (Das tapfere Schneiderlein), B-P., I, S. 148 ff.; Typus 1640, Motif-Index K 1951; Lorimer, Nr. 24; Stevens, Nr. 41; Kunos II, S. 50 ff.; Indische Märchen, Nr. 36; Kaukasische Märchen,

Nr. 21; Neugriechische Märchen, Nr. 33 (Anm. S. 332); Kabylenmärchen, III, Nr. 25; Kuhre, Nr. 8 (Anm. S. 134).

9. Der Holzhauer und seine Töchter. Lorimer, Nr. 51 (Freundschaft mit dem Löwen fehlt; Schluß unecht). Wegen der List, durch welche der Vater sich seiner Töchter entledigt, vgl. Lorimer, Nr. 10 (übrigens zum Typus der treulosen Schwester gehörig), und Ivanow Nr. 7, S. 269 (Bruchstück, Erzähler hatte den Schluß vergessen). Das ossetische Märchen Munkácsi, Keleti Szemle, XX, S. 72, erinnert an Lorimer Nr. 10, doch weiter ausgesponnen. Polyphem.-Märchen: B-P., III, S. 375 ff. – Mordversuch vorausgesehen, menschenähnlichen Gegenstand ins Bett gelegt: Jâtaka 61 (Dutoit, I, S. 255); Cosquin, I, S. 259 und Anmerkungen; Munkácsi, Keleti Szemle XX, S. 22–23 (ossetisch); Tang Kristensen, I, S. 258 f., 269, III, S. 101 ff., 123 f.; Neugriechische Märchen, S. 121, B-P. I, 499, III, 451; Typen 327, 1115; Motif-Index G 100, K 525. 1 .

10. Das Märchen von Sänämâ. Ein hübsches Gegenstück zu »Hans, mein Igel«, Grimm Nr. 108, B-P., II, S. 482 ff.; Typus 441; Neugriechische Märchen, Nr. 5 (Anm. S. 324); Balkanmärchen, Nr. 31, vgl. Nr. 33. – Geburt infolge eines Wunsches: Motif-Index T 513; Schmidt-Kahle, S. 30; Kabylenmärchen, III, S. 70. – Massengeburt: Motif-Index T 586, 1; Lorimer, The Burushaski Language, II (Oslo 1935), S. 103; vgl. die Sage von der Frau, die 365 Kinder gebar, Kr. Nyrop, Grevinden med de 365 Börn, Fortids Sagn og Sange, V, Kopenhagen 1909. – Eine Frau gebiert Tierjunge: Marian Roalfe Cox, An Introduction to Folk-Lore (new ed., London 1904), S. 113, 278; G. Huet, Les contes populaires (Paris 1923), S. 55. – Die Biene zieht als Tschâdor eine Zwiebelschale an: Lorimer, S. 297. – Heilung der Prinzessin durch Gelächter: von der Leyen, Das Märchen, S. 52.

11. Der kahle Kuhhirt. Persische Variante: Massé, Nr. 28. Grimm, Nr. 68, B-P., II, S. 60 ff.; Typus 325, Motif-Index L 142. 2. Kunos II, S. 238; Türkische Märchen, Nr. 12; Kaukasische Märchen, Nr. 4; Finnische und estnische Märchen, Nr. 5.

12. Der falsche Ober-Rammâl. Grimm Nr. 98 (»Doktor Allwissend«), B-P., II, S. 401 ff.; Clouston, II, S. 413 ff.; Typus 1641, Motif-Index K 1936 (1–3). Persische Varianten: Dschävâhir S. 75; Malcolm, Sketches of Persia, Chapt. XX; Ch. E. Steward, Through Persia in Disguise (London 1911), S. 318 f.; Maud von Rosen, Insh 'Allah (Stockholm 1935), S. 70 ff.; Christensen, Nr. 52 (mit Anmerkungen); Lorimer, Nr. 3. Sonstige

Fassungen: Stevens, Nr. 13; Kunos II, S. 213; Türkische Märchen, Nr. 21.

13. Sa'd und Sa'îd. Lorimer, Nr. 31; Awromân, Nr. 4; Macler, S. 30; 1001 Nacht, Mardrus' Übersetzung, XV, S. 283 ff.; Bittner, Nr. 1; Kabylenmärchen, II, Nr. 54; Märchen aus Turkestan und Tibet, Nr. 2, Anm. S. 301 (Die Geschichte des zweiten Königssohnes ist eine Variante der Geschichte Sa'îds); vgl. Typus 567, Aarne, FFC. 13, S. 85 f.; B-P., I, S. 464 ff., Handwörterbuch, II, S. 200 ff. (»Fortunat«). – Verzehrung der Eingeweide des Glücksvogels: B-P., I, S. 528 ff., III, S. 3; Cosquin, I, S. 130 ff., Motif-Index D 1015. 3. 1, D 1015. 4. 1; vgl. Typus 567. – Königswahl durch Vogelorakel: Chauvin, V, S. 94 (Nr. 30); Prym-Socin, Nr. 9; Lorimer, S. 77, 220; Mann-Hadank III, Band IV, S. 40, 326 (Zâzâ); Jarring, Uzbek Texts from Afghan Turkestan (Lund 1938), S. 24; Märchen aus Turkestan und Tibet, S. 72 (Anm. S. 305); Motif-Index H 171. – Der Held als Schiedsrichter bemächtigt sich der drei Zauberdinge: Chauvin, V, S. 34, 38 f.; Cosquin, I, S. 129; Märchen aus Turkestan und Tibet, S. 28 (Anm. S. 301); Grimm, Nr. 92, B-P., II, S. 331 ff.; Pfeilschußprobe: Chauvin, V, S. 91. – Der Held erfährt nützliche Geheimnisse aus dem Gespräche von Geistern oder Tieren (Vögeln): Clouston, I, S. 243 ff.; Chauvin, V, S. 12 f. und S. 14 f.; Cosquin, I, S. 84 ff.; B-P., II, S. 474, 481 f.; Typus 613, Motif-Index N 451; Handwörterbuch, I, S. 230 ff. (»Belauschung von Dämonen«); Bittner, S. 19. – Held ißt, unsichtbar, aus dem Teller der Frau: Grimm, Nr. 92, B-P., II, S. 318 ff. – Die verschlagene Frau, die dem Helden die Zauberdinge abgelistet hat, wird durch andere Zaubermittel besiegt: Cosquin, I, S. 122 ff. (vgl. II, S. 88 ff.); Motif-Index D 861. 5, D 881.

14. Die getrennten Geliebten. Persische Varianten: Tschihil tûtî, Nr. 2; Bricteux, Nr. 3 und 8; Lerch, Forschungen über die Kurden (St. Petersburg 1857), I, S. 36 ff.; Chauvin, V, S. 94 (Nr. 30), vgl. V, S. 89 f. (Nr. 28). Typus 881, Motif-Index T 320.

15. Das Geheimnis des Bades Bâdgerd. Über Hâtim Tâî s. Enzyklopädie des Islam, Artikel Hâtim al-Tâ'î; vgl. Märchen aus Turkestan und Tibet, Nr. 11, 12, 21 (Anm. S. 311, 312, 316). – Befreiung der Prinzessin durch Tötung des Drachens: Hartland, The Legend of Perseus, I–III, London 1894–96; B-P., I, S. 547 ff.; Chauvin, VI, S. 3 f. (Nr. 181); Typus 300, Motif-Index B 11. 11. – Drache oder Geist wird durch List in ein Faß

(eine Flasche u. dgl.) eingeschlossen: Grimm 99, B-P. II, 414 ff.; Chauvin, VI, S. 23 ff.; vgl. Typus 331, Motif-Index D 2177. 1, K 717. – Die Reiseabenteuer Hâtims erinnern zum Teil an die des Prinzen Habîb, 1001 Nacht, Chauvin, VI, S. 32 ff. (Nr. 203). – Die in Stein verwandelten Männer (Motif-Index D 231) werden erlöst und folgen ihrem Befreier, vgl. Chauvin, VII, S. 95 ff. (Nr. 375).

16. Die drei Kameraden. Der vermeintliche Tote verscheucht die Räuber: Lorimer, Nr. 33; Motif-Index K 335. 1. 2. 2.

17. Die gekochten Eier. B-P., II, S. 368; Typus 821 B, Motif-Index J 1191. 2; Tang Kristensen, II, S. 210 ff., Neugriechische Märchen, Nr. 35 (Anm. S. 332).

18. Der Bauer und die drei Schelme. Chistensen, Anm. S. 67; Motif-Index K 343, K 341. 4, K 345. 2.

19. Die kostbaren Vögel. Christensen. Anm. S. 65.

20. Der Diener mit den zehn Schafen. Christensen, Anm. S. 59; Mann, I, S. 62, 84 (Mundarten aus Fârs); Mann-Hadank, III, Band I, S. 216 (Sämnânî); Katibah, S. 208 f.

21. Das Testament des Hundes. Christensen, Anm. S. 75 ff.; Der Islam, IX, S. 73, Anm.; Motif-Index J 1607.

22. Der Taube. Christensen, Anm. S. 88 f.; Rehatsek, Amusing Stories translated from the Persian (Bombay 1871), Nr. 17; Mann-Hadank, III, Band I, S. 42 (Khunsârî); vgl. Kuhre, Nr. 11 (Anm. S. 136); Typus 1698 J, Motif-Index X 111. 9.

23. Der Arzt und sein Sohn. Christensen, Anm. S. 87. Motif-Index J 2412. 4.

25. Der Mann, der vertauscht wurde. Christensen, Les sots, S. 52 f.; Kuka, Wit, Humour and Fancy of Persia (Bombay 1923), S. 155; Wesselski, Narkissos (Archiv Orientální, VIII, 1–2, S. 59, Anm. 1); Motif-Index J 2012–2013; vgl. Typus 1383.

26. Die drei Schulmeister. Christensen, Anm. S. 119 ff.; Kûhî, Nr. 6; Basset, I, S. 290; Wesselski, I, S. 264. Nur zwei Dummköpfe: Chilli, Folk-Tales of Hindustan (Allahabad 1920), Nr. 1, und Kaukasische Märchen, Nr. 77. – Erzählung des zweiten Lehrers: Kathâsaritsâgara Tawney-Penzer, V, S. 135, und Hertel, Sitzungsberichte d. bayr. Akad. phil.-hist. Kl., Band 64 (1912), S. 48 ff.; Rûmî's Mäsnäwî, III, Vers 1522 ff., Nicholson's Übersetzung in Gibb Memorial Series, vol. IV, S. 85 ff. – Erzählungen des ersten und dritten Lehrers, Christensen, Les sots, S. 53–55.

27. Wer zuerst spricht... Chavannes, Nr. 303 (II, S. 209); Swynnerton, Adventures of the Punjab Hero Rájá Rasála (Calcutta 1884), S. 199; Balutschi-Variante Folk-Lore IV, S. 195;

Revue des traditions populaires, XV, S. 283 f.; Basset, II, Nr. 125 (S. 400 f.); Wesselski, I, Nr. 237 (Anm. S. 263 ff.); Bolte, Das Danziger Theater (1895), S. 226; Clouston, II, S. 15 ff., und Noodles. S. 107–117; Feilberg, Iysk Ordbog, III, 792a (»tie«); Typus 1351, Motif-Index J 2511.

28. Die Toren. Christensen, Les sots, S. 63; Al-Mustatraf, französische Übersetzung von G. Rat, I (Paris, Toulon 1889), S. 42; Basset, I, S. 429; Handwörterbuch, I, S. 604 f.

29. Schildbürgergeschichten von den Leuten aus Kazvin und Mazenderan. Christensen, Les sots. S. 59 f.; Wesselski, II, Nr. 419. – Christensen, Anm., S. 98. – Christensen, Anm., S. 96; Mann-Hadank, III, Band I, S. 161 (Nâyinî).

31. Der Kamelreiter und die Schlange. Türkische Märchen, Nr. 54, von der persischen Quelle literarisch abhängig. Clouston, I, S. 162 ff.; Chauvin, II, S. 120 f., IX, S. 18; B-P., II, S. 420; Handwörterbuch, I, S. 605; Motif-Index W 154. 2, K 717. – Die Schlange in die Weidtasche hineingelockt, vgl. oben, Anmerkungen zu Nr. 15.

32. Das alte Weib und seine Tochter. Chauvin, II, S. 124. Indische Märchen, Nr. 86, und Türkische Märchen, Nr. 61, beide von der persischen Quelle literarisch abhängig.

33. Das Land des Glücks. Das Motiv: Verlust des Glücks durch Übertreten des Verbots gegen erotische Annäherung, hängt wohl mit Tabuvorstellungen im Verhältnis zur übernatürlichen Gattin (Motif-Index C 31) zusammen; in anderen Fassungen gilt als Verbot das Öffnen einer bestimmten Tür u. a. Chauvin, V, S. 200 ff., VIII, S. 47. – Hand kommt aus einer Wolke hervor s. oben Anm. zu Nr. 2. – Der zuerst Ankommende soll König sein: Chauvin, V, S. 90 (Nr. 28); Neugriechische Märchen, Nr. 39, Anm. S. 333; Thiele, Danmarks Folkesagn, I, S. 340; Handwörterbuch, I, S. 605.

34. Der Hund mit dem Rubinhalsband. Wegen des zweimal vorkommenden Motivs: Frau als Mann verkleidet, s. Chauvin, V, S. 96, VII, S. 98, Bricteux, Nr. 1 (Einleitung S. III). Geschichte von dem Kaufmann und seinen treulosen Brüdern: Chauvin, V, S. 6; andere Fassung im arabischen Werke Kitâb-ul-faradsch ba'd-esh-shiddeh (»Freude nach Drangsal«), nach der türkischen Version: The Wiles of Women, translated by J. A. Decourdemanche (London 1928), S. 193 ff.; Motif-Index K 2211.

Quellennachweise

Nr. 1–10: Handschriftliche Sammlung der Frau Munschîzâdeh
Nr. 11–12: Kûhî, Nr. 4 und 12
Nr. 13: Tschihil tûtî, S. 16 ff.
Nr. 14: Dschäwâhir, S. 17 ff.
Nr. 15: Q. Hâtim Tâî, Kap. 7
Nr. 16: Phillott, Nr. 2
Nr. 17: Massé, Nr. 25
Nr. 18: Christensen, Nr. 9
Nr. 19: Christensen, Nr. 8
Nr. 20: Christensen, Nr. 1
Nr. 21: Christensen, Nr. 18
Nr. 22: Christensen, Nr. 26
Nr. 23: Christensen, Nr. 24
Nr. 24: Christensen, Nr. 31
Nr. 25: Riyâz, Kap. 6, Nr. 48
Nr. 26: Christensen, Nr. 49
Nr. 27: Phillott, Nr. 5 (erster Teil des Märchens)
Nr. 28: Hikâjât, S. 59
Nr. 29: 1. Christensen, Les sots, Nr. 17 B; 2. 'Ubaid, S. 86; 3. Christensen, Les sots, Nr. 37; 4. Christensen, Nr. 34 (= Les sots, Nr. 43); 5. Christensen, Nr. 33
Nr. 30: Rouzät, S. 29 (Übersetzung S. 20)
Nr. 31: Anwâr, Kap. 3, Nr. 3 (S. 163)
Nr. 32: Anwâr:, Kap. 8, Nr. 3 (S. 284)
Nr. 33: Bähâr, S. 309 ff.
Nr. 34: Tschähâr Därwisch, S. 88 ff.

Von den Erzählungen dieses Buches finden sich die folgenden in meinem dänischen Buche »Persiske Aeventyr« (Kopenhagen 1924): 4, 5, 13, 14, 15, 16, 27, 28, 29, 31, 32, 33, 34.

INHALT

Volksmärchen

Schwänke

Literarische Fabeln und Märchen

Nachwort und Anmerkungen